北京市高校实验教学示范中心建设资金资助出版

文化传播实验教学系列教材

主编：李　双　吕明涛

编委会成员：

李　双　吕明涛　宋　晖

王翠艳　郑志勇　高传智

张佰明　于　祎　戴潇雅

网络传播实务

张佰明　李志宏　蔡越越◇编著

中国传媒大学出版社
·北京·

CONTENTS

目 录

序一

还清楚的记得，52年前，我第一次用笨重的德国莱卡摄影机，记录下活动黑白影像时大家的兴奋。现在，人们可以随时随地用电脑、手机，把文字、声音、图像传给世界每一个角落。与此相伴，我们也从服装到思想都单调的“灰蚂蚁”，融入文化交融、文明竞长的“地球村”。这些变化让我深切地感受到，文化的发生，文明的进步，受惠于传播与交流。同样，传播的丰富，交流的深入，也有赖于文化与文明的繁盛。

文化与传播的关系，是如此紧密。所以，当李双教授嘱我为“文化传播实验教学系列教材”作序时，我对他们以此为研究主体，以提高学生实践能力为目的，不求大、多、全，唯求精炼、创新、可操作性的编著思路颇为欣赏。文化与传播的理论固然重要，但正如文化批评家罗斯金所言，“美好的艺术是人类的手、脑和心灵的完美结合”，艺术创造如此，传播美好的文化何尝不是如此？

很久以来，重演绎思辨、轻验证操作的传统教育观念，涵盖了我国高等文科教育的几乎所有学科。这种不分学科特性的教学理念，给我国新闻与传播教育事业留下了遗憾。“中国学生动手能力差”的评价，上世纪60年代就屡有耳闻。现在，随着我国高等教育由精英教育向大众教育的转换，大学生动手能力不足的缺陷被“就业难”等现实问题日益放大。而信息时代的到来，又对文化传播的实践性提出了前所未有的要求，媒介的融合要求从业者“想”和“做”的能力也要融合。很难想象，一个不熟悉网络知识、不懂得音视频制作、不具备项目策划能力的年轻人，能够在将来胜任高素质职业传播者的工作角色。

在高校的教学体系中，理论教学和实验教学应当是同等重要、互为支撑的两大部分。理论教学是基础，实验教学是培养学生切入现实、解决问题的有效手段，是提高大学生动手能力的重要路径，实验室更是培养大学生创新能力的重要场所。近几年来，中国劳动关系学院文化传播实验教学中心的建设突飞猛进，获得“北京市高校实验教学示范中心”的荣誉，影视制作方面更是达到了专业水准，给我留下了深刻印象。依托厚实的硬件资源，总结新鲜的教学经验，“文化传播实验教学系列教材”的推出，是恰逢其时，恰当其分。

对教育而言，师资和教材是两大要件。师资只能造福一处，教材却可以惠及四方。一套好的实验教学教材，对应的是无限广阔的实践活动，应该做到“竖画三寸，当千仞之高；横墨数尺，体百里之迴”。翻阅丛书，各位作者虽教学繁忙，但依然勤勉著述，撷各家之长深入浅出，关键处不乏独特新见，是一套系统完整、于当下文化与传播教育大有裨益的实验教材。

2009年暮春，我受邀主持中国劳动关系学院文化传播学院的学位评估。我发现，文化传播学院拥有一支事业心强、励精图治、朝气蓬勃的教师队伍。面对这样一个热爱高等教育、对学生有责任对教育有使命的年轻团体，我相信，他们一定能够以此作为新起点，创造出更多令学生受益终身的优秀教学成果。

是为序。

中国传媒大学　朱羽君

2010年8月20日

序二

这套丛书即将付梓之际，一些话不禁涌上心头。

在中国内地的高校，文化与传播似乎总不能洽处一体。上个世纪80年代，内地高等教育还没有独立的传播学科。于是，面对“80后”雨后春笋般蔚为大观的传播学抢尽风头，新闻学科使劲捍卫自己的主流与独立。新闻学虽然历史悠久，但本质上仍然应归属于传播学。不过，仿佛是在赌气，新闻与传播，似乎在不怎么兼容地各自发展。这样的“赌气”，从早前绝大多数新闻学从属于语言文学学科，而后在新时期迅速独立，有异曲同工之妙。

学科的细分，尤其是改革开放以后，内地高校与世界高等教育接轨，完善、丰富各类学科，自然是无可非议的。不过，细分学科的缺陷，可以通过学科的互相融汇与支撑来弥补，关于这一点，一些高校同仁，不知道是意识不到，还是因其他原因意识到了却不愿改进。总之，目前的现状是，细分有余而统合不足。在高校本科教育当下已基本步入大众教育的趋势下，学科细分的弊端越来越明显；学生知识与技能的促狭，也越来越不适应社会的需求。基于此，我们尝试在学科的互补上开展一些探索。具体而言，就是根据我们学院的实情，试验将文化与传播学科整合在一起，以期培养出复合型的创新人才。

一所高等学校的文化素养、背景，尤其是人文学科承担的普世价值、传统文化和思想底蕴，是其他学科难以全面承担的 。现在国外的名牌大学，在本科教育阶段，都施行通识教育，包括世界著名的哈佛大学也是一样。它的人文科学、社会科学与自然科学的课程群，在大一大二基本上都是任选的。哈佛的本科生全部集中在一个学院，名称就叫做“人文艺术与科学学院”。这是一种趋势。如果我们在本科阶段都把专业限定得很仄，那是不利于学生成长的。有的中国大学校长已经意识到这个问题，比如北师大的钟校长就指出，现在一些本科专业，根本就不该开设，那些专业是研究生阶段才能开设的，他列举的例子是有的管理学专业。当然，钟校长的话是否对，可以商榷。但本科专业太细化这个内地高校的弊端，是普遍存在的，根子就在52年全盘学苏联高校体制的院系调整。今天，这样的办学思路，还没有得到很好的修正。

我们所处的文化传播学院，现有汉语言文学、新闻学、文化艺术事业管理和戏剧影视文学四个本科专业。让这四个本科专业更好地融合与沟通，形成一个四位一体的专业架构，增加专业间的勾连，有利于学生的培养和成长。而四位一体的专业结构，从提高学生的基础素养和职业技能以及适应社会需求来讲，都是相当好的。本科教育这个阶段的人文素质的培养，某种程度上决定了学生的后继发展。一个人确立了精神本体，他去学比较实务的东西是比较容易的。他有信心，有意志，有信仰，有自己的追求，这才是一个人成才最重要的东西。实务教育很重要，但是，不能忽视在实务教育中要注意贯串和体现出人的本体建构的教育。比如，十年前，高校课程里还开设“汉字输入”，现在再开设这样的课程就闹笑话了。而文学、哲学、美学、艺术等课程，从古至今，没有哪所高校会认为“过时”。少数人，由于学科不同，认识上有些误会。比如，一提起中文系，就认为那都是一群小青年，成天沉迷风花雪月，“为赋新词强说愁”。其实，汉语言文学专业是非常经典博大的学科，也是高校中稀缺的极具“中国特色”的学科，古人讲文、史、哲不分家，正是中文系的主要教学研究内容。举凡中国高校，自然科学基本上是全盘西化，社会科学也基本上全盘西化，唯有人文科学，西方无法取代，汉语言文学专业正是这样的专业。哈佛、牛津开设的学科，几乎没有一样是以中国的学术成果为学科支撑的，但中国的语言、文学、思想、历史等学科除外。如果在我们中国的高校，还轻忽自己特有的文化和学术，说轻点是无知，说重点是数典忘祖。再比如新闻学，一般人认为不过是培养记者、编辑的，其实，新闻与传播学科，面对今天信息传播从技术到精神内涵的焕然一新，早就不仅是原来意义的培养记者、编辑了。人类社会信息传播的速度和方式，直接决定了人类文明的形态和发展的速度。文化与传播，由以前的内容与手段的关系，早就嬗变成互相依赖、互相生成的共生关系。一种文化不仅需要传播，更需要在传播中丰富、变形、生成崭新的文化形态。几乎可以说，离开了传播，文化就无法生成；传播本身也早就不是传播这个字眼的意义，而是文化生产与交流的不可或缺的环节与过程。戏剧影视文学专业也是如此，依据这个专业的传统，当然是培养戏剧影视的编剧人才。但是，在今天，网络视频以及层出不穷的各类影像产品的无处不在且深受受众喜爱，我们的高等教育如果还局限在单纯编剧人才的培育上，就明显与社会的发展脱节。目前的社会，需要采、编、导三者合一的复合型人才，那么，这个专业的教学，如果能在文学的基础上，兼及广播电视新闻学和影视编导学科，就必定会对学生多向发展产生良好的作用。

基于上述教育理念，才诞生了这样一套名为“文化传播实验教学系列教材”的丛书。本丛书共11种，涵盖了文学、新闻学、传播学、影视学等诸门学科。除了试图使诸学科互相渗透、互为支撑，使学生能更多掌握社会需求的技能外，更重要的是，我们还尝试紧紧抓住实验教学这个关节，使本科生阶段的教育，不只局限在坐而论道，而更要直接培养其动手实操的技能。这套丛书的诞生，还直接得益于文化传播学院“文化传播实验教学中心”的建设。2007年，中心经过几轮严格的评选，荣获“北京市高校实验教学示范中心”称号，中华全国总工会王兆国主席闻讯特别批示全总相关部门大力支持中心的建设，北京市教委也慷慨解囊，奖励中心50万元建设资金，中国劳动关系学院主要领导为中心的建设更是不遗余力。

从2007年迄今，三年多时间过去了。文化传播学院各位教师，为中心的软、硬件建设呕心沥血。特别是丛书的各位第一作者，在时间紧、任务重的困难条件下，高质量地完成了丛书的编撰，令人感佩。现在，如同呱呱坠地的赤子，这套丛书终于开始陆续面世。如果她还有值得欣赏和肯定的地方，全赖我们的同事辛勤劳作；而她所有的不足与错漏，都应该由我们来概括承受。

最后，我们要诚挚地感谢朱羽君先生，她奖掖后学，不吝褒扬，既令我们惭愧，也给了我们莫大的激励；我们要真诚地向文化传播学院及实验教学中心的老师们致谢，没有这些可敬可爱的同事戮力同心、团结协作，我们将一事无成。

李双　吕明涛

2010年10月16日

第一章 网络传播原理

第一节 网络传播技术基础

无论在传播的广度上还是深度上，互联网代表了人类在传播技术领域发展的最高成就。自从互联网诞生以来，网络技术不断延伸着人类传播所能达到的领域，并将人类的生活全面推向这一虚拟而又现实的巨大网络之中。互联网已经成为信息时代的主导力量，全面介入并深刻影响着人类生活的方方面面。网络技术引发的全球信息化浪潮冲击着传统社会生活的每一个角落，网络化、数字化、智能化已成为时代的主旋律。它所带来的不仅是技术上的革命，更是思维方式上的变革。

随着网络技术的发展，网络传播的格局也得到了极大的拓展，网络技术已经成为驱动互联网创新的革命性力量，技术逻辑将成为未来网络传播变革的主导因素。对于网络传播技术的了解是研究网络传播的基础，对互联网技术逻辑的掌握程度，决定了我们对网络传播现状和未来发展方向判断的准确程度。

一、互联网的兴起与发展

自 1946 年世界上第一台计算机问世后的一段时间里，计算机和通信之间并没有什么关联，直到 1954 年人类实现了借助计算机终端将数据通过电话线路发送到距离遥远的计算机上。此后,电传打字机的出现帮助人类将计算结果通过计算机传送到异地打印出来,计算机与通信的结合宣告开始。现代计算机网络技术起始于20世纪60年代末,是出于军事需要而开始研制的。当时的美国和前苏联关系紧张,核大战大有一触即发之势。美国的防务战略专家认为,由一个中枢控制的信息网络一旦遭到"核攻击",整个信息网络将陷于瘫痪。为避免被动,美国国防部于1969年出资研究开发阿帕网(ARPA网),该网络被设计成可在计算机间提供许多路线(在计算机术语中称为"路由")的网络。此后陆续出现了若干个计算机互连的系统,开创了"计算机—计算机"通信的时代,并呈现出多处理中心的特点,即利用通信线路将多台计算机连接起来,实现了计算机之间的通信。这一由美国国防部高级研究计划局(Advanced Research Project Agency,ARPA)所研制的ARPANET网是该网络的典型代表。(图1—1)它的主要目标是借助于通信系统,使网内各计算机系统间能够共享资源。ARPANET是一个成功的系统,它在概念、结构和网络设计方面都为此后的计算机网络的发展奠定了基础。到20世纪80年代末,有数百万计算机和数千网络使用TCP/IP,正是从它们的相互联网开始,现代网络才得以诞生。

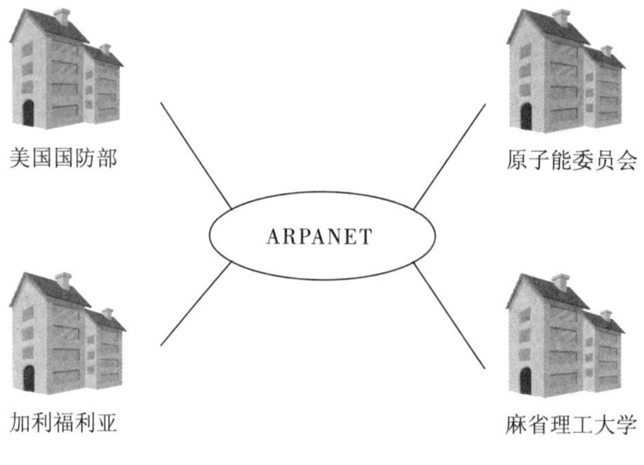

图1－1 ARPANET网示意图

自20世纪70年代开始,随着大规模集成电路技术和计算机技术的飞速发展,硬件价格急剧下降,微型计算机广泛应用,局域网技术得到迅速发展。20世纪 80 年代后，为了适应办公室自动化的需要，各机关、企业迫切要求将自己拥有的为数众多的微机、工作站、小型机等连接起来，从而达到资源共享和互相传递信息的目的。在这种背景下，局域网技术发展呈日新月异之势。

局域网的发展也导致计算模式的变革。早期的计算机网络是以主计算机为中心的，计算机网络控制和管理功能都是集中式的，也称为集中式计算机模式。随着个人计算机（PC）功能的增强，用户一个人就可在微机上完成所需要的作业，PC 方式呈现出的计算机能力已发展成为独立的平台，这就导致了一种新的计算结构——分布式计算模式的诞生。

目前计算机网络的发展正处于第四阶段。这一阶段计算机网络发展的特点是：互联、高速、智能与更为广泛的应用。

因特网是覆盖全球的信息基础设施之一，对于用户来说，它像是一个庞大的远程计算机网络。用户可以利用因特网实现全球范围的电子邮件、电子传输、信息查询、语音与图像通信服务功能。实际上，因特网是一个用路由器（Router）实现多个远程网和局域网互联的网际网，它将对推动世界经济、社会、科学、文化的发展产生不可估量的作用。

在互联网发展的同时，高速与智能网的发展也引起人们越来越多的注意。高速网络技术发展表现在宽带综合业务数据网 B-ISDN、帧中继、异步传输模式 ATM、高速局域网、交换局域网与虚拟网络上。随着网络规模的增大与网络服务功能的增多，各国正在开展智能网络（Intelligent Network，IN）的研究。在合作、共享的精神指引下，全球的互联网专家将会把这一全球网络引向更为高级的发展阶段。

二、互联网技术基础

对于一般用户来说，对下列较为基础的技术的掌握，有利于更好地理解互联网的计算逻辑，从而更好地运用互联网。

1. 互联网基础技术

(1)HTML

HTML 是 Hypertext Marked Language 的缩写,即超文本标记语言,是一种用来制作超文本文档的简单标记语言。超文本传输协议规定了浏览器在运行 HTML 文档时所遵循的操作规则,它使浏览器在运行超文本时有了统一的规则和标准。用 HTML 编写的超文本文档称为 HTML 文档,它能独立于各种操作系统平台。自 1990 年以来,HTML 就一直被用做 WWW(World Wide Web 的缩写,中文叫做万维网)的信息标示语言,使用 HTML 语言描述的文件,需要通过 Web 浏览器显示出效果。

之所以叫做超文本,是因为它可以加入图片、声音、动画、影视等内容。事实上,每一个 HTML 文档都是一个静态的网页文件,这个文件里面包含了 HTML 指令代码,这些指令代码并不是一种程序语言,它只是一种排版网页中资料显示位置的标记结构语言,易学易懂,非常简单。HTML 的普遍应用带来了超文本的技术——通过单击鼠标,从一个主题跳转到另一个主题,从一个页面跳转到另一个页面,与世界各地主机的文件链接,直接获取相关的主题。

(2)XML

XML 是 Extensible Markup Language 的缩写,即可扩展标记语言,是一种可以用来创建自己的标记的标记语言。它由万维网协会(W3C)创建,用来克服 HTML 的局限。和 HTML 一样,XML 同样来源于 SGML(Standard Generalized Markup Language,标准通用标记语言),但 XML 是一种能定义其他语言的语言。XML 最初设计的目的是为了弥补 HTML 的不足,以强大的扩展性满足网络信息发布的需要,后来逐渐用于网络数据的转换和描述。

XML 实际上是 Web 上表示结构化信息的一种标准文本格式,它没有复杂的语法和包罗万象的数据定义。XML 与 HTML 一样,都来自 SGML 这种在 Web 发明之前就早已存在的用标记来描述文档资料的通用语言。由于 SGML 十分庞大且难于学习和使用,使得 HTML 语言得以发明并广泛使用。随着

Web 应用的不断深入，HTML 在更为广泛的应用中显得捉襟见肘，而 SGML 作为 Web 语言又不太现实，于是万维网协会建议使用 SGML 的精简版本，这就是 XML。XML 与 SGML 一样，是一个用来定义其他语言的元语言。与 SGML 相比，XML 规范不是 SGML 规范的 1/10，简单易懂，是一种既无标签集也无语法的新一代标记语言。

XML 的先进性表现在三个方面。

第一是可扩展性。XML 允许使用者创建和使用自己的标记而不是 HTML 有限的词汇表，这一点至关重要。企业可以用 XML 为电子商务和供应链集成等应用定义自己的标记语言，甚至特定行业一起来定义该领域的特殊标记语言，作为该领域信息共享和数据交换的基础。

第二是灵活性。HTML 很难进一步发展，就是因为它是格式、超文本和图形用户界面语义的混合，要同时发展这些混合在一起的功能是很困难的。而 XML 提供了一种结构化的数据表示方式，使得用户界面分离于结构化数据。所以，Web 用户所追求的许多先进功能在 XML 环境下更容易实现。

第三是自描述性。XML 文档通常包含一个文档类型声明，因而 XML 文档是自描述的。不仅人能读懂 XML 文档，计算机也能处理。XML 表示数据的方式真正做到了独立于应用系统，XML 文档被看做是文档的数据库化和数据的文档化。

XML 支持世界上几乎所有的主要语言，并且不同语言的文本可以在同一文档中混合使用，应用 XML 的软件能处理这些语言的任何组合。所有这一切将使 XML 成为数据表示的一个开放标准，这种数据表示独立于机器平台、供应商以及编程语言。它将为网络计算注入新的活力，并为信息技术带来新的机遇。目前，许多大公司和开发人员已经开始使用 XML，包括 B2B 在内的许多应用已经证实了 XML 将会改变今后创建应用程序的方式。

从 1998 年开始，XML 被引入许多网络协议，以便于为两个软件提供相互通信的标准方法。简单对象访问协议（SOAP）和 XML-RPC 规范为软件交互提供了独立于平台的方式，从而为分布式计算环境打开了大门。几乎所有主要的软件厂商都支持 SOAP。SOAP 的快速成功史无前例地提高了软件的互操作潜力。目前，Web 服务革命正在兴起，而 SOAP 正是其基础协议。

与 HTML 相比，XML 的强大功能来自于"X"，即可扩展性（Extensible）。XML 并非像 HTML 那样，提供了一组事先已经定义好了的标签，而是提供了一个标准，任何使用者可以利用这个标准，根据实际需要定义自己新的置标语言，并为这个置标语言规定它特有的一套标签。准确地说，XML 是一种源置标语言，它允许用户根据它所依据的规则，制定各种各样的置标语言。这也是 XML 语言制定之初的目标所在。

（3）流媒体技术

随着互联网的广泛普及和多媒体技术在网络中的深入应用，实时传送视频、音频及动画等媒体文件的技术获得了巨大的发展空间，产生了与之相适应的流式传输技术及流媒体，从而带动了网络传播模式和手段的不断变革和发展，音频、视频媒体形式在网络传播中扮演的角色也越来越重要。因此，流媒体技术的应用逐渐成为网络传播中最引人注目的亮点之一。

流媒体指的就是在 Internet/Intranet 中使用流式传输技术、按时间顺序连续播放的媒体，如音频、视频或多媒体文件。它在播放前并不下载整个文件，只将开始部分内容存入内存，其他的数据流随时传送随时播放，只是在开始时有一些延迟，其关键技术就是流式传输技术。流媒体具有以下优点：

一是不需要下载整个流媒体文件便可以进行即时播放，大大缩短了用户等待的时间；

二是经过编码压缩的流媒体文件往往小于原始文件的数据量，并且用户也不需要将全部流文件下载到硬盘，从而节省了大量的磁盘空间；

三是流媒体的传输采用了 rtsp、mms 等实时传输协议，更加适合视频、音频、动画等媒体形式在网络上的实时传输。

目前，市场上主流的流媒体技术有三种，分别是微软公司的 Windows Media、Real Networks 公司的 Real Media、苹果公司的 Quick Time。

了解流媒体技术的起源与发展有利于我们更好地理解这技术。

为便于音视频信息的远程沟通，美国公司 Progressive Net works（1997 年更名为 Real Networks）于 1995 年推出了 C/S 架构的音频接受系统 Real Audio，并在随后几年内引领了这一领域的发展方向，相继发布了多款应用广泛的流媒体播放器 Real Player 系列，曾一度占据该领域 85%的市场份额。随着微软公司和苹果公司等进军流媒体技术公司的加入，流媒体技术得到了快速的发展并迅速深入人心。早期的流媒体是在窄带互联网上应用，受带宽条件的制约，直到 1999 年网上视频播放还仅限于很小的视频播放窗口。进入 2000 年，随着全球范围的互联网升温，宽带 IP 网逐渐成为现实，上述几家作为流媒体技术的领头羊公司几乎同时宣布了它们流媒体技术的宽带解决方案。在很短的时间里，流媒体技术有了飞跃性发展，给网民带来更优质的视听体验。我国的主流技术开发公司也在积极探索流媒体技术，并开发出了适合中国互联网发展需求的新技术，比如搜狐公司自主开发的 PXP 视频流媒体技术，能够支持大量用户同时在线观看清晰度较高的视频，并能实现用户在 10 分钟的观看时段里不出现缓冲。

流媒体技术的工作流程是这样的：

为了在数据网络上传输媒体流，流媒体技术需要解决从音/视频源的编码、解码、存储，到网络端的媒体服务、媒体流传输，到用户端的播放等一系列问题。

流式传输的过程原理如下：

①用户选择某一流媒体服务后，Web 浏览器与 Web 服务器之间使用 HTTP/TCP 交换控制信息，以便把需要传输的实时数据从原始信息中检索出来。

②Web 浏览器启动音/视频客户程序，使用 HTTP 从 Web 服务器检索相关参数对音/视频客户程序初始化，这些参数可能包括目录信息、音/视频数据的编码类型或与音/视频检索相关的服务器地址。

③音/视频客户程序及音/视频服务器运行实时流协议，以交换音/视频传输所需的控制信息，实时流协议提供执行播放、快进、快倒、暂停及录制等命令的方法。

④音/视频服务器使用 RTP/UDP 协议将音/视频数据传输给音/视频客户程序，一旦音/视频数据抵达客户端，音/视频客户程序即可播放输出。

从图 1－2 中可以看出，原始音/视频流经过编码和压缩，形成媒体文件存储后(直播的方式不需要文件存储),媒体服务器根据用户的请求把媒体文件(或者直播的媒体流)传递到用户端的媒体播放器。在媒体传输中间还可能需要代理服务器进行媒体内容的分发或转发。

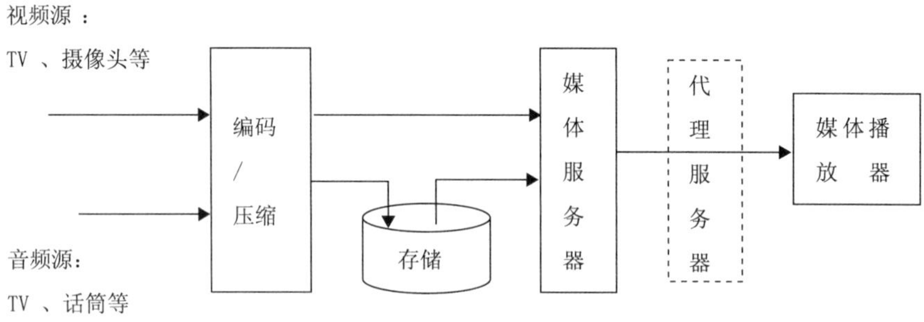

图 1-2　媒体流传输流程示意图

(4)Web 数据库技术

因特网是目前全球最大的计算机通信网,它遍及全球几乎所有的国家和地区。WWW 系统是一个大型的分布式超媒体信息数据库,它极大地推动了因特网的发展,已经成为因特网中最流行、最主要的信息服务方式。它能够把各种类型的信息资源,如静态图像、文本、数据、视频和音频有机地结合起来,使用户能够在因特网上浏览、查询和共享建立在 WWW 服务器所有站点上的超媒体信息。目前 Web 技术与数据库管理系统(DBMS)相互融合领域的研究已成为热点方向之一,数据库厂商和 Web 公司也纷纷推出各自的产品和中间件支持 Web 技术和 DBMS 的融合,两者取长补短,发挥各自的优势,使用户可以在 Web 浏览器上方便地检索数据库的内容。所谓 Web 数据库管理系统是指基于 Web 模式的 DBMS 的信息服务,充分发挥 DBMS 高效的数据存储和管理能力,以 Web 这种浏览器/服务器(B/S)模式为平台,将客户端融入统一的 Web 浏览器,为因特网用户提供使用简便、内容丰富的服务。Web 数据库管理系统必将成为 Internet 和 Intranet 提供的核心服务,为因特网上的电子商务提供技术支持。

(5)搜索引擎技术

目前,计算机信息检索功能已经从基本的布尔检索、截词检索、邻近检索、短语检索、字段检索发展为高级的加权检索、自然语言检索、相关信息反馈检索、模糊检索和概念检索。网络信息检索的核心工具是搜索引擎。

搜索引擎的目的是帮助新闻工作者和受众寻找信息资源。在因特网环境下,其典型实现是基于关键词匹配的信息检索机制。搜索引擎主要由四部分组成:搜索器、索引器、检索器、用户接口。

搜索器的功能是在互联网中发现和搜索信息。它要尽可能快、尽可能多地搜集各种类型的信息,同时还要定期更新已有信息,避免死链接和无效链接。

索引器的功能是理解搜索器所搜索的信息,从中抽取出索引项,用于表示文档以及生成文档库的索引表,建立起自己的物理索引数据库。一个搜索引擎的有效性在很大程度上取决于索引的质量。

检索器的功能是根据用户的查询指令在索引库中快速检索出文档,进行文档与查询的相关度评价,对将要输出的结果进行排序,并实现某种用户相关性的反馈机制。

用户接口的作用是输入用户查询、显示查询结果,提供用户相关性反馈机制。

搜索引擎的工作原理。搜索引擎起源于传统的信息全文检索理论,即计算机程序通过扫描每一篇文章中的每一个词,建立以词为单位的倒排文件,检索程序根据检索词在每一篇文章中出现的频率和每一个检索词在一篇文章中出现的概率,对包含这些检索词的文章进行排序,最后输出排序的结果。互联网搜索引擎除了需要有全文检索系统之外,还要有所谓的"蜘蛛"(Spider)系统,即能够从互联网上自动收集网页的数据搜集系统。蜘蛛将搜集所得的网页内容交给索引和检索系统处理,就形成了我们常见的互联网搜索引擎系统。当然,一个完整的搜索引擎系统还需要有一个搜索结果的页面生成系统,也就是要把检索结果高效地组装成互联网页面。当系统的访问量(Pageview)变大时,页面生成系统往往会成为整个系统的瓶颈。与传统的信息检索理论研究不同,搜索引擎的用户看重的是系统的稳定性、速度、易用性和返回的信息量及相关度。

据专家评测,目前主要搜索引擎返回的相关结果的比率不足45%,其原因是现有的因特网搜索引擎拥有极少量的知识,并且是面向最一般的用户模型。

不划分知识领域，不对用户建立任何描述以及使用关键词匹配的交互方式，都限制了搜索引擎的使用效率。智能搜索引擎的概念因此而被提出来。

新一代中文智能搜索引擎是一个基于汉语语法、词的上下文和语义等的中文信息处理技术，能自动收集、识别因特网上的 WWW 和 News 信息，智能化地提取摘要和关键词、建立索引、提供查询和对不良信息的监控、报警功能和网络信息自动发现和查询系统。[它以加权的启发式搜索算法控制信息资源的搜集，采用了一种加权的启发式搜索算法。]系统根据用户配置的领域导向词和资源服务器所在地域的信息，以启发式函数计算每个 URL 的权值，并选择权值高的 URL 优先访问。

智能搜索引擎可以根据互联网本身的链接结构对相关网站用自动方法进行分类，再加上结构严谨、萃取精华的开放式信息目录，为每一个搜索请求迅速提供准确的结果。

智能搜索引擎可以预期用户的需求，并可有效地抑制关键词的多义性。

智能搜索引擎还可以采用协同式检索方法。该方法一般用于一个特定的用户(如一个或一组新闻工作者、一个新闻媒体、一个或一组受众)。协同式方法有时又称为公众学习方法，它将其他用户的反应反馈给当前的用户。系统不去计算分类项目的相似程度，而是计算用户之间的相似程度。协同式方法不分析分类项目的内容。协同式方法一般用于非文本化的数据，如电影、音乐等，但是有的系统将其用于文本数据的挖掘，如新闻过滤等。已有一些系统用于电子邮件处理、会议时序安排、电子新闻过滤和娱乐节目推荐。

与智能搜索引擎技术相关的还有信息智能“推”技术和个性化检索技术。

基于网民和新闻工作者访问互联网的特点，在用户拉取信息的搜索过程中，根据其输入的关键词，通过机器学习，可以识别和预测其兴趣或偏好，从而有针对性地、及时地向网民和新闻工作者主动推送相关知识和最新信息和新闻线索。推送的形式可采用频道式推送、邮件式推送、网页式推送或专用式推送。目前已有构造 Web 访问模式树(Web tree)的算法，可从大量信息访问日志中挖掘用户访问信息的模式。也可从用户访问文档的超链接来预测用户的访问偏好，其知识发现采用关联性法则。

(6)网格技术

网格(Grid)计算,顾名思义,就是指将多个计算机组成网格状网络。“grid”在英文中是“方格”的意思,是一种“模拟实现高性能计算机”的技术。假如有一项业务使用速率为1G的CPU需要6分钟的处理时间,如果网络中有6台安装了同样CPU的计算机,可以把这项业务平均分成6等份,分别交给每台计算机进行处理,那么,理论上这项业务的处理时间将缩短到1分钟。这就是网格计算的基本思路。简单地讲,网格把整个因特网整合成一台巨大的超级计算机,实现计算资源、存储资源、数据资源、信息资源、知识资源、专家资源的全面共享。当然,网格并不一定非要这么大,也可以构造地区性的网格,如企事业内部网格、局域网网格,甚至家庭网格和个人网格。事实上,网格的根本特征是资源共享而不是它的规模。作为信息社会的网络基础设施,网格将连通一个个信息和资源孤岛,让人们的工作和生活变得更方便。

网格是一种新兴的技术,正处在不断发展和变化当中,因而网格尚未有精确的定义和内容定位。目前学术界和商业界围绕网格开展的研究有很多,其研究的内容和名称也不尽相同,比如国外媒体常用“下一代互联网”、“Internet2”、“下一代 Web”等来称呼网格相关技术。但“下一代互联网(NGI)”和“Internet2”又是美国的两个具体科研项目的名字,它们与网格研究目标相交叉,但研究内容和重点有很大不同。企业界用的名称也很多,有内容分发(Contents Delivery)、服务分发(Service Delivery)、电子服务(E-service)、实时企业计算(Real-Time Enterprise Computing,RTEC)、分布式计算(Peer-to-Peer Computing,P2P)、Web服务(Web Services)等。我国有关专家认为,网格实际上是继传统互联网、Web之后的第三次浪潮,可以称之为第三代互联网应用。

2. Web2.0模式下的新技术及其应用形式

(1)Web2.0的新模式

近年来,伴随新一代互联网技术的蓬勃发展,IPv6、网格计算、语义网、P2P(Peer to Peer,对等网络技术)等核心技术概念越来越多地出现在人们面前,

"Web2.0"(也被称为互联网 2.0)这个名词,在媒体上出现的频率越来越高。Web2.0 其实是相对 Web1.0(2003 年以前的互联网模式)的新的一类互联网应用的统称,是一次从核心内容到外部应用的革命。网络由现行的单纯通过网络浏览器浏览 HTML 网页的 Web1.0 模式向内容更丰富、联系更广泛、工具性更强的 Web2.0 模式的发展。在 Web2.0 模式中,Blog(博客)、Wiki(维基百科)、RSS(简易信息聚合)、BT(下载)、TAG(标签)、SNS(社交网络)等这些带有鲜明 Web2.0 特征的网络应用形式,不仅带来了网络产业的升级,也给旧的传播观念、传播模式带来了巨大冲击。新一代互联网将使网络的能量再次成倍增长,而 Web2.0 更多的是信息互动传输,即应用方式的新变革,它可能会对网络中人与计算机、人与信息、人与人的关系产生重大的变革推动力。在 Web2.0 中,用户成为信息制造的中心,拥有更多点对点传递信息的渠道,网络个人化、社会化、自组织等新的传播特点日益凸显出来,一场以"交互"为核心的互联网创新浪潮已经扑面而来。

与 Web1.0 时代网站之间互不相通、各网站自行其道相比,Web2.0 时代借助 RSS 和 XML 技术实现网站之间的交流,用户可以根据自己的喜好,自由选择信息。但这一切还仅仅是表面现象,Web2.0 倡导的个性化,与传统网站的个性化有本质的区别。在传统门户网站中,个性化意味着页面设计风格和内容组织方式而非内容本身,不管怎样都没有脱离大而全的中心门户的特点。Web2.0 倡导的个性化则意味着精而专,网站之间有明确的分工。简而言之,Web2.0 时代的个性化不是原来的网页个性化,而是服务个性化。

(2)Web2.0 的相关技术

随着 Web2.0 的发展,相关技术也逐步涌现,比如 AJAX、开放式 API 等。

①AJAX

AJAX 的全称是 Asynchronous JavaScript and XML,它不是一种技术而是多种技术的组合。AJAX 采用远程脚本调用技术,通过 JavaScript 语言与 XML Http Request 对象来实现数据请求,将数据处理由服务器转移到客户端,减少了服务器的资源占用,加快了数据处理的速度。也就是说,服务器仅需发送数据信息和指令，由客户端解码呈现。采用 AJAX 开发的软件能让用户在使用网络应用软件时感觉就像在本机上一样。这一技术已经延伸到移动通信领域，是提高手机网络速度、增强其便捷性从而提升其竞争力的重要动力之一。

目前 AJAX 技术已经广泛应用于网络应用软件开发中，Google 也许是 AJAX 技术开发投入最大、收获最多的公司，AJAX 已经成功应用于 GMail、Google Suggest 和 Google Maps 等网络应用软件中。

②开放 API

以前的开放 API(应用程序接口)主要指桌面应用软件，希望通过开放 API 融合更多的应用。在 Web1.0 时代只有少数网站，比如 ebay、亚马逊公司(Amazon)、Yahoo 公司、Google 公司等，在设计之初就遵循各种工业化标准，进而开放 API 接口，正是由于开放 API，产生了不少有趣的应用。但大多数公司当时还没有这种意识，不过在 Web 2.0 时代，开放 API 已经成为不可忽视的趋势，这是因为对于公司来说，技术领域的竞争已经演化为标准之争，标准的形成在于有多少人在使用，因此开放 API 就意味更多的人采用，也就意味着标准。

③内容协同

基于 XML 的多种内容格式和基于这些格式的互操作/通信协议，包括 RSS、RDF(RSS1.1)、Atom 以及大量的微格式；而 FOAF XFN 等特别设计的格式和协议(主要是基于社会型网络 Socialnetworking)扩展了 Web 2.0 网站的功能，允许用户分布式交互。

④富界面应用(Rich Interface Applications，RIA)

RIA 更像桌面软件，是具有丰富功能的 Web 应用，包含一些不同的技术，基本上都是几年前就出现的传统技术，浏览器相对更复杂，一些技术应用了 Agent 代理技术。

⑤P2P 传输技术

P2P 是 peer-to-peer 的缩写，peer 在英语里有“(地位、能力等)同等者”、“同事”和“伙伴”等意义，因此，P2P 也就可以理解为“伙伴对伙伴”的意思，或称为“对等网络”。人们普遍认为其在加强网络人际交流、文件交换、分布计算等方面大有前途。简单说，P2P 直接将用户联系起来，让用户通过互联网直接交互。

P2P使得网络上的沟通变得更加容易，不同用户之间可以更直接地共享和交互，真正消除了中间环节。借助P2P技术，用户可以直接连接到其他用户的计算机交换文件，而不是像过去那样要连接到服务器去浏览、下载。P2P另一个重要特点是改变互联网现在的以大网站为中心的状态，重返"非中心化"并把权力交还给用户。

(3)Web2.0主要应用形式

Web2.0主要应用形式包括Blog、RSS、Wiki、Tag、SNS、IM、Podcast等，具体介绍如下。

①博客(Blog)

Blog一词起源于Weblog，是Web和Log的组合词，意思是网上日志。Web，指World Wide Web；Log，原意是"航海日志"，后指任何类型的流水性记录。Weblog是在网络上的一种流水记录形式。Blog是一个用户以网络日志的形式简易、迅速、便捷地发布自己的心得，及时、有效、轻松地与他人进行交流，以及丰富多彩地个性化地展示、使用与维护的网站。写Blog的人称为Blogger，因此Blog就是个人或群体以时间顺序所做的一种记录。从理论上讲，它是一种表达个人思想、使用网络链接、按照时间顺序排列并且不断更新的出版方式。

在技术上，Blog大量采用了RSS技术，所有的RSS文件都必须符合由W3C发布的XML 1.0规范。对读者来说，可以通过RSS订阅一个Blog，以便及时浏览该Blog作者最近所做的更新。对Blog的作者来说，RSS可以使自己发布的文章易于被计算机程序理解并摘要。

②站点摘要(RSS)

RSS(Really Simple Syndication或者Rich Site Summary或者RDF Site Summary)是一种摘要描述网站内容的格式，通常在时效性比较强的内容上使用RSS订阅能更快速获取信息，提供RSS输出的网站有利于用户获取网站内容的最近更新。网络用户可以在客户端借助于支持RSS的聚合工具软件，在不打开网站内容页面的情况下阅读支持RSS输出的网站内容。

RSS作为一种用于共享新闻和其他Web内容的数据交换规范，起源于网景通讯公司的"推"技术(Push technology)，这一技术可以将用户订阅的内容传送给他们的通信协同格式(Protocol)。RSS把网站内容如标题、链接、部分内文甚至全文转换为可扩展标记语言(XML)的格式，以向其他网站供稿。使用者可以用一般的浏览器观看，也可以用特殊的"阅读器"软件来阅读。目前RSS通常被用于新闻和其他按顺序排列的网站。RSS搭建了一个信息迅速传播的技术平台，使得每个人都成为潜在的信息提供者。发布一个RSS文件后，这个RSS Feed中包含的信息就能直接被其他站点调用，而且由于这些数据都是标准的XML格式，所以也能在其他的终端和服务中使用。RSS是站点用来和其他站点之间共享内容的一种简易方式(也叫聚合内容)的技术。

RSS目前广泛用于Blog、Wiki和网上新闻频道，世界多数知名新闻社网站都提供RSS订阅支持。目前，RSS阅读器基本可以分为两类：一类是运行在计算机桌面上的应用程序，通过所订阅网站的新闻供应，可自动、定时地更新新闻标题；一类是内嵌于已在计算机中运行的应用程序中，通过订阅来阅读相关新闻。随着越来越多的站点对RSS的支持，RSS已经成为目前最成功的XML应用。

③网摘(Tag)

Tag(中文叫做"标签")是一种新的组织和管理在线信息的方式。它不同于传统的、针对文件本身的关键字检索，而是一种模糊化、智能化的分类。"网摘"又名"网页书签"，起源于美国Del. icio. us网站始于2003年提供的一项叫做"社会化书签"(Social Bookmarks)的网络服务，网友们称为"美味书签"(Delicious在英文中的意思就是"美味的、有趣的")。

Tag是一种更为灵活、有趣的日志分类方式，用户可以为每篇日志添加一个或多个Tag，然后可以看到BlogBus上所有使用了相同Tag的日志，并且由此和其他用户产生更多的联系和沟通。不仅如此，Tag还通过与Blog搜索引擎Technorati的合作，把自己的Tag发送到全球Blog空间，和全世界的用户共同分享。Tag体现了群体的力量，使得日志之间的相关性和用户之间的交互性大大增强，可以让参与者体验到一个更加多样化的世界，一个关联度更大的

Blog 空间，一个实时播报热点的新闻台。Tag 提供了前所未有的网络新体验。

④社会网络(SNS)

从社会化角度来看，SNS 就是一个网络社交平台——Social Network Service，它的理论依据是六度分隔理论。通过互联网的方式，可以将人际关系网的资源完全挖掘出来。在 SNS 的帮助下，用户可以轻松认识“朋友的朋友”，通过认识的人找到需要的人，扩展自己的人脉，还可以更科学地管理人际网络资源，为自己赢得更多的机会。SNS 这种新兴的网络社交方式出现后迅速流行，已经成为精英阶层拓展人际关系的主要方式之一。

人们相信，通过使用 SNS 可以实现个人数据处理、个人社会关系管理、可信的商业信息共享，可以安全地对信任的人群分享自己的信息和知识，利用信任关系拓展自己的社会性网络，达成更加有价值的沟通和协作，从而累积社会性资本，因此而具有巨大的商业和社会价值。

SNS 是一个构建全球 P2P 网络的工具，也可以说是一个 P2P 网络操作系统。在互联网中，PC 机、智能手机都没有强大的计算及带宽资源，它们依赖网站服务器才能浏览发布信息。如果将每个设备的计算及宽带资源进行重新分配与共享，这些设备就有可能具备比那些服务器更为强大的能力。这就是分布计算理论诞生的根源，也是 SNS 技术诞生的理论基础。所以，SNS 这个工具的目标是帮助现有的互联网设备(包括 PC 和服务器)、3G 网络设备(包括手机和移动网络后台设备)建立起高效的连接，而且设备之间的连接完全摆脱现有的服务器。在这些设备互相连接之后，SNS 通过分布式的计算方法，将散布在网络中的各种设备的 CPU、硬盘、带宽都利用起来，为用户观看高质量的电影、听歌、聊天、通话、交友、交易、游戏等活动提供更快、更强、更高的计算和存储能力。

⑤百科全书(Wiki)

Wiki 可以理解为一种多人协作的写作工具。Wiki 站点可以由多人(甚至任何访问者)维护，每个人都可以发表自己的意见，或者对共同的主题进行扩展或探讨。Wiki 指一种超文本系统，这种超文本系统支持面向社群的协作式写作，同时也包括一组支持这种写作的辅助工具。

Wiki 一词源自夏威夷语“wee kee wee kee”，本是“快点快点”之意。1995年，沃德·坎宁安(Ward Cunningham)为了方便社群的交流创建了全世界第一个 Wiki 系统——Wiki Wiki Web，并用它建立了波特兰模式知识库(Portland Pattern Repository)。在建立这个系统的过程中，沃德·坎宁安创造了 Wiki 的概念和名称，并且实现了支持这些概念的服务系统。这个系统是最早的 Wiki 系统。从 1996 年至 2000 年间，波特兰模式知识库围绕着面向社群的协作式写作，不断发展出一些支持这种写作的辅助工具，从而使 Wiki 的概念不断得到丰富，同时 wiki 的概念也得到了传播，出现了许多类似的网站和软件系统。

有人认为，Wiki 系统属于一种人类知识的网络系统，网民可以在 Web 的基础上对 Wiki 文本进行浏览、创建、更改，而且这类操作的代价远比 HTML 文本小。Wiki 的写作者自然构成了一个社群，Wiki 系统为这个社群提供了简单的交流工具，帮助大家在一个社群内共享某个领域的知识。

与其他超文本系统相比，Wiki 具有开放取阅、维护快捷、格式简单、链接方便、修订便捷等优点。

三、计算机网络系统构成

计算机网络系统由网络硬件系统和网络软件系统两部分组成。在网络系统中，网络硬件系统是整个计算机网络系统的物质基础，它是网络运行的实体，对网络的性能起着决定性的作用；而网络软件系统则是整个计算机网络系统的灵魂，它是支持网络运行、提高效益和开发网络资源的工具。

1. 计算机网络硬件系统

要建立一个计算机网络系统，首先要将计算机及其附属硬件设备与网络中的其他计算机系统连接起来，即物理连接。不同的计算机网络系统在硬件方面是有差别的。随着计算机技术和网络技术的发展，网络硬件日趋多样化，功能上也日趋完善，结构也更复杂。常见的网络硬件有：计算机、通信介质、网络接口卡、传输与交换设备、网络互联设备等。

(1)计算机

计算机网络系统中互联起来的计算机和各种辅助设备,根据其在网络中的“服务”特性,被分为网络服务器和网络工作站。

①网络服务器。在计算机网络中,一些计算机或设备应其他计算机的的请求而提供服务,使其他计算机通过它共享系统资源,这样的计算机或设备被称为网络服务器。服务器是具有较强的计算功能和丰富的信息资源的高档计算机,它为网络中的用户提供共享资源并负责管理网络资源、提供网络应用服务、处理网络通信、响应工作站上的网络请求等。服务器是网络系统的重要组成部分。

②网络工作站。在计算机网络系统中,有些计算机请求提供服务,而不为其他的计算机提供服务,这类计算机被称为网络工作站。网络工作站是通过网络接口卡连接到网络上的个人计算机,它保持原有计算机的功能,作为独立的个人计算机为用户服务,同时又可以按照被授予的一定权限访问服务器。各工作站之间可以相互通信,也可以共享网络资源。有的网络工作站本身不具备计算功能,只提供操作网络的界面,如联网的终端机。

网络工作站通过运行工作站启动程序与网络相连,登陆到网络服务器上,它可以参与网络的一切活动。当退出网络时,又可以作为一台标准的计算机使用。服务器和工作站进入和退出网络时有明显的区别。工作站可以随时进入和退出网络系统,且不影响其他工作站的工作,而服务器必须在网络需要时进入网络,而且只要网络系统中有工作站未退出网络,服务器就不能退出网络系统,否则就会造成通信的中断。

(2)通讯介质

在计算机网络中,信息从一台计算机传输给另一台计算机,从一个节点把信息传输到另一个节点,都是通过通讯介质来实现的。通讯介质是在计算机之间传输数据信号的重要媒介,它提供了数据信号传输的物理通道。通讯介质的选择极大地影响着通信的质量。通讯介质按其特征可分为有线通信介质和无线通信介质两大类。有线通信介质包括双绞线、同轴电缆和光纤等;无线通讯介质根据频率，可以划分为地面微波通信系统、卫星微波通信系统、无线广播通信系统和红外线通信系统。

(3)网络接口卡

网络接口卡又称网络适配卡，简称网卡，它是计算机与通讯介质的接口，是构成网络的基本部件。网卡的主要功能是实现网络数据格式与计算机数据格式的转换、网络数据的接收与发送等。在接收网络通信介质上传送的信息时，网卡把传来的信息按照网络上信号编码要求交给主机处理；在主机向网络发送信息时，网卡把发送的信息按照网络传送的要求用网络编码信号发送出去。

(4)传输与交换设备

传输与交换设备是数据在通信子网中进行传输时专门从事信息传输工作的设备，它的主要任务是实现数据有效地在通信子网中从一个网段传到下一个网段，直到目的地。常用的传输与交换设备有：

①多路复用器。多路复用器可将信息群只用一个发射机和接收机进行长距离的传输。多路复用器通常有两种类型：频分多路复用器 FDM 和时分多路复用器 TDM。频分多路复用器多用于连续信号传输，而时分多路复用器 TDM 多用于时间离散的数字信号的传输。

②集中器。集中器对各终端发来的信息进行组织，不工作的终端不占用信道。

③调制解调器。调制解调器是计算机网络通信中极为重要的和不可缺少的设备，它主要进行信号交换，同时具有调制和解调两种功能。

④交换器。交换器是交换技术的产物，它是一种能够提高网络性能、改进网络可管性、降低管理成本的组网基础设备。交换器可将大型的网络划分成比较小的网段，将工作小组同其他工作小组在本地的流量隔离开来，从而提高总体带宽。

(5)网络互联设备

网络互联是由互联设备实现的，不同的互联设备所解决的问题和所属的层次是不同的。

①中继器。中继器又称转发器，它是扩展局域网的硬件设备，属于物理层的中继系统。中继器的作用是简单地放大或刷新通过的数据流，扩大数据传输的距离。中继器用于连接和延展同型局域网。虽然中继器能保证信号的强度，但每个中继器和网段都增加了延迟，如果延迟太久，协议就不能工作，网络就不能正常运行，因此必须对传输中的中继器个数做出限制。

②集线器。集线器是中继器的一种扩展形式，是一种网内连接设备，它主要用于局域网中。集线器与中继器的区别在于集线器能够提供多端口服务，所以也称为多口中继器。

③网桥。网桥也称桥接器，它是数据链路层上的局域网之间的互联设备。网桥同中继器不同，网桥处理的是一个完整的帧，并使用和计算机相同的接口设备。网桥的功能就是在互联局域网之间存储、转发帧和实现数据链路层上的协议转换。网桥可分内桥、外桥和远程桥三类。

④路由器。路由器是网络层的中继系统，它是实现不同类型网络互联的重要设备。路由器在网络层实现数据包的存储与转发，从而把众多的网络连接成一个大型网络。

路由器与网桥的主要区别表现在互联协议级别上，这种差异使路由器路径选择、多协议机制传输、安全性和可管理性等方面的功能都强于网桥。

⑤网关。网关也称信关，它是建立在高层之上的各层次的中继系统，是用于高层协议转换的网间连接器。网关可以连接不同体系结构的网络，其典型的应用包括：局域网和远程网络主机互联、局域网之间互联和局域网与广域网互联。网络系统中常用的有数据库网关及电子邮件网关等。网关的结构非常复杂，综合来说，网关主要的功能是进行报文格式转换、地址映射、网络协议转换和原语连接转换等。

2. 计算机网络软件系统

网络软件系统是实现网络功能所不可缺少的软环境。根据软件的特性和用途，网络软件可以被划分成如下几个大类：

(1)网络操作系统

网络操作系统(NOS,Network Operating System)是在网络环境下,用户与网络资源之间的接口,是运行在网络硬件基础之上的,为网络用户提供共享资源管理服务、基本通信服务、网络系统安全服务及其他网络服务,实现对网络资源的管理和控制的软件系统。网络操作系统是网络的核心,其他应用软件系统需要网络操作系统的支持才能运行。对网络系统特别是局域网来说,所有网络功能几乎都是通过网络操作系统来体现的,网络操作系统代表着整个网络的水平。

目前,网络操作系统主要有 Windows XP、UNIX、Linux 和 Netware。随着计算机网络的不断发展,特别是计算机网络互联技术以及异质网络的互联技术的应用和发展,网络操作系统开始朝着能支持多种通信协议、多种网络传输协议、多种网络适配器和工作站的方向发展。

(2)网络协议软件

连入网络的计算机依靠网络协议实现互相通信,而网络协议是靠具体的网络协议软件的运行支持才能工作。网络协议软件是指用以实现网络协议功能的软件。协议软件的种类非常多,不同体系结构的网络系统都有支持自身系统的协议软件,体系结构中的不同层次又有不同的协议软件。对某一协议软件而言,到底把它划分到网络体系结构中的哪一层是由协议软件的功能决定的。所以,对同一协议软件,它在不同体系结构中所隶属的层不一定是一样的。目前网络中常用的通信协议有 NetBEUI、TCP/IP、IPX/SPX 等。

(3)通信软件

通信软件用于管理各个计算机之间的信息传输,如实现传输层功能的网络驱动程序等。通信软件的目的就是使用户能够在不必详细了解通信控制规程的情况下,很容易地就能控制自己的应用程序,与多个站进行通信,并对大量的通信数据进行加工和管理。

(4)设备驱动软件

设备驱动软件是一种控制特定设备的硬件级程序。设备驱动软件可以看成是一个硬件的小型操作系统,每个驱动程序都包括确保特定设备相应功能所需的逻辑和数据。设备驱动软件通常以固件形式存在于它所操作的设备中,如网卡上包含为主计算机的操作系统提供的一个接口。

(5)工具软件

工具软件是网络中不可缺少的软件,比如网页制作中离不开网页制作工具软件,设计浏览器离不开网络编程软件等。网络工具软件的共同特点是:它们不是为用户提供在网络环境中直接使用的软件,而是一种为软件开发人员提供开发网络应用软件的工具。网络工具软件是多种多样的,通常开发人员开发一个网络应用系统,需要使用多个工具软件才能完成。

(6)网络应用软件

网络应用软件是在网络环境下,直接面向用户的应用软件,如在 Internet 中用户常使用的 Web 浏览器等。

与计算机系统类似,计算机网络的软件系统也是分层次的。(如图 1—3 所示)

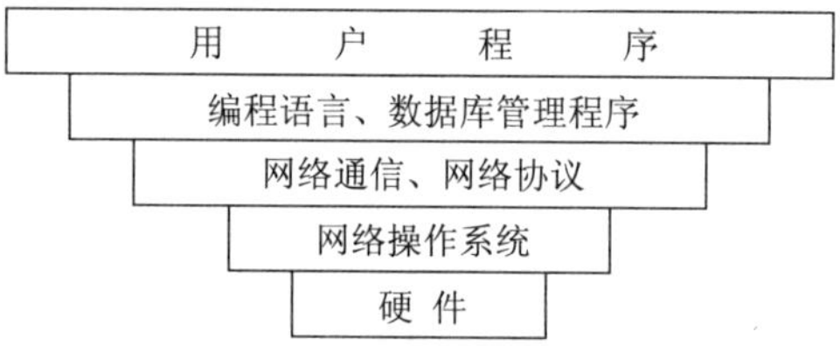

图 1-3　网络软件层次

3. 计算机网络的类型

计算机网络有各种各样的类型,分别用于不同的用途,但到目前为止,还不存在被普遍接受的所有计算机网络都适用的分类法。从不同的角度出发,对于计算机网络可以有多种分类方法。按照其分布范围的大小可分为局域网、城域网和广域网。

(1)局域网

局域网(LAN,Local Area Network)是一种在小范围内实现联网的计算机网络,比如分布在一间办公室、一栋建筑物、一所学校、一个工厂或方圆几公里区域内,一般为一个单位所有,常用于连接公司办公室或工厂里的计算机,以便共享资源和交换信息。传统局域网的传输速度为10～100Mbit/s,传输延迟低,出错率也低。而新的LAN传输速度可达1000 Mbit/s(即1Gbit/s),甚至更高。

局域网通常不通过电信局的通讯服务,以直接联机的方式来达成资源共享的目的,常常也因为保密安全的原因,用防火墙与广域网或城域网分隔开来。

(2)城域网

城域网(MAN,Metropolitan Area Network)基本上是一种大型的局域网,通常使用与LAN相似的技术,一般是在一个城市中实现的网络连接,如青岛地区的网络,即可称为“城域网”。城域网所使用的标准是IEEE 802.6,即分布式队列双总线。城域网可以支持数据、声音和视频,它只用一条或两条电缆,并且不用交换机。

由于广域网的蓬勃发展以及局域网功能的提高,城域网大有被取代的趋势。

(3)广域网

广域网(WAN,Wide Area Network)也被称为远程网,其跨越的地理区域可以是一个省、一个国家或一个洲。广域网通常必须架构在电话公司提供的电信数据网络上。广域网的传输速度比局域网低,常规速度为56Kbit/s～155Mbit/s,传输延迟较长,网络拓扑结构复杂(多采用网状结构)。

第二节 网络传播的基本模式

一、网络传播的基本要素

作为一种基于计算机这一技术媒介实现的传播形式,网络传播具有鲜明的技术特色。根据哈特对媒介系统类型所做的划分,网络传播是一种典型的机器媒介系统，即无论是信息的发送方还是信息的接收方，都必须依赖机器（计算机）才能完成。一个完整的网络传播过程，通常包括如下几个要素：

1. 传播者

传播者是网络信息传播行为的发起者，是一个完整的传播过程的引发者。由于网络的普及和网络终端设备越来越廉价，进入网络的门槛日益降低，几乎所有人都可以借助网络终端设备进入互联网，以各种形式传播各种类型的信息，成为传播行为的发起者。目前网络传播的主体主要有：

（1）互联网内容提供商（ICP，Internet Content Provider），即专门为互联网提供各类信息的专业机构，包括综合性门户网站、专业垂直类网站、社区型网站、搜索引擎网站、电子商务网站等，如新浪、搜狐、百度、阿里巴巴等。

（2）媒体机构。互联网已成为网民获得媒体内容的重要通道，各类媒体纷纷建立自己的媒体网站或将传统媒体的内容提交到互联网上供网民浏览。一类是各类平面、广电媒体及其媒体网站，如新华社/新华网、人民日报/人民网、中央电视台/央视网等；另一类是定位为网络媒体的专业机构，如新浪网、搜狐网、和讯网等。

（3）政府。出于直接面向公众宣传、塑造政府形象的目的，政府常常将网站作为电子政务的平台着力进行建设。基本上每一个部委、每一级政府都有自己的网站，如教育部网站、浙江省政府网站“浙江在线”等。

其他的传播主体还包括机构、组织、企业、个人等。

2. 受传者

受传者是网络信息传播的对象和目标，是网络传播的客体。与传统传播系统中受传者始终处于被动地位不同的是，网络传播中的受传者很少是被动的。由于互联网能够提供互动和搜索的技术和工具，受传者往往能够主动获取信息并能与传播者进行会话，受传者在很大程度上掌握着控制权。比如，针对媒体的报道，受传者不但有决定看还是不看的权利，还可以针对媒体提供的内容加以评论，对媒体报道直接反馈，尤其是搜索引擎为受传者提供了信息查找和筛选的工具。尽管从信息传受的角度看，受传者是网络信息的接收方，但受传者却掌握着选择的主动权，传播者传播的信息是否有被选择的可能，取决于受传者的兴趣和偏好。受传者地位的提升是网络传播所带来的最为直接的变化。

同时，网络技术的互动特性让受传者的反馈更为方便和快捷，当受传者对传播者的信息作出反应时，受传者就成为这一轮会话的发起者，也就是事实上的传播者，占据着这一轮会话的主导权。受传者向传播者身份转化的便利性也是网络传播环境下传受关系的一个重要变化。

在很多传播情境里，受传者和传播者的身份区分并不明显。受传者在接收到传播者的信息后，由于传播渠道的便利，往往会即刻向其他网民传播，也就是说，在同一个讯息链条上，受传者既是信息的接收者，同时又扮演着传播者的角色（同一讯息的二次传播者），因此，网民在很大程度上既是传播者又是受传者，网络对话语中心的消解是网络这一技术媒介的重要特点，“去中心化”的传播形态大大提升了受传者在传播链条中的作用。

3. 传播渠道

传播渠道是传播讯息所依赖的介质、通道或信息传输系统。简单说，网络传播中的一条讯息从发送终端到接收终端之间的所有环节所组成的信息传播系统就是传播渠道。网络传播所依赖的是一个遍布全球的信息网络，为实现全球互联，需要所有接入互联网的机构都遵循全球统一的文件传输协议，这就是TCP/IP 协议。有了这个协议后，所有的讯息都可以被统一编码和解码，从而保证在全球的任何一个地方都可以获得由地球的任一个角落发出的信息。为保证这一点，世界各地分布了若干个服务器作为文件传输的中转站，担负着传输文件的任务。

4. 讯息

讯息是传播的内容，是用于意义交换的信息组合。信息的概念非常宽泛，泛指在网络上传播的一切内容，既包括有价值的内容，也包括各种垃圾信息。对于人类传播而言，无论是传播者还是受传者，在实施传播行为时都是有明确目标的，都希望传播能够达到效果。讯息就是指传受双方有意传播和接收的、有完整意义的、能够基于信息实现价值交换的内容。而在互联网上大量存在的各种没有利用价值的信息则不属于讯息的范畴。

网络讯息与其他媒介渠道传播的讯息相比，最为重要的特点就是可追踪定位和多媒体化。所有的网络传输终端根据网络协议都会拥有IP地址，任何传输到网络上的讯息都可以按照传播的路径反向找到讯息发送的地址，以此来确定讯息的来源和性质。同时，网络在技术上的兼容性允许任何数字化的内容通过网络渠道传播，无论是文字、图片、音频还是视频格式的文件以及这些文件格式的组合，都可以在网络上传输和使用，网络讯息是多媒体讯息，可以作用于人的多种感官，满足网民多方面的需求。

5. 反馈

反馈是指接收者在接收讯息后对传播者所做出的一种后续的反向传播行为，是受传者对传播者所传播的讯息的反应，是衡量传播效果的重要尺度。反馈是自然科学领域的控制论的核心概念，是对系统有效控制的重要手段。对于人类传播而言，正是反馈机制的存在让传播变得更为有效。反馈让受传者对于传播者传播的讯息作出回应，使受传者变身为传播者，保证了循环通路的建立，促进了传播行为的不断深入，强化了不同主体之间的沟通。

网络技术的发展让传受双方间各种形式的反馈变得越来越容易，让网络传播的互动特性表现得淋漓尽致。在网络传播中，反馈的层次是非常丰富的。既有人对人的反馈，又有人对信息的反馈，还有人对技术、产品、服务的反馈。在网络世界里，反馈无所不在，正是反馈的广泛存在，才使参与网络传播的各方不断完善自身的行为和表现，使传播变得更加高效，让互动变得越发频繁。反馈已经成为网络传播领域最为重要的运行机制。

6. 噪音

噪音是网络传播过程中可能导致讯息减损、失真或错误的各种因素，包括物理、生理、心理和环境因素。“噪音”这个由信息论创始人香农提出的概念，不但普遍存在于通信领域，而且也广泛存在于各类传播现象中。噪音不仅仅局限于对人的听觉的干扰，还包括对人的视觉和心理造成的影响。

网络传播中的噪音首先体现在技术层面，比如页面上的乱码导致受传者无法理解传播者的意图；网络传输文件的速度过慢造成的任务无法完成或显示的信息不完整。其次是美学层面，即网页上其他信息过多造成了对受传者接收信息过程的干扰（如页面上过多的广告）。再次是编码/解码层面，由于传播者和接收者知识储备的不对等导致传播者编码的讯息在受传者那里无法得到恰当的解读，如网民创造或使用的一些网络文字或图标，往往只在一定范围内有效，超出这个范围就无法有效识别。可见，噪音广泛存在于网络传播过程中，对每一个环节都会产生影响，这就是为什么在互联网上有一些传播行为无法实现或达不到预期效果的原因。

7. 情境

传播情境是指传受行为发生时的具体情景、环境和场合，也就是传播得以实现的具体空间环境。古希腊学者亚里斯多德通过对演讲这种古老的人际传播的研究，总结出了亚里斯多德模式（Aristotle Model），提出传播的五个基本要素分别为：演讲者、演讲内容，听众、效果及场合。这提醒我们在研究网络传播行为时，对于传播得以发生的场合即具体的传播情境要有足够的重视。在传统媒体的传播过程中，媒介内容的传播基本不需要考虑具体的场合，因为那些传播形式都属于大众传播行为，传播组织所制作的媒介内容是高度组织化和结构化的，受众对于这些内容的接收也是按照这些媒体的编码规则加以解码从而实现对媒介产品的消费的。不仅如此，大众传媒所面对的受众是千差万别的，媒介组织无法照顾到每一个受众的实际接收情境，因此无法针对具体的情境制作相应的内容。之所以在研究网络传播时需要充分考虑情境这一要素，是因为受众可以借助自己的输入设备参与传播行为，与传播者进行互动，受众在接收信息时具有相当的主动权。正是这种参与性、互动性和主动性，使得受众成为传播空间环境的制造者，受众以自己的能动性参与了传播情境的创造过程，改变着传播生态。比如，受众在浏览网络新闻时，可以发表自己的评论，这些评论内容会成为后来浏览新闻的用户接触到的内容,或多或少地会影响用户对原新闻的价值判断,尤其是那些有见地甚至是与原新闻所涉内容相关的用户,他们的观点会更受重视。特别是那些社区类媒体,实际上就是一个高度互动的空间,情境的因素在其中扮演的角色更为重要。简而言之,用户既是情境的参与者,也是情境的创造者,情境是在不断互动中持续发生变化的,离开了对情境的考察,网络传播的过程是不完整的,网络传播的实践也难以保证其科学性。

二、网络传播的基本模式

通过对上述构成网络传播过程要素的分析,有利于我们对网络传播基本过程有更为深入的理解。通常情况下一个完整的网络传播是这样的:传播者借助网络终端向受传者发送讯息,编码后的讯息经过服务器的中转解码后由受传者接收,受传者在理解传播者讯息意义后做出反馈,以反向传播的形式与传播者展开互动,实现一次完整的会话,第一轮循环宣告完成,随后又以这样的方式进行多次循环,将传播引向深入。在这个过程中,每一个环节都会受到噪音的影响,无论是传播者、受传者还是网络技术服务商,都在尽力克服各种噪音的影响,以实现传播效果的最大化。网络传播的形式多种多样,但无论如何变化,基本上都在遵循这样一种传播模式。

根据传播学领域较有代表性的德弗勒互动过程模式,我们绘制了下面这一描述网络传播过程的模式图:(见图1—4)

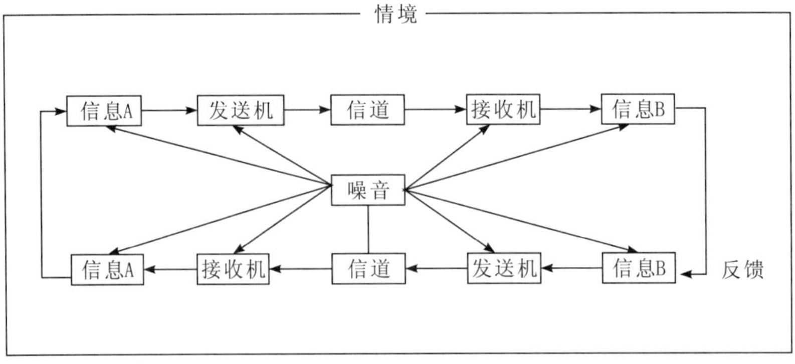

图1-4 网络传播的互动过程模式图

结合上图，我们能更好地理解一般情况下信息借助互联网在信息的传播者和接收者之间流动的基本过程：传播者（A）借助计算机终端和网络设施将信息传递给接收者（B），接收者（B）在获取信息后的反应即反馈同样借助计算机终端和网络设施传送给传播者（A），从而形成一个完整的循环过程。这一过程与我们日常借助固定电话和手机与其他人通话的过程很相像，从技术原理上说，二者之间确实非常相似，互联网最初发明的动机在很大程度上是出于通讯的目的。但与电话不同的是，网络传播的内容要复杂得多，除了语言信息外，它还能作为所有数字化文件的载体广泛适用于各种通讯和传播目的，是信息时代的重要引擎。

第三节　网络传播的特点

与历史上出现的其他类型的传播媒介尤其是大众传播媒介相比，基于互联网所进行的传播活动具有明显的特点，以下三方面特点具有鲜明的互联网特征，把握住了这几点，也就把握住了网络传播的根本。

一、互动传播

与传统媒体相比，网络用户以联网计算机作为传播中介的最大特点就是互动。基于计算机进行互动传播是网络传播最为重要的特点。

所谓互动传播，是指用户在掌握互联网基本运行规则的基础上，一定程度参与信息的传受过程并控制信息的传播方式。这种互动主要表现在两个方面：一是传播者和受传者之间信息交流的双向性，这与传统媒体环境下以单向传播为主的传播方式有很大区别；二是传播者和受传者能够更为深入地参与信息的传播过程，对信息的控制程度较高。“双向”、“参与”和“控制”是理解互动传播的关键概念。

用户在网络传播中的参与和控制是多层次的,互动传播广泛存在于网络传播过程之中。总体而言,互动主要有以下三种类型。

1. 人际互动

网络传播中的人际互动,指的是用户以计算机为中介,与其他用户所进行的双向交流。聊天室和即时通讯是人际互动的典型形式。

在这种情况下,计算机只是提供双向交流的基础平台,用户是绝对的主角,技术提供的便利性使得用户可以毫无障碍地自由交换信息。这种情形与现实生活中的人际交往非常相似,除了用户之间不能见面外,其他方面基本上没有什么差别。网络摄像头的介入可以让交流的双方能够看见彼此,表情、动作甚至用户所处的环境都能清晰地呈现给对方,如果再启动语音聊天系统的话,这种交流相当于可视电话,这与现实世界中的交流基本没有什么区别。参与交流的用户高度参与信息传播过程,并能很好地控制传播进程,在某种程度上,这种虚拟的交流形式比现实状态下的交流更有优势,它更多依赖书写的方式也会让参与的用户在表达上更为理性。除了聊天室和即时通讯外,电子邮件、博客和微博也是网络环境下人际互动的重要形式。

2. 人机互动

人机互动是指用户与网络中的各类系统之间的互动,也就是说,用户进入到系统的流程之中,按照流程的规则参与系统的互动。网络游戏是人机互动的典型形式。

当用户进入网络中某一系统的流程时,用户就控制了系统的运作过程。比如,在网络游戏中用户往往扮演的是游戏进程的操控者和游戏世界中的主角,用户左右着游戏的进程,决定着游戏的进展,控制着游戏的开始和结束时间。没有用户的参与,游戏就失去了价值。而用户的参与也会在一定程度上决定游戏系统的设计,许多大型游戏在正式向用户开放之前都会有“公测”环节,就是希望通过这种测试找到有碍于用户体验的内容,使游戏更加完善。

在线测评系统也属于人机互动的形式。用户通过点击鼠标或使用键盘,按照测评系统要求的方式逐项填充内容，当所有内容填好后就可以提交给系统做统计之用。近年来许多组织机构开发的在线问卷调查就是利用了这个原理，当用户参与调查并提交问卷后，系统往往会即时生成统计结果，使用户一目了然。

由鼠标触发的广告也是人机互动的应用形式。为增加广告的趣味性和接触用户的几率，广告主将网络广告投放到用户鼠标的光标在游移过程中可能触碰到的页面位置上，当光标划过广告时，广告被触发（相当于点击）后展开或播放。用户可以用鼠标决定广告是否被完整展现或中断，如果感兴趣的话可以让广告重新展现。这样的广告实际上就是一个完整的程序，这方面的应用越来越得到重视。

3. 人信互动

人信互动是指用户对各类文档或其他文件所实施的互动行为。用户与文档或其他文件的互动实质上是用户与信息之间的互动，或基于信息而做出的互动行为，因此叫做人信互动。对有用信息的查找和使用是用户上网的重要目的，而这些有用信息常常以文档的形式存在，这也是早期互联网最重要的内容，目前在互联网上存在的绝大多数信息主要是以文档的形式存在。人信互动的形式是多种多样的，主要有以下几个层次：

(1)用户对文档的浏览。用户以点击的方式展开文档并从中获取信息，这是最简单的互动。当用户点击文档后，点击行为会反馈到系统中，将不同用户的点击累加起来就是该文档的点击量，这对于文档的传播者来说具有统计意义，并会成为传播者后续传播的重要依据。大型门户网站在确定什么样的内容被安排在新闻首页及其排列顺序时，往往依据这样的点击统计数据。

(2)用户对文档内容的反馈。用户在浏览了文档后发表意见或将文档转发给其他用户，这都属于反馈行为。许多网站运营商都在文档页面设置了“评论”窗口，用户可以将自己对于文档内容的评价直接发送给后台系统，这种评价可以是文字形式的，也可以是图标形式的，许多网站都开发了表情图标便于用户对文档直接做出评价。不但如此，有些网站还在文档页面上设置了转发功能，可以将该文档页面或文档链接地址发给好友，以提高文档的浏览量和扩大影响范围。比如,新浪和搜狐在新闻页面的底部就设置了将用户浏览的文章发送到各自开发的微博页面上的功能,实质上就是一种反馈。

(3)用户对文档形式的处理。如果用户有对文档形式做出调整的需求,用户就可以做个性化的设置,从而改变文档的呈现形式。比如,许多网站在文档浏览页面允许用户对文档的字号进行调整(大/中/小),以适合用户的浏览习惯。一些网站允许用户对页面进行个性化的设置,用户可以根据页面上不同功能区的重要性重新排序,定制自己的页面。

(4)用户对文档内容的编辑。这是维基百科最为重要的功能,它允许不同的用户针对同一文档(往往是以词条的形式存在)进行编辑,用户可以根据自己的理解对文档加以丰富和完善,所有参与者都能能动地参与内容创作。多个用户协同生产是网络内容生产的独特形式,这需要群体决策支持系统(group decision support system)的支持。

总之,网络技术为用户参与网络传播过程提供了丰富的手段和途径,使用户可以多层次地融入信息传播进程,从而掌握更大的控制权,让用户在网络传播过程中掌握更多主动,让网络更好地"为我所用"。

二、节点传播

1. 节点传播范畴

在互联网的传播环境里,每个用户既是信息的发布者,也是信息的接收者,在网络技术达到普通用户都可用的水平后,"人"毫无疑问是这张网络的核心,并会成为提高信息传播速度的加速器和扩大信息传播范围的中继站,用户构成传播网络上的节点。在网络技术的支持下,每一个网络用户以节点的形式生成、传播、接收其他节点的信息,平等参与并自主控制信息的传播过程,这种传播形态就是节点传播。这是网络传播与传统媒介传播形态的重要区别。

节点(英文是 node)原本作为一个纯技术词汇,是指"任何连在网络上且能与其他网络设备通信的设备"(《英汉双解网络词典》),泛指通讯领域里处于在线状态的终端设备。一个个节点彼此联结在一起，构成辐射范围大小不一的各类网络，这是从纯粹技术的角度来认识节点。而从传播的角度而言，在每个节点上实施传播行为的是我们每一个人（Human），是以人为主体的节点，美国学者 Jim Banister 因此创造了传播学意义上的新词汇“Humanode”（暂译“人节点”），即“human”（人）和“node”（节点）的组合。这种对以人为主体的命名方式直击网络传播的本质，即在双向传播的网络世界里，在人本主义和技术主义之间寻求平衡是最基本的理念。

在网络传播环境里，“节点”具有双重含义，既用来指称参与信息互动的用户，又用来指称与用户捆绑在一起的一体化的信息。

首先，节点是通过数字互动媒介发送和接收信息的用户，具体是指在网状结构的媒介平台上，每一个使用这一媒介并利用媒介本身的互动、联结功能的网络用户，他既是网络媒介信息的传播者，也是信息的接收者和再次传播者，能够按照自己的信息组织、处理和发布方式，遵循网络媒体的技术规则和传播规律参与网络媒介的内容生产过程。以节点为传播主体的传播形式就是节点传播。在这种传播形态下，传播者和受传者具有平等的地位，二者之间的身份转换极为容易。集传播者和受传者双重身份于一体，这是网络环境下传播节点最为重要的特点。

其次，节点是参与信息互动的用户及其呈现给其他用户的相关信息的结合体。在基于互联网这类可以实现双向传播的技术媒介里，每一个用户既是节点的实体，用户以自己的自主性和创造性激活每一个节点；同时又是节点信息的重要组成部分，通过与其他节点的互动生产新的信息，因为在后麦克卢汉主义看来，人在互联网上发布信息的同时，自己也变成了互联网的内容。

节点传播在以互联网运营商为信息发布主体的 Web1.0 时代就已经存在，如果用户对于某些内容感兴趣可以通过复制文本或链接的方式转发给其他人甚至对讯息做出评论，但在这种以门户网站模式为主的网络环境下，用户的自由度和传播空间受到很大限制。真正让节点传播以规模化的形式呈现其在传播方式上的特点的则是在 Web2.0 时代，对这种传播形态的典型描述就是“用户生产内容”（UGC，user generated contents）或“用户创造内容”（UCC，user created contents)，即用户自发生产或创造的内容，或者是基于网络媒体既有内容而生产或创造的新内容，论坛、维基百科、博客、微博等是几种比较典型的节点传播形式：每个用户都可以发言，都可以发表评论，都可以成为关注者和被关注者。在信息的纽带作用下，信息网络不断地扩大和延展，显示了这种传播方式的无穷生命力。博客以博客页面为载体，以博主的个性化表达和博文的群体化传播很好地诠释了节点传播的意义和价值，是实践节点传播理念的典型产品。经过垂直类网站和门户网站的合力推动，博客在今天依然呈现上升的良好发展势头。它的对于传播主体观点的完整化表达和围绕博主观点讨论文本的结构化呈现以及若干作为补充功能可任意添加的插件，都使其具有了微型网站的架构，博客因此而被称为是个人网站。微博客从2006年开始运营，用户可以通过PC和手机终端传输精练文字(一般限定为140字)到微博客网站上，吸引追随者与其互动，形成关注与被关注的关系。用户参与的低门槛和信息呈现的即时性，让每一个人都可以方便地追随他人，也容易吸引其他用户追随自己，彻底打破了传播者与受传者之间的界限，是节点传播最为典型的形式。

而由节点形成的传播网络，是一个与传统媒体的“中心一边缘”模式截然不同的无绝对中心的发散网络，即“去中心化”网络。(见图1—5)

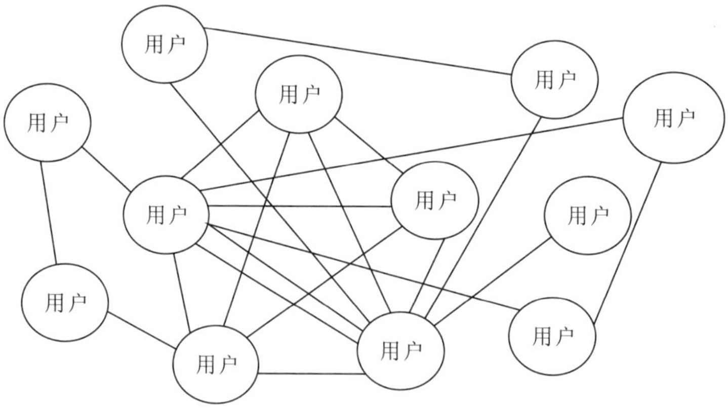

图1-5　由节点形成的“去中心化”的信息传播网络

在这张由用户相互连接和互动所组成的网络里，每一个用户都成了信息交织的复杂网络上的一个个节点，既接收信息，又发出信息；既与相邻的节点发生联系，又可以与无限远的节点实现沟通。这个网络与计算机网络在结构上非常相似，但与其最大的区别在于：这是一个以人为主体的网络，驱动网络运行的是以人为主角的节点。

2. 节点传播的传播学分析

结合传播学奠基人拉斯韦尔的“5W”传播模式进行分析，可以更清楚地了解这一传播方式带来的新变化，具体分析如下。

(1)传播者。传统媒介的传播主体是大众传播媒介，即电视机构、报刊社等，一般都是具有垄断身份的集团或政府机构。这些集团或机构将精心制作的内容通过大众媒介向受众传播，是典型的“一对多”的传播方式。而节点传播的主体是每一个有能力进入网络媒介平台上的个体或组织，是媒介的用户。他们依靠的是个体的智慧和创造力，将自己主动创造或受其他节点激发而反馈的内容传播给其他人，尽管也存在向多人传播或多人向一个节点传播的情况，但通常体现为直接的“传播—反馈”过程，属于“一对一”的传播。

(2)传播载体和渠道。传统的传播渠道是指大众媒体与受众沟通的物质形式或物质渠道，如电视机、报纸或者杂志等，节点传播的传播渠道尽管也必须依赖沟通的物质载体，如电脑、手机等，但由于这种传播形式最大的特点是“互动”，因此，得以互动的装置及互动界面是必需的。电脑除了要有主机外，还必须有与界面互动的输入设备——鼠标(或类似于鼠标的其他装置)和键盘。手机的输入设备为键盘或手写笔或触摸屏。同样，目前正在积极发展的数字电视，作为互动界面的电视机除了具有传统电视机的基本功能外，还必须有可以点击发送信息的按键，这在新出厂的数字电视机遥控器上已经出现。所以，节点传播在渠道上最重要的特点是要有双向传输的通道，这是新的界面传播机制形成的物质基础。

(3)传播内容。传统传播媒介的内容是经过专门的机构层层编辑制作完成的，特别强调媒介的“把关人”角色，传播的内容代表特定利益集团的价值观念和价值取向。相比之下，节点传播的内容则体现出鲜明的个性色彩，每个节点传播的内容只代表单个节点的价值取向。参与传播的每个节点自己对自己的内容负责。这种没有传统媒介传播机构经过层层把关后传播的内容似乎缺少责任意识，因而显得琐碎、凌乱甚至低俗，但在节点传播网络里自有一套筛选和过滤机制，这种机制与传统媒介不同，它不是事前的过滤和把控，而是事后的纠错和制约。在以反馈作为衡量节点传播能力和范围的网络媒介环境下，过于琐碎、平庸、低俗的内容注定不会受到太多的关注和支持，反馈质量自然会受影响。和任何传播形式一样，节点传播也同样会受到社会伦理和平衡机制的制约，绝不会像保守人士想像的那样混乱不堪。受传播机制所限，节点传播的内容总体上难以达到传统媒介那样条理清晰、逻辑严整并有很强的形式感，但恰恰是这种自由的方式更容易产生有创造性和新鲜感的内容，而这常常是传统媒介中所缺失的。总体上，节点传播的内容更加繁杂，既有朽烂的鱼目，又有鲜亮的珍珠，是相对于传统的宏大叙事内容的“微内容”，即用户上传到网络媒介上的任何数据。

(4)传播对象。传统媒介的传播对象是媒介传播机构主观设定的目标受众，因为传统媒介难以有效识别媒介接收对象，往往以受众群体最大化为传播目标。所以在信息传播上最大的特点是“强迫式”传播，不管受众是否需要、是否接收媒介传播的信息，传播机构强行将内容推送到受众面前。与此相反，互动媒介的传播对象相比起来要精确得多，它不以受众群体最大化为目标，而是追求信息传播的有效性，节点传播的信息到达的往往是相关群体，强调信息的关联性。这与信息传播的方式直接相关。一个节点向另一个节点主动传播信息时，往往会在了解接收对象的基础上进行，尽量避免打扰对方。为了达到这样的目的，在传播前往往会去征得对方的许可，这样就能极大提高传播信息的有效性，这是节点传播的一种方式。另外一种方式就是下一个节点主动向上一个节点索取信息，即如果甲节点的信息符合乙节点的要求，乙节点会主动获得信息。数字媒介的发展为这种“牵引”式的信息采集方式提供了强大的工具，“搜索引擎”就是这样的技术，它在理论上能将网络媒介中所有与某个主题相关的信息都搜索到，这样，网络中的任何一个节点“标签”都有可能被其他节点识别并发生关联。概而言之，节点传播的受众界限很难划分，节点与节点之间互为受众，这也是节点传播网络越来越密集的重要原因。

（5）传播效果。传播效果无法笼统表述，要根据每一个传播行为的具体传播过程来做判断。这在大众传播领域更是千差万别。但在节点传播领域，由于强调信息传播的关联性，传播行为追求的是有效性并有相关的识别技术做保证，因此，节点传播相比于传统的媒介传播而言更有效果。

三、界面传播

在了解界面传播之前，首先要明确什么是界面。“界面”（Interface）泛指“物体与物体之间的接触面”（《汉语大词典普及本》2000年版），在物理、化学领域广泛使用，表示不同质物体间的接触面，如液体/固体界面。后来应用到信息科学领域，指的是“两种或多种信息源面对面的交汇处”。在信息传播领域，“界面”可以界定为：信息传播者和信息接收者之间关系赖以建立和维系的接触面，包括呈现信息的物质载体的硬件（硬界面）和支撑信息系统运行的软件（软界面）。具体到互联网界面，在硬件上包括输入设备（鼠标、键盘）、显示设备（电脑显示器）和输出设备（打印机），软件上则包括用户所能直接感知到的软件系统（主要是浏览器以及其他可视化软件）。事实上，我们对于计算机、互联网的认识很大程度上就是对其界面的认识，因为我们对于它们的体验几乎全部来源于这一赖以互动的界面。界面的存在是网络传播得以实施的物质基础，人类基于互联网所进行的传播决定了网络界面的特点。

所谓界面传播，就是借助网络终端的硬件设备，在互联网软件系统支持下，用户基于互动界面传播、接收信息的行为。这与人类历史上既有的各种传播形态有很大差异，是一种全新的媒介传播行为。对于界面传播，应从以下几个方面加以理解：

1. 界面传播是充分体现以用户为核心的传播形式

网络界面的发展充分体现了以用户为中心的逻辑。从互联网出现时的文字用户界面到稍后的图形用户界面（Graphical User Interface）再到今天的多媒体用户界面（Multi-media User Interface），每一次界面的升级都会给用户带来更好的体验，技术的进步带给用户的是实实在在的效果，而其内在的逻辑则是对用户需求的满足，最大的变化主要不在硬件层面上，而是体现在软件的不断更新换代上。通过与电视机对比，我们能明显地感觉到这一点。电视机历经近一个世纪的发展，改变的只是电视屏幕的外观（黑白到彩色、模拟到液晶、凸面到纯平等），而在软件层面上的进化上却鲜有改观。互联网在软件层面的更新和完善时间虽然很短，但在巨大的技术能力支撑下，网络界面的进化方向就是不断缩小其与人类需求之间的距离。多媒体人机界面图（见图 1—6）能直观地反映互联网界面在满足人类需求上的无限潜力。

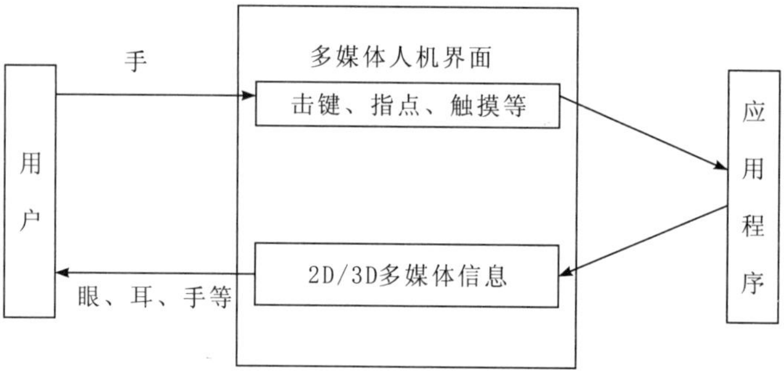

图 1-6　多媒体用户界面图[①]

上图表明，当人类以击键、指点、触摸等动作通过多媒体人机界面向计算机发出指令后，高度智能的软件会从庞大的互联网数据库里调用与人类需求匹配的有用信息，以二维或三维的形式作用于人类的多种感官，不断带给用户良好的体验。未来的网络界面将向多通道用户界面和虚拟现实人机交互界面方向发展，持续优化的界面将带给用户更优质的体验，用户也将从中获得更大的满足。

2. 界面传播改变了传统的传受关系

在传统媒介环境下，传播者和作为受传者的用户之间在传受关系上是不对

① 郭亚军、金先级：《人机交互》，华中科技大学出版社 2005 年版，第 34 页。

等的，报刊、广播、电视这几大类传统媒体都是以专业的媒介内容生产机构为中心，用户始终处于被动接收的地位，无法有效地向媒介组织反馈。在整个媒介传播体系中，媒介组织始终处于传播网络的核心，用户则是散布于传播网络外围的边缘角色。而互联网界面不只是在技术层面上有进步，它还大大降低了普通用户进入媒介流程的门槛，让用户拥有了媒介控制的手段，将使用媒介的主动权交给了用户。在传统媒体中，电视是进化程度最高的媒介形式，作为第四媒体的互联网与电视相比，在界面上存在着诸多比较优势，从中可以明显地感受到互联网界面的进化程度及用户控制权的提高。

表 1－1 电视和互联网的媒介界面对比

对比项目	电视	互联网
输入设备	遥控器/按钮	键盘、鼠标等
输出信息	二维的音视频合成画面	二维/三维的音频、视频、文字、图片、虚拟现实场景等
与用户的互动程度	简单的“发出指令—应答”的单向过程	复杂、连续的“指令—应答—指令—应答”式的双向互动过程
软界面	简单的固定化程序，用户无法实现个性化选择	复杂多样、灵活的程序，用户可根据呈现在屏幕上的可视化工具自由选择，高度个性化
内容选择空间	在服务提供商提供的菜单中被动做出有限选择	可以在多样化的海量信息里主动做出无限多样的选择
用户与设备互动方式	人信互动：用户与信息之间的简单互动	人信互动：用户与信息之间的多层次互动 人际互动：用户与用户之间以信息为纽带的即时或延时互动 人机互动：用户与互联网程序系统间的互动

通过上图的比较可以看到，互联网互动界面的存在确实改变了用户在媒介传播过程中的地位，尤其是在用户参与互动上，人信互动、人际互动、人机互动三种互动方式不仅大大扩展了互动的范围，而且在互动的深度上也得以拓展。在这种传播环境下，传受关系的变化表现在两方面：一方面，用户在面对专业媒介组织所传播的大众化的信息上有了更多反馈的机会和更多选择的空间，改变了被动的地位，传受关系趋于平等；另一方面，用户在与其他用户传收信息时，

可以更多地进行互动，传播者和受传者的角色定位在转换上非常容易，传受关系不再固化。无论是哪种情况，传播者和受传者由于联系渠道的便利而有了更多沟通和交流的机会，从而增进彼此的了解和互信，这有利于传受关系的和谐。

总之，界面传播为我们研究网络传播乃至泛媒介传播提供了一个新的角度，使得我们能更好地以技术视野来透视网络传播的未来发展空间。界面所包含的不只是作为物质载体以呈现媒介内容的显示器(屏)，还包括重新界定人与人、人与信息、人与媒介之间关系的软件，正是后者大大拓展了信息传受的范围，开拓出更大的空间，将人类的传播行为引向更为深远的境界。

【思考题】

1. 互联网的基础技术有哪些?
2. Web2.0 的相关技术有哪些?
3. 计算机网络的硬件系统包括的硬件有哪些?
4. 网络软件系统包括哪几种类型?
5. 计算机网络有哪几种类型?
6. 网络传播的基本要素有哪些?
7. 请描述一下网络传播的基本模式。
8. 我们通常所说网络传播中的互动包含哪几种类型?
9. 应如何理解节点传播这一概念?
10. 应如何理解界面传播这一概念?

第二章 网络传播界面构建

在众多传播媒介中，网络媒介因互动界面的存在而改变了人们对于媒介的传统印象。一边是由虚拟技术构筑的赛博空间（Cyber Space），另一边是牛顿式的物理空间；一边是由各种软件系统构造的虚拟世界，另一边是制造了这个虚拟世界又对其充满了好奇而持续探索的人类现实世界。所有与网络世界相关的内容都发端于此，简洁而又深奥。充分理解这个人/机分野的界面，我们才能更好地把握网络传播的现在和未来。

第一节 网络传播界面内涵

一、网络传播界面定义及作用

1. 界面及网络传播界面

界面是人机界面（Human-Machine Interface）的简称，是人与计算机之间传递、交换信息的媒介，是用户使用计算机系统的综合操作环境。通过人机界面，用户向计算机系统提供命令、数据等输入信息，这些信息经计算机系统处理后，又通过人机界面把产生的输出信息回送给用户。图 2—1 有利于对人机界面的理解。

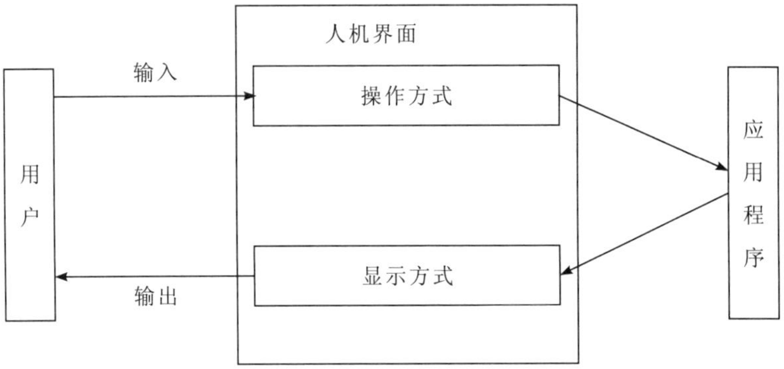

图 2－1　人机界面概念模型

为实现用户与计算机的交互，除了计算机的显示器外，还需要一系列的软硬件设备。在硬件上包括输入设备（鼠标、键盘）、显示设备（电脑显示器）和输出设备（音箱、打印机）等，软件上则包括用户所能直接感知到的软件系统（主要是浏览器以及其他可视化软件）。具备了这些条件，交互才能正常进行。因此，完整的界面包括硬界面（计算机硬件）和软界面（系统软件）。当计算机成为互联网的终端设备后，基本的硬件设备没有什么改变，而软件系统则变得更加复杂。用户对网络的体验和感受直接来自于界面，而计算机、互联网界面一直朝满足用户需求的方向完善，用户成为界面设计和发展的核心，人机界面常常称作用户界面，体现了对用户的尊重和以用户为核心的理念。

从传播的角度来认识网络用户界面，无论传播者传播的是什么形式的信息，都要适合界面的展示方式，否则就无法被受传者有效识别。受传者也是在界面空间内识别和接收信息的。正是通过界面，传受关系才能得以建立和维护。因此，界面是信息传播者和信息接收者之间关系赖以建立和维系的接触面，包括呈现信息的物质载体的硬件（硬界面）和支撑信息系统运行的软件（软界面）。

基于上面的认识，我们可以为网络传播界面下一个定义。网络传播界面是为实现基于网络的信息传播目的而设计的硬件设备和软件程序，在硬件设备上与单体计算机没有明显的区别，但在软件上除了要具备保证计算机运行的驱动程序和运行系统外，网络系统是最重要的内容。正是在网络系统的支持下，用户才有可能接入互联网，参与网络传播。因此，对于网络传播界面的研究往往忽略对其硬件设备的研究，而是集中于展示在计算机显示器上的可视界面的研究，核心是网络用户如何通过各类网络软件和程序提高信息传播的效率和效果。

对于网络用户而言，使用网络终端设备最重要的动机就是更好地通过互联网达到获取信息和沟通的目的，高效实现这一目的的决定因素很大程度上源于界面的质量。由一系列支撑信息系统运行的软件组成的软界面就成为用户关注的核心。因此，通常我们所说的界面主要是指软界面，形象地说，就是呈现在计算机显示器上的引导用户达成在线目标的各种可视化程序。

2. 网络传播界面的作用

简而言之，网络传播界面的主要作用就是为用户提供与其他用户、网络系统及网络信息进行互动的工具。正是有了网络传播界面，用户才能进入互联网的虚拟空间，展开各种以互动为主要形式的传播行为。在这个意义上说，网络传播界面是互动界面，所有的互动行为——人际互动、人机互动和人信互动——都是由界面触发的。正确、全面地认识了界面，才能更好地理解人类基于互联网所进行的传播行为，认识网络传播的规律。

从 1991 年互联网开始面向公众应用至今不到 20 年的时间里，互联网界面的发展方向就是不断满足用户的需求，便于用户更好地参与互动。互联网采用图形用户界面的最主要的功能，就是方便用户对于各种信息的识别和各项任务的执行，使用户可以灵活地根据页面上的信息进行互动。图 2－2 是图形用户界面的基本模式。

随着互联网上文件类型的增多，更多多媒体形式的内容出现在互联网上，为满足用户的需求，增加用户的互动行为，界面又进一步发展，变成了多媒体用户界面。（如图 2－3 所示）

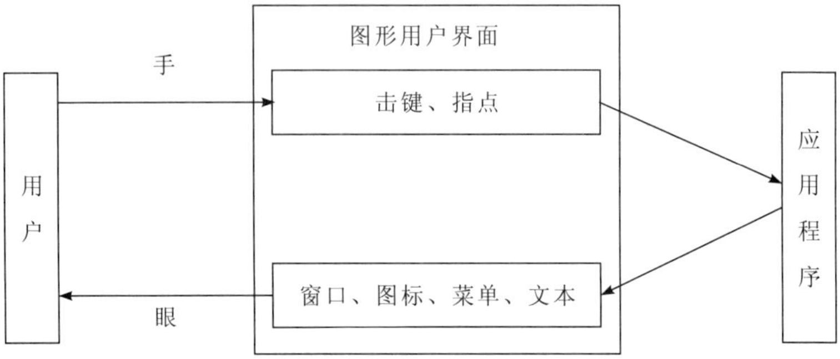

图2－2　图形用户界面概念模型图

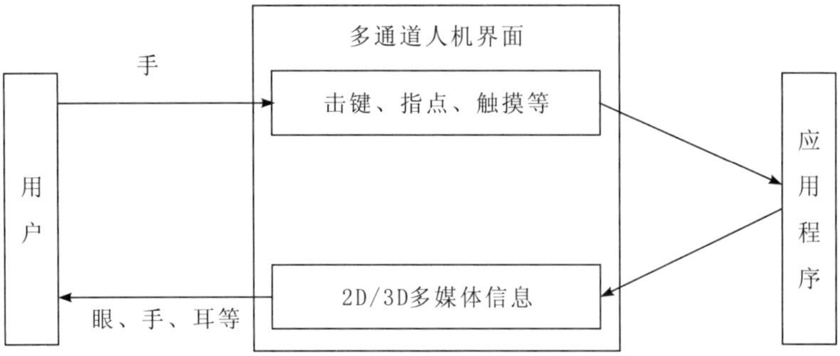

图2－3　多媒体人机界面概念模型图

随着人类交互需求的提升，今后界面开发的方向是多通道人机界面，即利用一个以上的感觉和运动通道的互补性来捕捉用户的意向，增进人与界面交互的自然性，从而提高互动的效率。（见图2—4）

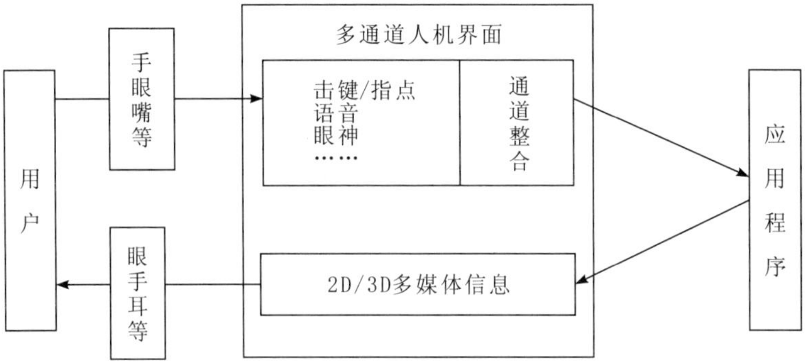

图2－4　多通道人机界面概念模型图

通过上述几种人机界面的发展趋势的介绍，可以得出这样的结论：界面是根据用户的需求不断发展和完善的，界面的发展越来越趋向于人的自然交流状态，互动的层次和效果也日益丰富，而界面优化的方向则是越来越少地让人感觉到它的存在。从科技的发展方向看，界面有趋于小型化、轻便化、便携性的倾向，当界面所能提供的便利让人感觉不到它的存在的时候，这样的界面就是完美的界面。也许这一天永远不会到来，但人类一直在向这个方向探索。这也是将虚拟拉近现实的过程。在现实社会中，我们与他人、与信息、与周围环境的互动无所不在，可以说无时无刻不在互动。界面的进化事实上一直在帮助用户趋近于这样的结果。为用户提供人际互动、人机互动和人信互动的工具，保障用户通过互动更好地实现传播的效果，这是网络传播界面最基本的作用和功能。

任何媒介都存在传受双方基于信息产生接触行为的界面，作为传统媒体的报刊、广播、电视都有不同类型的界面，只不过这样的界面完全由传播者来设定，用户（受众）只是界面规则的被动服从者。从人类传播媒介发展的历史可以看出，界面在一定程度上代表着权力，谁拥有界面游戏规则的制定权，谁就拥有了相应的主导权。传统媒体以传者为中心的传播模式决定了上述三类媒体的权力，作为受众的用户只能通过界面在大众化的信息产品中做出有限的选择，因为传统媒体拥有的是无法参与意见和有效互动的"硬界面"，传统媒介环境下的传播是高度不对等的传播。互联网的普及不但让用户很容易拥有硬件设施，"硬界面"不再成为用户进入互联网的障碍；软界面从一开始就秉承"共享"的理念，以最大程度满足用户需求为核心诉求：根据梅特卡尔夫定律，网络用户越多，用户之间互动的频率就越高，互联网的价值就越大。正是互联网互动界面的存在，让普通用户拥有了在网络空间里主动获取自己需要的信息并向其他用户发送信息的权利。用户控制了信息的流向，这是历史的进步。在海量信息的网络世界里，决定传播影响力的不是传播者在现实世界中的规模大小，而是信息能满足用户的程度。传播规则在网络世界里被重新改写，这是界面下移带给网络用户的福音，人类传播因此而进入了一个新的时代。

二、依托互动界面的信息处理方式

人机交互的主体包括计算机和用户，二者之间的交互是通过互动界面实现的。图 2—5 概括地描述了典型的人机交互系统的信息流程和工作方式。

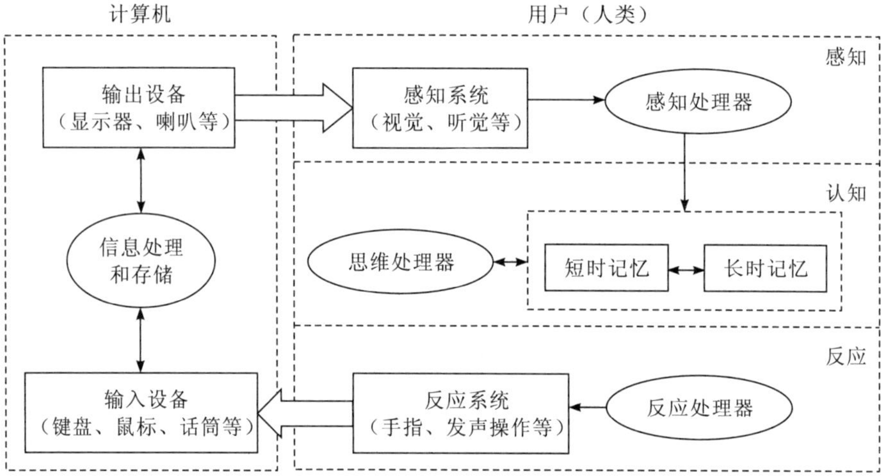

图 2－5　人机交互系统的信息处理模型①

在人机交互系统中，计算机内部的复杂的信息处理和存储系统可以认为是一个"黑箱"，对于计算机用户来讲，他们对计算机系统的状态和运行过程的理解和操作都是通过用户界面(User Interface)实现的。用户界面也常被称为人机界面。计算机的输出设备，包括显示器、音箱等将系统的信息以人能够感知的方式提供给用户，同时，计算机的输入设备，包括键盘、鼠标和话筒等可以接受用户的各种操作指令并传达给计算机内部。当上图左侧的单一计算机变成若干台计算机并且彼此互联时，这就变成了用户与互联网之间的交互模式。因此，对计算机的人机交互系统的信息处理模式的理解，有利于我们对互联网的人机交互行为的理解。

① 董建明:《人机交互:以用户为中心的设计和评估》(第 2 版)，清华大学出版社 2007 年版，第 10 页。

计算机的输出信息是如何被人接收和处理后转化为反应动作从而指导计算机的下一步操作的呢？心理学的人类信息处理（Human Information Processing）模型有助于我们更好地理解信息处理的过程。人类信息处理模型认为人在接受刺激信息后通过感知系统（Perception）、认知系统（Cognition）和反应系统（Response）进行信息处理并做出行动。这一过程具体描述如下：

首先，感知系统感知外界信息并将这些信息传输到感知处理器中。计算机屏幕输出的信息诉诸于人的视觉和听觉，被眼睛、耳朵等感知系统接受后，被传输到感知处理器中，在这里，输入的信息被短暂地储存起来并被初步理解，一般信息被理解的程度只限于模式识别和上下文理解，信息的处理层次相当表面化。要想让计算机屏幕输出的信息更好地被识别和理解，信息最好能够直观而易于识别。图形用户界面的设计很大程度上就是出于这个目的而推出的。

其次，信息通过思维处理器，在短时记忆器、长时记忆器的协调工作下，被认知系统所认知。首先，被感知的视听觉信息被感知处理器处理后会有选择地被传送到短时记忆器（Short-term Memory）中。短时记忆器的储存容量小、保持时间短（若干秒时间）且容易受到噪声等分散注意力因素的干扰而影响记忆的效率和能力，但它作为人的日常思考暂时储存信息的空间起着非常重要的作用。短时记忆器与思维处理器协调工作进行各种复杂的思维操作，包括理解各种信息的内在含义、推理及逻辑关系等。短时记忆器中的部分信息会有选择地被传送到长时记忆器（Long-term Memory）中。

长时记忆器的特点是容量大，储存时间长，并且主要以结构化联系的方式储存内容。这些内容被记忆的时间长短和准确程度，往往取决于与其他内容的联系程度，某一内容与其他内容联系越丰富，其特征越明显，其表现方式越形象，这部分内容就越容易保持和提取。也就是说，长时记忆器中的内容与人所感知的信息吻合得越完全，这些内容也就越容易被发现和提取出来。理解了这一记忆原理后，在进行界面设计时应当把握简洁原则，让出现在界面中的内容尽量简单明了，以避免用户看到太多与当前任务无关的信息而分散了注意力。当设计复杂的界面功能时，则需要考虑拆分成不同的部分或步骤来实现。在设计中尽可能使信息的结构清晰易懂，为各个信息单元提供丰富的联系信息，并强化设计的差异性，这有利于提高长时记忆器信息的存储和提取效率。

最后，反应系统在反应处理器的帮助下对所感知和认知的信息做出判断，通过手指、发音系统等作出反应，从而对计算机下达行为指令。为提高用户的反应速度和效率，界面设计要尽可能减少对人的反应处理器和反应系统的负荷，比如，要减少键盘和鼠标之间过多的切换以减少不必要的眼球移动。为减少用户在使用界面时的疲劳感，在界面要素的设计上应充分考虑人在使用计算机时的舒适度，比如键盘和鼠标的设计要符合人的使用习惯，显示器位置和现实参数等也需要调整到合适的水平，“人性化设计”应该是界面设计的基本指导思想。

以上描述了人类在与计算机进行人机交互时信息处理的基本流程，这适用于描述用户依托互动界面借助互联网实施信息传播的一般过程。根据人机交互系统的信息处理一般模型，结合互联网信息传播的实际情况，绘制依托互动界面的网络信息处理模型如下：(见图 2—6)

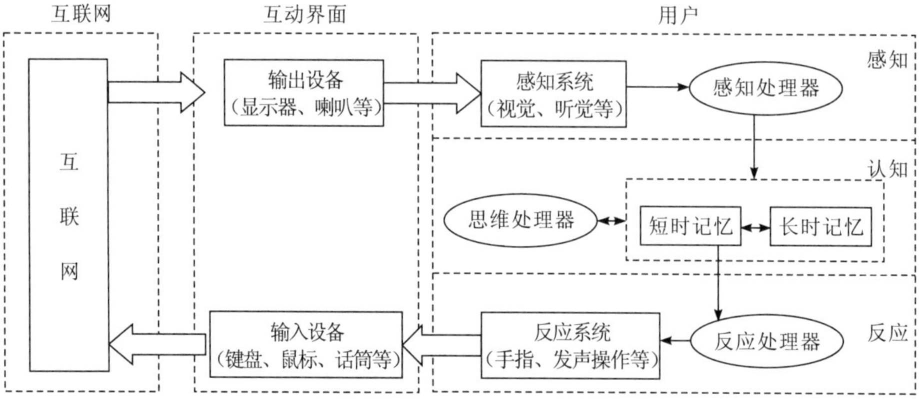

图 2-6　依托互动界面的网络信息处理模型

通过这一信息处理模型，我们能够更为深刻地理解完善的用户界面对于高效的信息传播活动所起的作用。界面是信息传播的始点，也是信息传播的终点，它构成了人类网络传播的中枢环节。对依托互动界面的信息处理方式的认知，有利于我们更好地设计界面，更好地控制互动的方向，真正发挥互动的作用。

第二节　网站界面规划

一、网站结构规划

1. 结构类别

网站结构是指网站中页面间的层次关系，网站结构对整个网站的搜索引擎友好性及用户体验非常重要，它按性质可分为物理结构和逻辑结构。

(1)物理结构

物理结构是指网站实际目录结构，就是服务器上某个分区下面的文件夹和文件所构成的树级目录。网站的物理结构由页面的真实存储位置决定，反映的是页面的存储层次，正常情况下，物理结构决定了页面的目录深度。

在网站中，常见的物理结构包括扁平式及树型结构，其中树型物理结构是应用最广泛的一种结构方式。

①扁平式结构

扁平式物理结构是指把网站中所有的页面都存在根目录下，从而形成一个所有页面的目录深度层级一样的存储结构，这种对页面不加分类就直接存储的方式，不利于网站的更新维护。

②树型结构

树型物理结构是指把网站中的页面按照类别存储在多个具有层级关系的目录里。大型网站多采用树型结构，这样的方式更便于更新维护内容。由于分类详细，页面路径层级关系很深，树型结构中页面路径的层级通常在一层以上。

(2)逻辑结构

网站的逻辑结构是指由页面间的链接关系所决定的结构，它反映的是页面间的链接层次关系，在逻辑结构中，常用链接深度去衡量页面间的链接层次。

链接深度越小，表示从源页面达到目标页面的路径就越短；与重要页面间的链接深度越小，被搜索引擎抓取的几率就越大。在网站中，链接深度反映的是页面间链接路径的长短，而 URL 反映的是页面的存储位置，因此，URL 与页面的链接深度之间没有任何关联。

在网站中，常见的逻辑结构包括平铺型及树型的结构方式，树型逻辑结构是实际中最常用的类型。

①平铺型结构

平铺型逻辑结构是指网站中任意两个页面间是相互链接的结构，即网站中任意一个页面都包含其他所有页面的链接入口。这样网站中任意两个页面间的链接深度都是一层；从数据结构角度看，平铺型结构实际是深度等于一层的树，如图 2—7 所示。

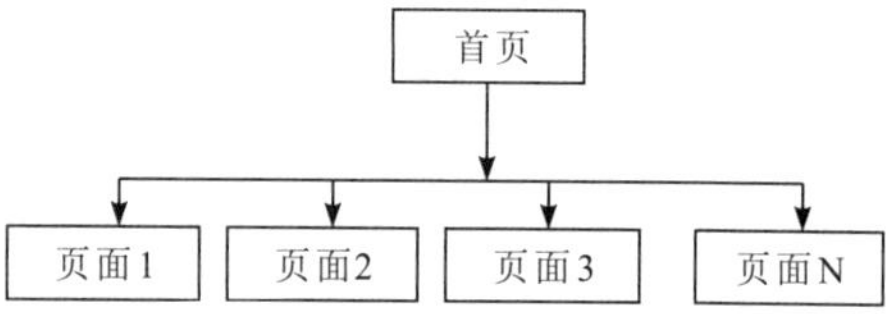

图 2－7　网站平铺型结构图

②树型结构

从页面链接关系的角度，树型逻辑结构是指通过分类（或频道）页面对本分类（或频道）下的页面的链接地址进行合理组织的结构。

不管是平铺型还是树型逻辑结构，任意两个页面间都是连通的，即从网站上的任意一个页面出发经过若干个路径后总会到达另外一个页面。如图 2—8 所示，“首页”与“页面 1”就是连通的。

图 2—9 是搜狐奥运官网新闻栏目树型结构框架，有利于读者对网站结构的理解。

扁平式的物理结构架构与底层数据逻辑结构嵌套模式，才是最佳的网站结构模式。通常网站频道、栏目、专题采用扁平式物理架构，如果单一采用逻辑结构，网站内容的存放和管理将会出现混乱，为网站出现坏死链接埋下隐患。超出扁平式三层结构的底层数据（终端页、详情页或存放路径较深的页面）可以采用逻辑结构，保证页面容易被搜索引擎抓取。

总之，优秀的网站在物理结构和逻辑结构的设计上都非常出色，两者既可

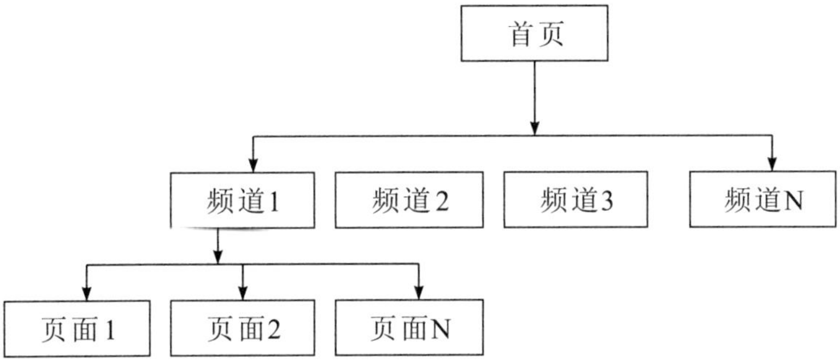

图2-8　页面之间连通路径图示

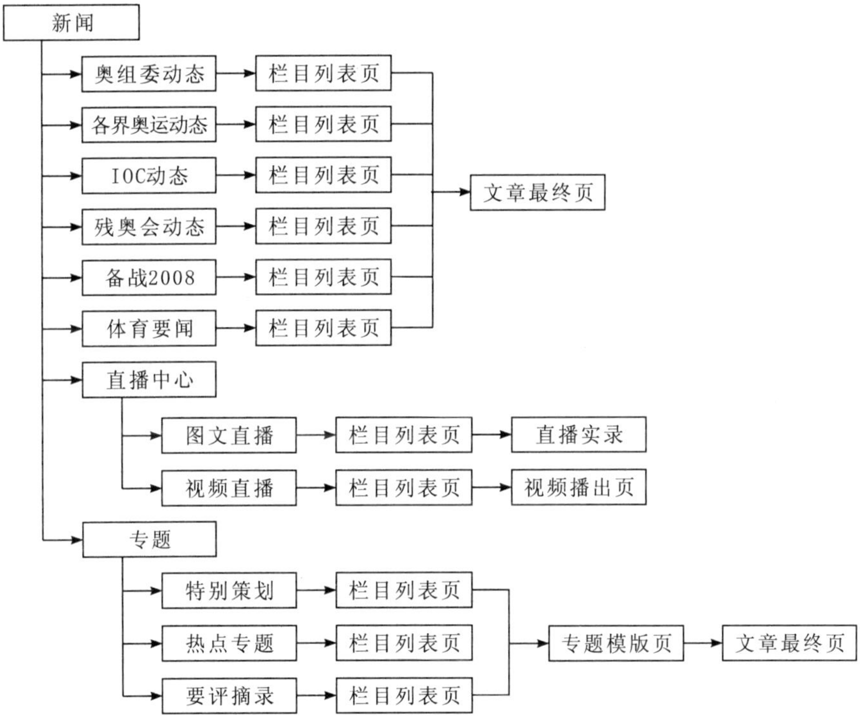

图2-9　搜狐奥运官网新闻栏目树型结构图

以重合也可以有所区分，而控制好逻辑结构也会使网站的用户体验变得更加优质，并能促进和带动整个网站的页面在搜索引擎上的权重。

2. 网站功能的设计

网站功能体现在两个方面:用户交互和技术实现。所有技术方面和后台的进程及应用,最终都是为了实现为用户提供交互式的服务。技术至关重要,网站功能的应用依赖技术的支撑,没有强大技术的配合网站功能将无法实现。

(1)个性化功能设计

个性化长久以来一直是互联网上的流行词汇。在这个充斥着海量信息的网络时代,个性化意味着网站需要提供高效的过滤器和内容推荐,以满足各类用户的不同需求。

以消费类网站的推荐方式为例,在网络上许多消费类的网站希望能为用户推荐可能喜欢的内容,其中有几种主要的推荐方式:

一是个性化推荐,即根据个人过去的网络行为来推荐内容。搜狐的 SNS 产品搜狐白社会或搜狐博客等大型社区允许每个用户指定喜欢的页面布局以及功能板块设定自己的个人主页。

二是社会性推荐,依据相似用户在过去的网络行为来推荐内容。当当网或淘宝网等电子商务网站会根据相似用户在过去所购买的物品作为推荐的依据。(见图 2—10)

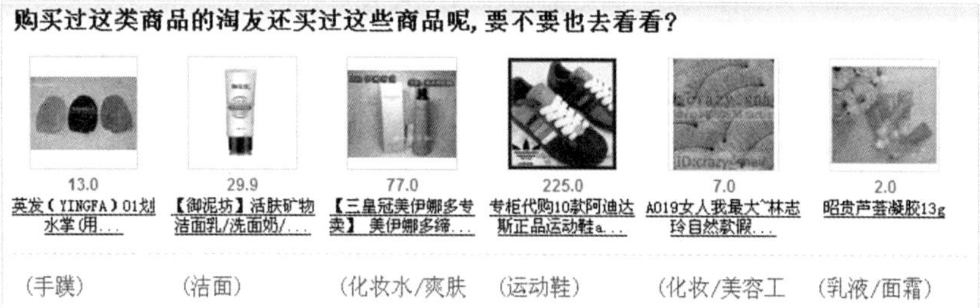

图 2－10　网站根据用户购物筐里的商品进行推荐

三是物品推荐，是基于物品本身性质所做的推荐。电子商务网站在用户购物即将结账的时候，网页根据用户购物筐里面的商品内容，自动推荐其他相关产品。

真正的用户个性化往往需要设计、开发、维护一个完整的个人化数据管理系统。因此，考虑支持个性化功能时的第一个问题是：是否有必要？

下面是支持个性化功能的几个必要条件：

· 网站有相当大数量的用户经常重复使用此网站；

· 网站的信息量远大于单一用户所需要的信息量；

· 网站信息的板块相对稳定；

· 用户使用网站时所感兴趣的内容有明显不同的倾向，网站任何一个设计都不能同时最大程度满足所有兴趣倾向的需求，这时所产生的新需求，要通过跟踪调查用户习惯，再细分个性化功能；

· 不同用户群体使用网站时的兴趣倾向相对稳定；

· 相对多的用户在每次使用网站时要进行同样的、繁琐的操作以得到自己感兴趣的信息；

· 用户愿意将个性化要求的信息提供给网站的拥有者；

· 很多用户提出了个人化的要求或期望；

· 用户进行个性化设置需要投入的时间和精力与其得到的利益成比例。

(2)信息发布系统与注册系统

①信息发布系统

根据用户选择的板块分类，自动发布所选的信息内容，可以使用此系统构造新闻内容页面，自动生成首页的新闻链接，同时产生历史新闻列表，提供新闻页面的管理界面，自动发布行业新闻，并且新闻内容页中支持插入图片方式和网页代码，自由设置新闻类别，自动显示信息的发布时间。

信息发布系统的功能主要有以下几个方面：

· 信息管理

信息管理功能是指系统能够实现网站内容的更新与维护，提供在后台输入、查询、修改、删除各新闻类别和专题中的具体信息的功能，选择本信息是否出现在栏目的首页、网站的首页等一系列完善的信息管理功能。

• 系统用户管理

管理系统相关属性，定制个性化环境。

• 网站页面模板管理

网站页面编辑功能可以通过 WEB 编辑方式轻松实现网站页面模板的定制功能。将这些日常维护工作量转为系统化、标准化的维护格式，从而保证网站设计风格的统一，同时也可以大大减轻工作量。

• 新闻代码

新闻代码可以嵌入用户首页在非新闻主机的页面上，显示更新的新闻列表。

②注册系统

用户管理系统有两大主要模块：用户认证注册模块、管理员的管理模块。

当某位用户需要加入到某一项工程当中的时候，就可以通过网络来注册成为用户。而管理员模块则可以对注册的用户进行认证，通过认证后分配相当的权限。这就是一个简单的用户管理过程。

注册系统包括以下几个功能：

• 用户注册

用户注册模块能够满足用户的注册，包括用户的资料管理、修改等。

• 管理员功能处理

此模块能够满足管理员对注册的用户进行管理，包括对注册的用户进行审核通过、对审核通过的用户进行删除、分配权限以及能够使数据库当中的数据生成权限配置文件。

• 系统权限

具有上下级关系，是一个树状的结构。对于每个权限，存在两种情况，一个是可访问，另一种是可授权。例如对于“查看用户”这个权限，如果用户只被授予“可访问”，那么他就不能将他所具有的这个权限分配给其他人。

• 系统管理

主要是对用户的管理，包括查看用户、新增用户、修改用户、删除用户。

二、网站界面规划

网站的结构规划完成后，要做的是把这些功能板块分布在页面中，而在这一过程中需要对网站的界面进行布局与规划。

在进行界面规划之前，我们要分析研究与用户行为、习惯、网络环境、硬件、用户屏幕显示大小等相关的信息，这有助于规划出用户接受度较高的网站。

1. 通过用户分析优化网站界面

通过用户分析可以得出合理的界面规划，如用户在页面上视线轨迹的分布情况、用户在页面不同板块中的鼠标点击行为、对于页面布局长短的用户接受程度如何等。界面设计要实现的是视觉呈现，更多的规划需要在前期经过深入的思考、验证，合理的界面规划将带来与众不同的用户体验及效率。

明确了界面规划的大致方向后，我们需要从研究用户行为开始，其中眼动追踪（Eye Tracking）是较为重要的研究方法。

（1）眼动跟踪系统的工作原理

一个眼动跟踪系统，如 Tobii T60/T120/X120，通常是通过监测目标人群的眼睛在页面上的反应和典型移动来进行的。人的眼睛通常是不停地移动的，直到停留在某一点上。研究发现有超过十多种不同的眼睛移动类型，它们中最重要的是扫视（Saccades）、固视（Fixations）和平滑移视（Smooth Pursuit）。当眼睛停留集中在某点时称为固视，而当眼睛在若干固视点间移动时则称做扫视。

当眼睛注视时，通常需要 100 至 600 毫秒，在每个点注视时大脑就开始处理从眼部接收到的视觉信息。扫视通常是指从一个注视点快速跳跃到另一个注视点。通常每次扫视的平均时间是 20 至 40 毫秒。在这期间，眼睛不对大脑传送信息。

人眼的视野大概在200°，绝大多数光感细胞位于视网膜上的中心凹(Fovea)，它们是我们能够看到各种有色彩事物的关键因素。这个中央凹区域相当小，通常只覆盖我们眼睛视野的1°～2°。值得一提的是，这些光感细胞也是我们的大脑能接收视觉信息的关键因素。

我们的感知通常略大于我们能看到的。当眼睛处于休息状态时，大脑的注意力可能转移到其他地方，也就是说我们可以转移注意力但眼睛不移动。对中心凹视野监测通常是有效判断注意力变化的手段，因为大脑通常无法处理中心凹以外的复杂刺激信息。不少例子证明，大脑在处理中心凹视觉信息时比外围视觉信息更有效率。因为相比于清晰的视觉信息，大脑需要花更多的努力来理解模糊的视觉信息。这也是为什么可以通过跟踪眼部运动，尤其是注视来解释人们的行为。这就像我们所了解的，为了了解事物我们只能注视它或离它很近。如果某人没有注视，他不可能看到并阅读文字。眼动跟踪系统记录这些移动，并且当眼睛注视时，标记中心凹的位置。

通过分析眼部移动，我们能了解人们的行为。注视时间的长短通常表明了大脑处理视觉信息的过程和认知行为的发生。如在阅读时，注视常见词汇的时间通常比非常见词汇时间短。[①]

(2)根据眼动追踪结果确定网站界面布局

眼动跟踪是一种通过大量短期测试就能获得明确结果的好方法。通过此方法能够得到那些用户无法告知的信息，它能给我们提供一些较为精确的数据，使问题简单化，对于创建高效的页面布局很有帮助。

通过眼动追踪的测试研究分析的结果是：眼球的第一运动聚焦于网页的左上角。用户浏览网页的这一习惯应该在意料之中，毕竟左上部为主要操作中心，这一点为大多数重要的计算机应用程序设计所采用。当考虑网站设计时，必须尊重用户的习惯，尽量保持这一格式。

用户浏览网页时，首先观察网页的左上部和上层部分，之后再往下阅读，浏

① http://eyetracking.me/? page_id=9

览右边的内容。用户普遍的浏览方式呈现出“F”的形状。网站界面在规划时要保证内容的重要要素集中于这些关键区域，以此来确保用户的参与。而在此放置头条、副题、热点以及重要文章，更有可能吸引读者有效阅读。

以 Google 眼动跟踪研究为例，Google 指出用户在浏览搜索结果页面时，眼睛停留在什么位置、点击什么内容等几乎完全是下意识行为。总的来说 Google 界面设计符合常见的 F 型分布。[①]（如图 2—11 所示）

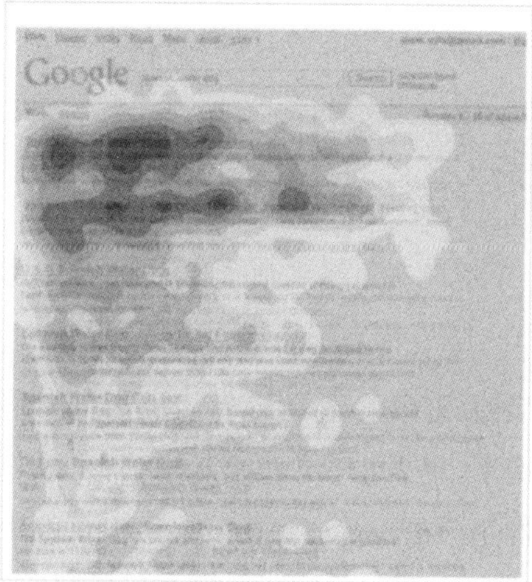

图 2－11　Google 网站上用户浏览的主要区域示意图（呈 F 型分布）

根据用户浏览页面的特点，网站通常在界面设计时遵循从左至右、从上往下的规律，这是基于用户的视线运行轨迹。以搜狐网站首页的布局为例，左侧顶端呈现公司的品牌形象，这让所有访问网站的用户能在第一时间识别网站；其次，在顶端主导航区域的设置上，左侧为重要新闻阅读区的展示，从整体布局来看符合 F 型的结构，就是根据通行的规律进行合理规划的。（见图 2—12）

图 2－12　Sohu.com 首页内容功能的 F 型分布图

① 参考译言网站，详见：*What Are You Looking At? Google Details Results of Eye Tracking Study*

2. 对界面布局规划的方法

根据对首屏以下版面关注度、登陆框设置、表单设置的分析，可以发现界面设计的核心问题就是如何通过合理的布局设置吸引更多的用户关注。

(1)如何有效提高首屏以下版面的关注度

在界面规划时，通常将重要信息呈现在首屏。Fiz Yazdi、Joe Leech 的研究表明：有效的显示区域是首屏部分，但在有滚动线索且没有滚动设计障碍的情况下，用户并不介意滚动屏幕。他们从用户测试的行为观察中验证了这一点，即用户很自然地在页面上做很长的滚动来寻找他们想找的内容。一个适合快速扫视的首屏页面能够有效地展示品牌而不用担心用户看不到首屏以下的部分。

根据 Cxpartners 公司的分析，当他们在 Cxpartners 进行用户测试时，利用了眼动跟踪技术。眼动跟踪可以让他们了解用户看到了什么，之后，他们将获得的数据制作成一系列的热区图。热区图可以展示出一组用户的视觉焦点集合。

①滚动条可用于揭示首屏以下的内容长度

从热区图上看到，在滚动条上有一个很亮的热点，这表明滚动条通常被用来揭示页面的长度，用户期望页面能滚动。该热区图如图 2—13 所示。

图 2－13　根据眼动跟踪数据生成的用户焦点热区图

②有效界面布局能促进首屏以下部分的用户浏览

Fiz Yazdi 和 Joe Leech 为 Bristol Airport 做的一项眼动研究，对比两种不同的主页设计风格对用户浏览行为的影响。研究发现，在首屏规划简洁的页

面，首屏以下的部分能吸引更多的用户浏览。（见图 2－14，左侧的图片在首屏稍显拥挤，而右侧的则相对简洁）

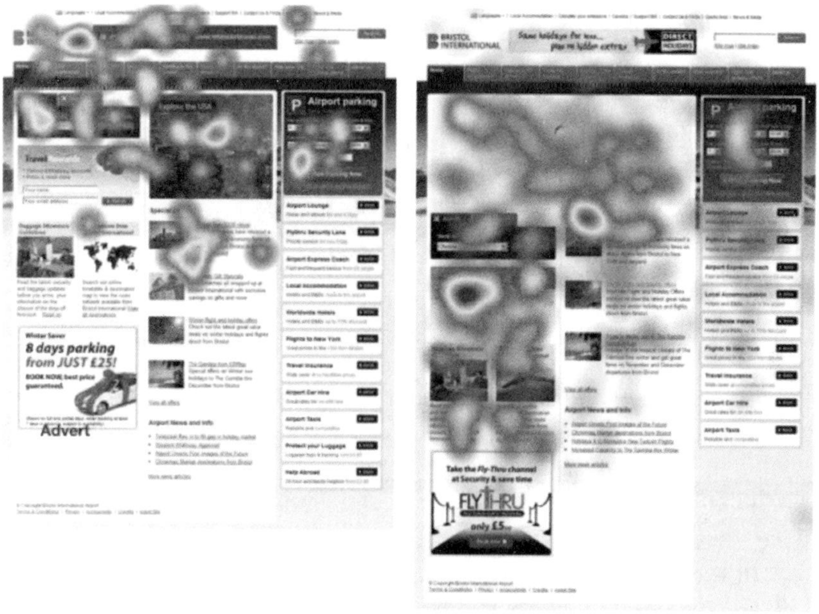

图 2－14　两种不同的首页设计风格对用户浏览行为的影响示意图

③影响用户不浏览首屏以下内容的界面布局

影响用户不浏览首屏以下内容的因素比较多，有一种情况就像 pupai.cn 一样，虽然页面很长，内容很多，但用户很少进行滚动页面的操作，甚至不知道页面有很多信息。经过分析发现，该网站首页的大幅面的视觉图片占据了整个首屏，页面几乎没有指示性的设计，这是妨碍用户进行滚动的原因。（见图 2－15，分辨率为 1024＊768）

类似情况比较普遍，完整的画面以及突显的水平分割线都不利于吸引用户滚动。如果稍加改动，效果会大不一样。如图 2－16 所示，如果缩短视觉区域的高度，将内容规划在首屏中，这一个小小的改动带给用户这样的信息指示：请使用滚动浏览更多信息。

图 2－15　pupai.cn 网站的首页设计

图 2－16　在屏位分界线之上的分割图片暗示下面还有更多信息

经过上述的优化后虽有一些改观，但还有很大的完善空间。作为购物网站，pupai.cn 网站在首屏所展示的仅仅是活动信息，产品展示几乎没有，无法激起用户的购买行为。针对 pupai.cn 购物网站的页面规划，建议学习 Apple.com，在有限的展示空间中，将网站主推的重要产品、型号、价格以及更为重要的订购电话信息等内容重新布局，从用户角度出发科学布局。在 Apple.com 网站上，在 1024 * 768 分辨率显示下，不但屏位分界线之上的分割图片暗示下面还有更多信息，而且重要信息都在显眼位置得到了呈现。（见图 2—17）

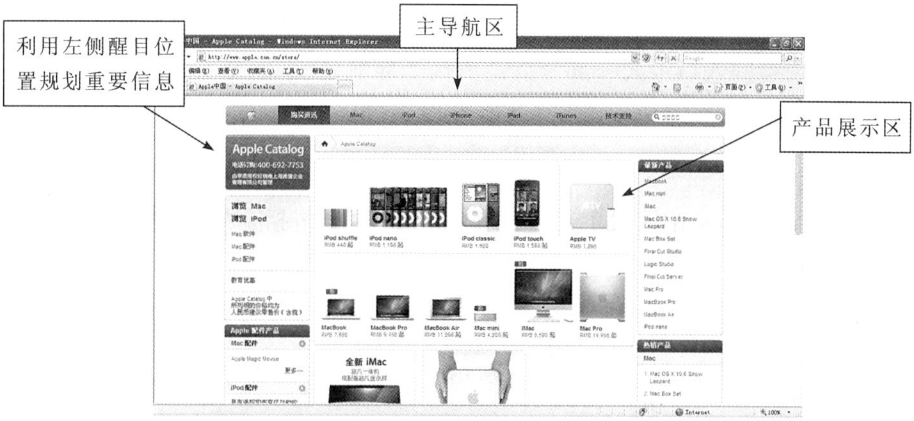

图 2－17　Apple. com 网站的首页规划

通过上面多个设计案例的分析可以发现，在进行界面规划时需要遵守下面几项基本原则：

• 少即是多。虽然首屏非常珍贵，但不要试图将所有的内容放到上面，科学地利用空白和图片能促使用户浏览更多的内容。

• 生硬的水平线分割不利于滚动页面。这并不意味着完全不要通栏的水平线元素，相反，要让一小部分内容在分界线上可见，这有助于刺激用户滚动页面。

• 避免使用内嵌的滚动条。浏览器的滚动条是一个页面信息量的提示器，而内嵌的 iFrame 和其他包含滚动条的元素会打破这种提示，这也会导致内容不可见。

总之，不管用户从何种途径到达页面，他所看到的一定是网站最想表达的，同时也是用户最需要的信息。因此，合理地进行功能、内容布局能带来更多关注。①

① 部分内容引自英文文章 *The myth of the page fold：evidence from user testing*，作者为 Fiz Yazdi、Joe Leech，详见网站：http://www.cxpartners.co.uk/

(2)导航设置

明确而有效的导航对于网站来说至关重要，它就像网站的门牌号码，随意更改将会使用户迷路，如果不能快速、便捷地找到它，将带来用户的流失。

网站内容的入口很大一部分都是依赖于导航系统，而导航系统的作用是告诉用户当前在哪里，可以去哪里，这里有什么，附近有什么，指引用户下一步的行为。

导航系统是网站中不可缺少的组件之一，主要包括全站、区域、情境式、辅助性、面包屑导航几大类。

全站、区域和情境式导航的元素多数情况下同时存在于网页上，如何在网站中整合好，这涉及到诸多因素，如网站栏目的多少、页面结构复杂程度、实现效果的JS程序、交互过程等等。

· 全站导航系统

通常在全站所有页面展示的导航系统，可直接链到重要的区域和功能，无论用户在哪个层级页面中，使用的都是同一个导航。全站导航需要保持一致性，这类导航以密集且重复来访的用户为中心。以Apple. com. cn为例，具有情境式的全局导航系统，不仅告诉用户当前页面有什么内容，还告诉用户正在哪部分内容页面上。(见图2—18)

图2－18　Apple. com. cn网站的首页规划

· 区域导航系统

进入二级栏目后，该栏目有很多子栏目，把这些子栏目列出来，方便用户即刻浏览那些内容。有些网站会把全站导航和区域导航整合成一致且统一的系统，如下拉菜单。和全站导航一样，在同一个站点中区域导航的表现形式最好是一致且统一的。(见图2—19)

图 2－19　Sohu.com 的区域导航

• 情境式导航

进入目的页面后，会有一些内容指向特定的网页、文件、对象，比如网站上的“相关文章”、“喜欢这个商品的用户也会喜欢……”、“同类 TOP10”等。需要注意的是[情境式全局导航系统] 主要是说明所处的位置，[情境式导航] 是说明在这张页面内容的情境下，有什么相关内容可以告诉并提供链接给用户。

• 辅助性导航系统

包括网站地图、索引、指南，是确保大型网站可用性和可寻性的关键。

• 面包屑(Breadcrumb)导航

面包屑(或称为面包屑路径)是一种显示用户在所访问网站此页与彼页层次结构及位置的二级导航方案。它为用户提供一种追踪返回最初访问页面的方式。

当用户访问页面的时候，面包屑不应该是页面中最醒目的元素。通常它出现在页面的上半部分，而且在主要导航的下面(如果使用了水平导航布局)。下图使用了面包屑导航，浏览该页面的用户会方便地了解知道自己目前所处的位置是：新闻中心＞国内新闻＞国内要闻＞时事。(见图 2—20)

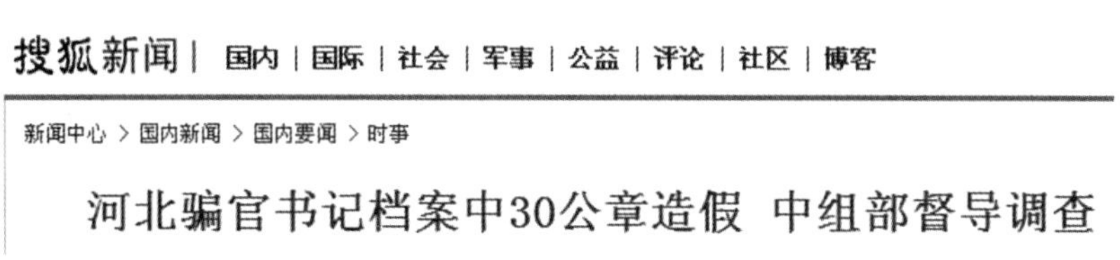

图 2－20　搜狐新闻面包屑导航示意

面包屑路径有一个线性结构，因此如果页面不能分类到整洁的目录，使用面包屑是件比较困难的事情。决定是否使用面包屑很大程度上取决于如何规划网站分级。当低一级的页面放置于上级目录下时，面包屑路径将会是无效、不正确和让用户困惑的。

面包屑导航有三大作用：良好的用户体验、节约屏幕空间、降低跳出率。

- 良好的用户体验

可以让用户清晰了解到自己所处的位置，方便用户通过面包屑导航栏返回上级目录浏览其他的页面。

- 节约屏幕空间

面包屑导航通常是水平排列以简单的样式来呈现，路径不会占用页面太多的空间。从内容下载等方面来说，几乎没有任何负面影响。

- 降低跳出率

面包屑路径是一个诱使首次访问者在进入相关页面后继续浏览这个网站的好方法。比如说，当用户搜索到感兴趣的内容页面时，看到一个面包屑路径，这将会诱使用户点击上一级页面去浏览感兴趣的相关主题，从而有效降低网站的总体跳出率。

基于位置的面包屑导航向用户显示他们在网站的哪一个级别页面。典型的应用是有多个级别（一般是多于两级）的导航方案。在下面的例子中，每一个页面的文本链接表示它比右边的文本链接高一级。（见图 2—21）

图 2－21 搜狐新闻面包屑导航所显示的链接等级

（上述内容参考的文献为：1. Breadcrumbs In Web Design: Examples And Best Practices，作者为 Sven Lennartz，详见：http://www.qianduan.net/2.《Web 信息架构》，Peter Morville & Louis Rosenfeld 著，陈建勋译）

(3)登录框的设置

寻找登录口时，用户通常会用眼睛先扫描页面并伴随着鼠标的移动寻找两个等大的文字输入框，在第一个框内输入用户名，第二个框内输入密码，这种根深蒂固的登录模式需要在界面规划时充分考虑到。

我们注意到很多网站将登录框设置在页面顶端、左侧或右侧，通过观察发现无论是登录框的位置还是样式（表单或链接）对用户来讲都没有明显的区别。这些位置和样式都能很好地承担其功能——想登录的用户可以比较容易地完成登录。登录框如何设置并没有一贯的原则，通常根据网站性质来决定。

例如，门户类网站多将登录功能设置在页面的顶端。（见图 2—22、2—23、2—24）

图 2－22　Sohu.com 的登录框

图 2－23　163.com 的登录框

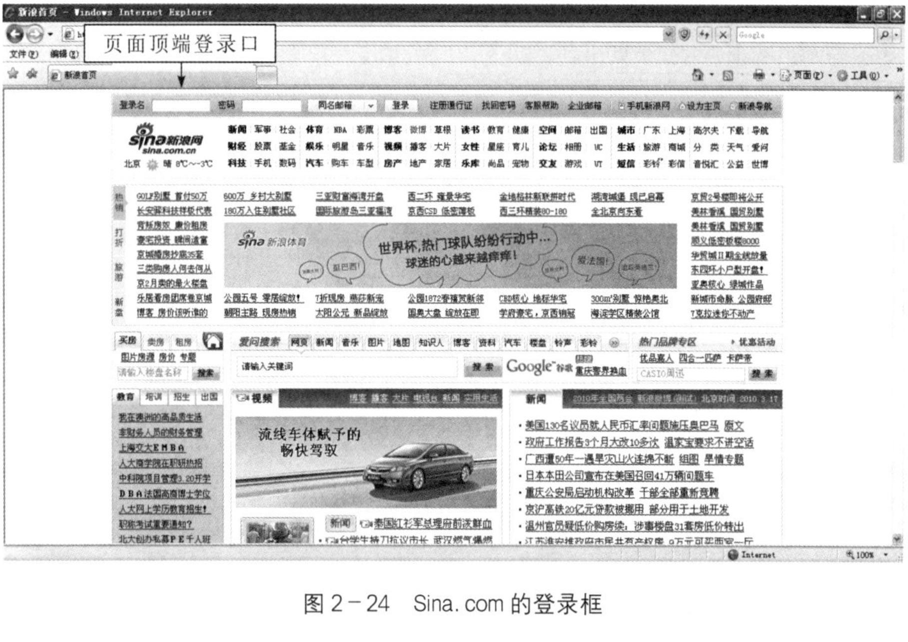

图 2－24　Sina.com 的登录框

SNS 类网站登录框的设置基本在最显眼的左侧，页面功能设置较为简单，这与它提供帮助人们建立社会性网络的互联网应用服务有关。（见图 2—25、2—26）

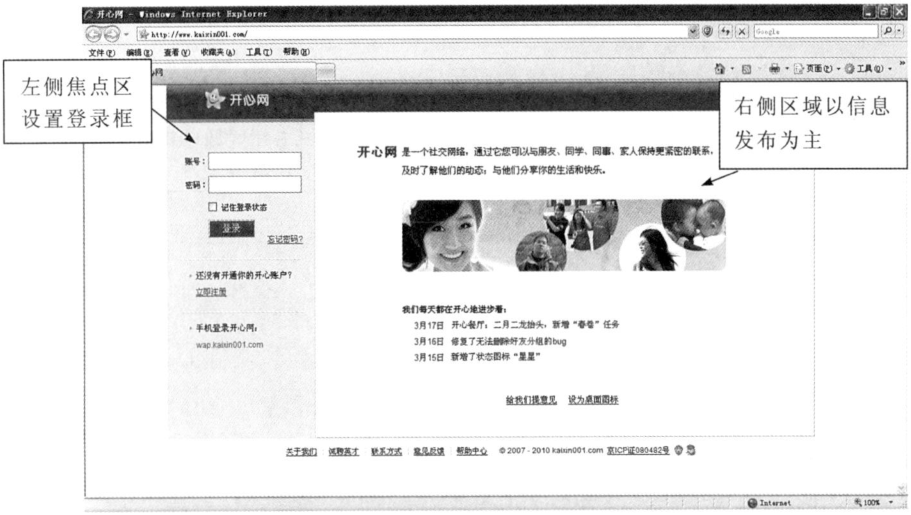

图 2－25　以白领为主要用户的 Kaixin001. com 主打情感牌

图 2－26　Bai. sohu. com 白社会展示较多互动产品来吸引用户注册参与

人人网在新用户注册方面花了很多心思，界面中明显突出两个功能：一是用户登录；二是新用户注册。将新用户注册信息框直接设置在首页，最大程度避免新用户注册时的二次点击，提高注册率。（见图 2－27）

图 2－27　Renren. com 界面突显两个功能

购物类网站除了遵循门户网站的特点在页面最顶端设置登录框外，在页面的右侧也设置了同样的功能。用户按习惯在页面中没有找到两个输入框，那么他们会扫描寻找一个叫做“登录”的链接，虽然右侧也有登录口，但按钮不够突出，这种设置可能造成认知上的不一致。（见图 2—28）

图 2－28　Taobao. com 注册页面的两个登录框

(4)表单的设计布局

表单是网站的重要组成部分。从商业网站的联系到反馈、从注册到交流、从在线银行到搜索都能见到表单所发挥的巨大作用。

在布局方面，要考虑到用户在填写表单时，不喜欢被过多地干扰，而是希望尽快完成任务，因此，非常有必要将表单设计得清晰整洁。用户乐意完成一个容易理解、简洁利索的表单，即使长一点也能够接受。相反，他们不欢迎被视觉分割且复杂的表单。设计表单时还应经常提醒用户他们想要什么，然后问他们是谁，以便建立信任。例如在索取用户资料（"请填写以下部分"）时如果使用cookie来记录用户的信息（不是密码），就会帮助用户减少一些重复性的工作。

下面是表单布局的基本原则：

①要垂直而不是水平

用户通常是从上往下填写表单，简单的垂直布局一般效果好于多栏的布局，因此，在表单所有的地方都使用简单的垂直布局和顶部标签对齐。

如下图所示，所有的被测表单虽然标签的对齐方式不同，但都是垂直的布局。通过和左右标签对齐对比，可以发现垂直顶部对齐效果更好。（ebay案例，见图2—32）参与者发现相对于左右扫视，这种形式更容易在一列中向下进行扫视。

②标签左对齐更清晰

有时候由于一些限制（如能垂直使用的空间有限），不可能使用垂直布局的标签，水平对齐布局也是可选的方案之一。

Hotmail（图2—30）和Yahoo（图2—31）都采用标签右对齐的方式，而Google Mail（图2—31）则采用左对齐的方式。参与者的眼动跟踪测试表明，并没有明显的结论能证明标签左对齐和右对齐哪个更好。然而，标签左对齐通常被认为传达信息更清晰。

虽然标签左对齐被认为将造成表单填写最慢，那是因为需要更多的眼部注视和更长距离的视线移动，但这对于表单设计的目的而言并不总是一件坏事。标签左对齐的表单通常有更整齐、更清晰的布局，它们能使用户快速扫视每个标签，这增加了标签的可读性。

如果垂直对齐标签不可行，那就应该使用粗体标签并左对齐。在测试中发现：粗体更能让标签在前景中突显出来，参与测试者也觉得使用粗体标签将使填写变得更容易：“Google mail 更容易阅读，因为它是粗体的。”

③标题分组设计成有颜色或有阴影更突显其重要性

Cxpartners 公司通过对 4 个注册表 Yahoo！Mail、Gmail、Hotmail、ebay 的分析，找到一些优化表单设计布局的方法，来确保用户理解哪些表单是他们真正需要填写的，同时也希望他们在填写时能够专注于表单。

4 个注册表单都有很好的组合设计。举例来说，每一种都代表了不同的布局风格、不同的控件分组和不同的字体变形的方式。（如下图 2－29、2－30、2－31、2－32 所示）

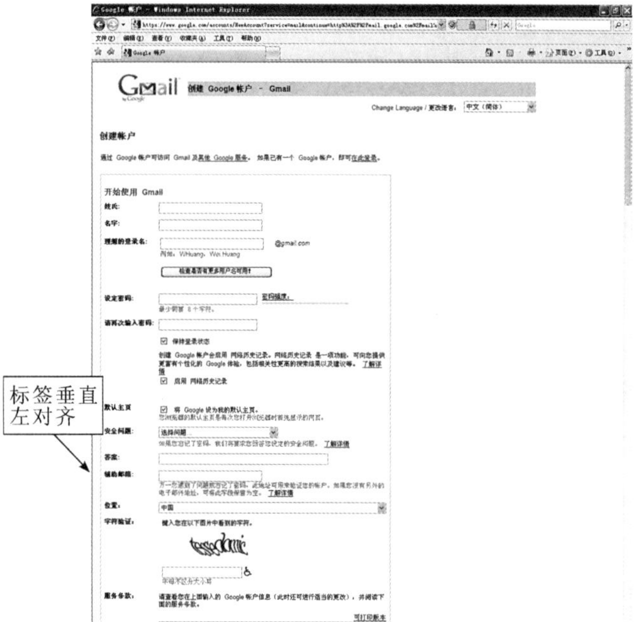

图 2－29　Google Mail 注册表单

标签垂直左对齐；控件间没有分组；粗体字标题

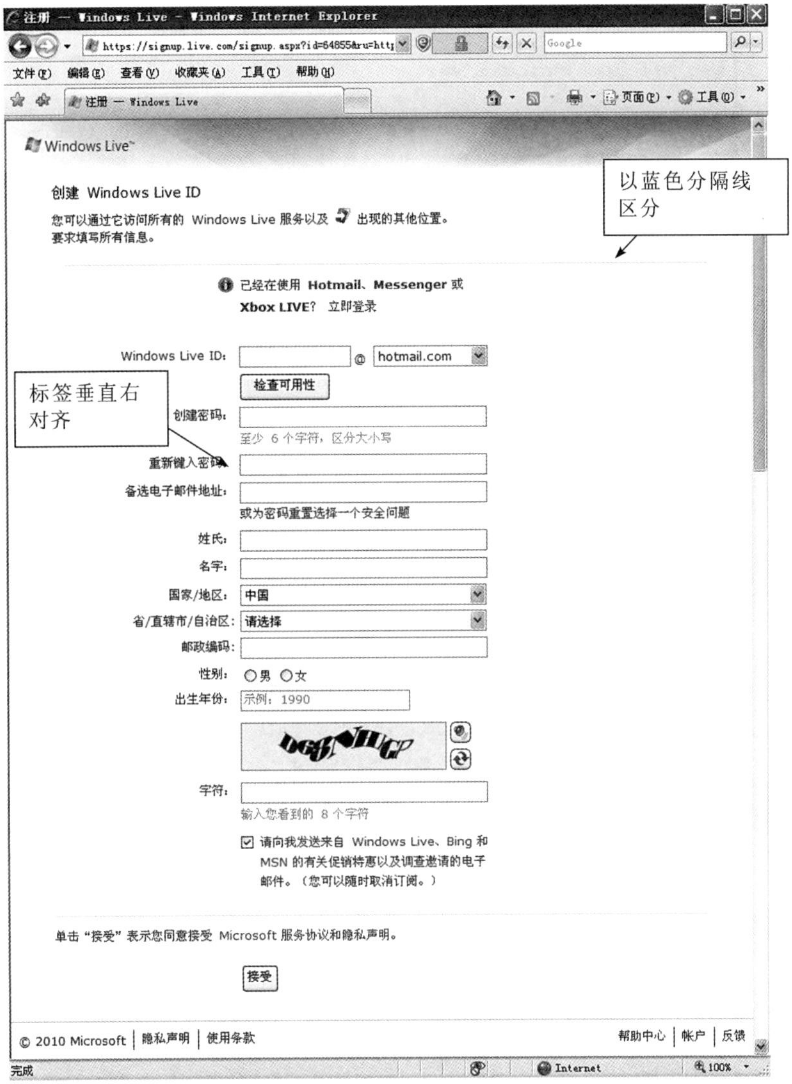

图 2－30　Hotmail 注册表单

标签垂直右对齐；控件间没有分组；没有粗体字标题

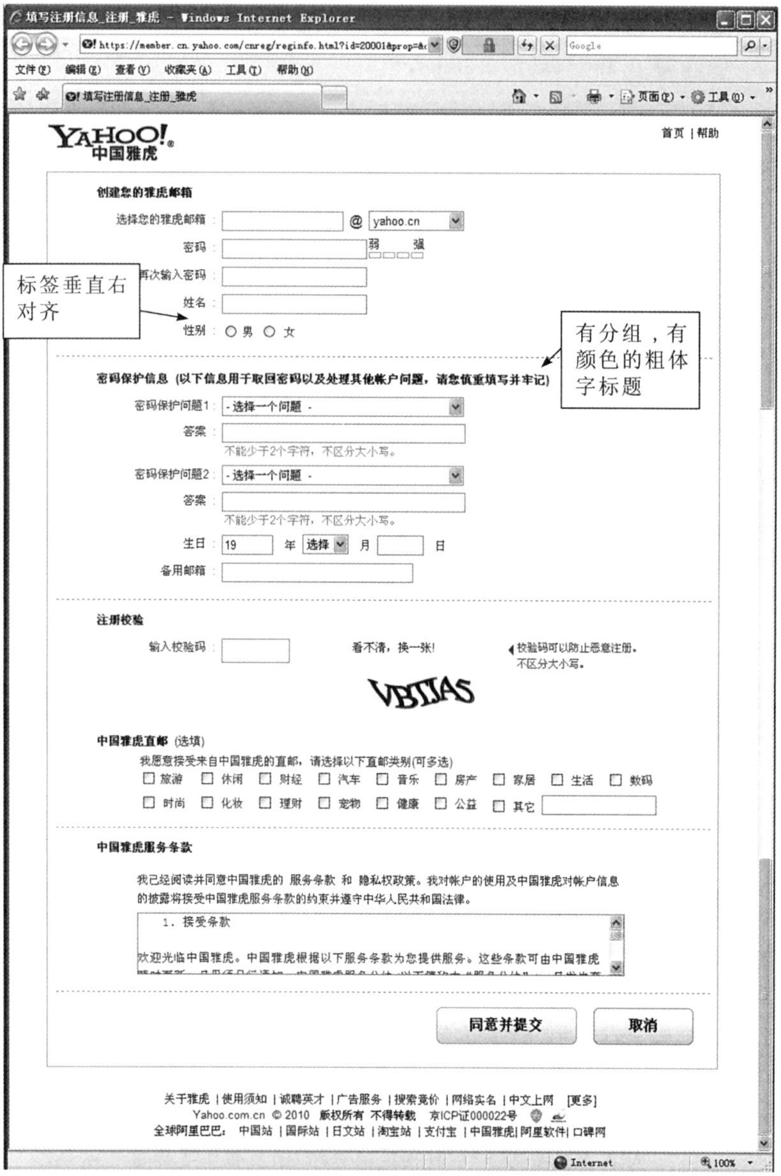

图 2－31 Yahoo! Mail 注册表单

标签垂直右对齐；有分组，以分隔线、数字和有颜色的标题为区分

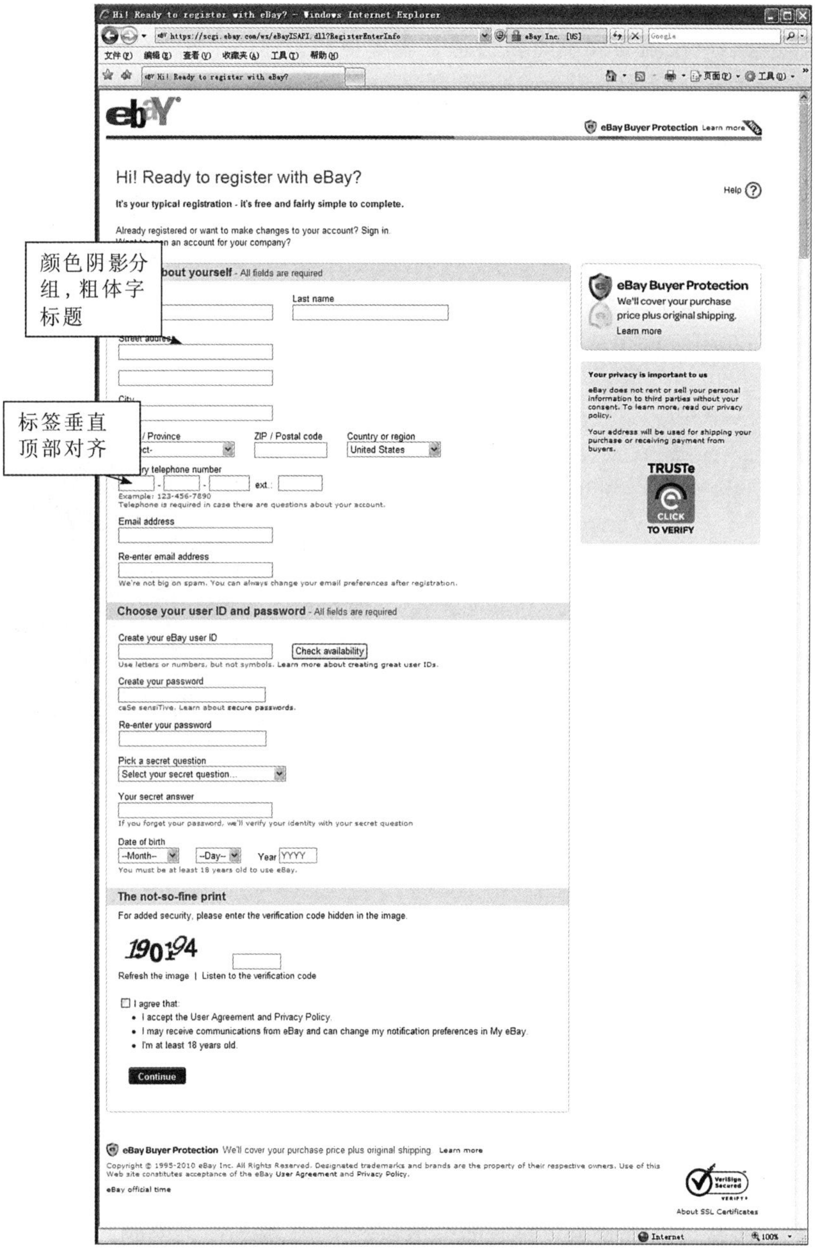

图 2－32　ebay 注册表单

标签垂直顶部对齐；有分组，以阴影标题为区分

我们设计表单时可将它分割成可管理的几个部分，并将相关的控件放在一起，这样当用户在填写表单时就会感觉表单更短。

在测试中，Google mail 与 Hotmail 是没有将表单内容进行逻辑分组的，而其他两个都将相关的控件进行了分组，并给每个分组一个标题。

从眼动跟踪的结果来看，有颜色或带阴影字体分组的标题更可能吸引用户的注意力。（见图 2—33）

用户反馈集中为："阴影字体的标题清晰很多"，"Yahoo 的输入框分组很好，紫色的分组标题很好用，输入框被很清楚的划分，一眼就能理解。"

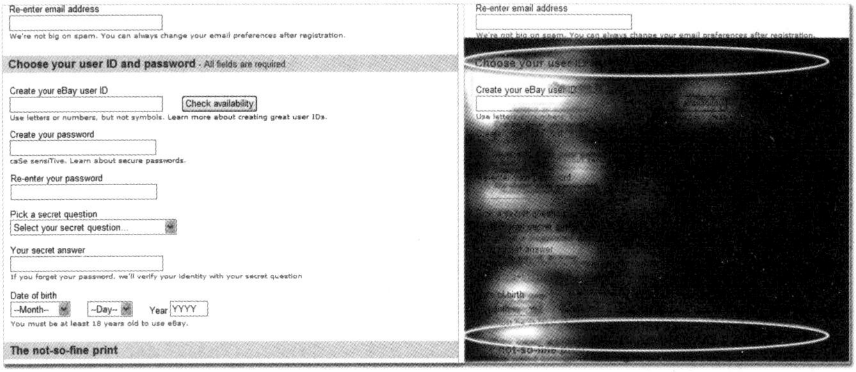

图 2－33　ebay 的注意力热图表明参与者并没有将注意力集中在分组的标题上

将相关的输入框进行合适的分组是相当有效的。问题是：是否用户总是不得不去看分组的标题？这可能取决于标题的目的和它们在表单中的重要程度。我们的建议是如果你想让用户去看标题，那就使用带阴影或有颜色字体的标题。如果标题不重要，那就不用刻意去那么做。我们需要避免用户在填写时感到迷惑。

④对数字和邮编使用单一输入框

我们经常可以看到用户对于如何填写数字（邮编和电话号码）很迷惑。

ebay 对于电话号码的输入用了四个输入框，虽然有一个输入框的下方有输入的示例，但对于需要如何输入一个移动电话号码仍不是很清晰。就像图

2－34 ebay 注意力热图所示，深色的点（热点）表示用户在电话号码输入框上耗费了最多的注意力。

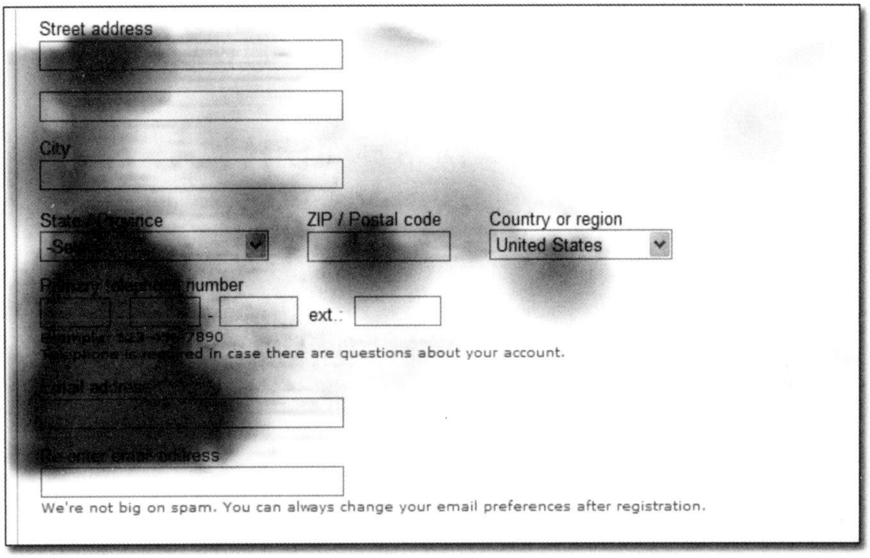

图 2－34　ebay 的注意力热点图表示用户在电话号码输入框上耗费了最多的注意力

有一些方式可以避免这个问题，其一就是将问题简单化。单个输入框通常相比多个输入框更有效率。同样重要的一点是需要有一个良好的校验系统，它能判断用户的输入是否有效。用户经常不确定是否应该在邮编中包含一个空格。

好的设计应该能有一定的容错性（有没有空格都可以接受）。如果不是这样，一个简单、清晰的错误提示是必须显示的。

电话号码是一个有技巧的设计。国际代号可以“00”或“＋”开头。什么样的格式能被系统接受应该被清楚地标明。此外，个人可能会以不同的方式记忆他们的电话号码。如，一个手机号码是 15812345678，某人可能以 3－4－4 的格式记忆（158/1234/5678）或 5－3－3 的格式记忆（15812/345/678）。如果能接受所有类型的输入，那将是最完美的。

总之，对于数字和邮编应该使用单一输入框，允许多种格式的输入。如果不容易实现的话，就应该使用一个良好的校验系统并提供清晰的错误提示。

（上述内容参考英文资料*Web Form Design Guidelines：An Eyetracking Study*，作者为Chui Chui Tan，详见网站：http：//www. cxpartners. co. uk/）

第三节　网站页面设计

设计页面的第一步是设计版面布局。我们要确定需要放置的网站内容、搜索、主菜单、导航等功能模块并进行合理布局，设计师需利用不同的版面结构展现出最符合用户体验并达成网站目标的页面。

一、版式设计

版面指的是浏览器所看到的完整页面（包含框架和层）。与传统的报刊杂志编辑一样，我们可以将网页看作一张报纸、一本杂志来进行排版布局，在网页设计中，版面大小由用户屏幕分辨率来决定，因而用户端的屏幕大小直接决定网站以何种分辨率来呈现内容及取舍内容。

随着电脑更新换代的加速，显示器分辨率已经提高，电脑屏幕能够提供的面积越来越大，而这种难得的资源恰恰是进行网页设计时要充分利用的：平媒“小报”改“大报”要增加一倍的纸张成本，而网站改“宽版”则无需增加任何成本。

1. 屏幕分辨率

浏览者电脑或浏览设备的桌面尺寸，是浏览者在首屏看到多少内容最主要的影响因素，屏幕大小几乎等同于浏览器首屏大小。通过检测网站的浏览数据可以统计出几百种屏幕尺寸，远超出一般人的想象，因此，首屏实际上是个在一定范围内变化的概念，并且随着硬件发展具有向大面积、宽屏化发展的趋势。

国内浏览器的主要尺寸包括：1024x768pixels（17 英寸 4∶3 显示器），1280x1024pixels（19 英寸 4∶3 显示器），1280x800pixels（14.1 或 17 英寸 16∶10 显示器），1440x900pixels（16.1 或 19 英寸 16∶10 显示器）和 1680x1050pixels（22 英寸 16∶10 显示器）。

每个用户的显示器分辨率不同，所看到的信息内容有所偏差，我们应该做多少像素的页面宽度更符合主流用户的需要？下面一组来自 SohTanaka.com 的研究数据显示出大型网站对屏幕分辨率的兼容情况。（见表 2—1）由此看出，大部分网站的页面设计均以使用 1024×768 或更高分辨率的用户为主要考虑对象。

表 2－1 美国四个网站兼容分辨率变化情况对比表

2006年2月	800x600	1024x768
www.Apple.com	✓	✗
www.Microsoft.com	✓	✗
www.Yahoo.com	✓	✗
www.YouTube.com	✓	✗
2007年2月	**800x600**	**1024x768**
www.Apple.com	✓	✗
www.Microsoft.com	✗	✓
www.Yahoo.com	✓	✗
www.YouTube.com	✗	✓
2008年2月	**800x600**	**1024x768**
www.Apple.com	✗	✓
www.Microsoft.com	✗	✓
www.Yahoo.com	✗	✓
www.YouTube.com	✗	✓

调查中涉及到的所有网站，都完成了华丽大变身。即使是最大的互联网公司，也都确定他们的主要受众是拥有较大屏幕分辨率的用户。①

再看一组来自2008年8月中国四大网站部分频道以及文章最终页宽度的研究分析对比数据。搜狐、新浪主要频道页面宽度比较统一，基本在950像素左右，四大网站中Web2.0页面宽度各不相同。（见表2—2）

表2-2　中国四大网站部分频道及文章最终页宽度对比表

网站	频道	数量	频道首页宽度(像素)	最终页宽度(像素)
www.Sohu.com	品质、星座、旅游、数码、音乐、V、S、BBS	8	950	980
	博客	1	960	
www.Sina.com	汽车、科技、手机、音乐、乐库、育儿、星座、游戏	8	950	950
	视频	1	964	
	TV	1	970	
	名品	1	980	
www.163.com	图片中心	1	950	968
	BBS	1	952	
	体育、英超、手机、北京	4	960	
	奥运	1	937	
	博客	1	965	
	播吧	1	980	
www.QQ.com	女性、新闻、娱乐、科技、财经、教育、读书、星座、动画、育儿、旅游、音频、公益、博客、体育、证券、音乐、动漫、校园、时尚、笑话、手机、评论、天气、奥运、视频、播客、西安、重庆	29	910	910
	儿童	1	930	
	拍拍	1	950	
	论坛	1	896	

2008年各大网站页面宽度均在900像素宽以上，以1024×768像素为主流用户

① 详情参见网址：http://www.smashingmagazine.com/2009/06/02/fixed-vs-fluid-vs-elastic-layout-whats-the-right-one-for-you/，By Kayla Knight

数据显示，频道的宽度虽不尽相同，但大多数门户网站页面几乎都选择 950 像素宽度。950 像素适合 1024×768 以及更高分辨率的屏幕，页面能有一点留白。

以上是针对网站的页面分析，下面的数据则是从用户的显示器屏幕使用情况来分析。（见图 2—35）

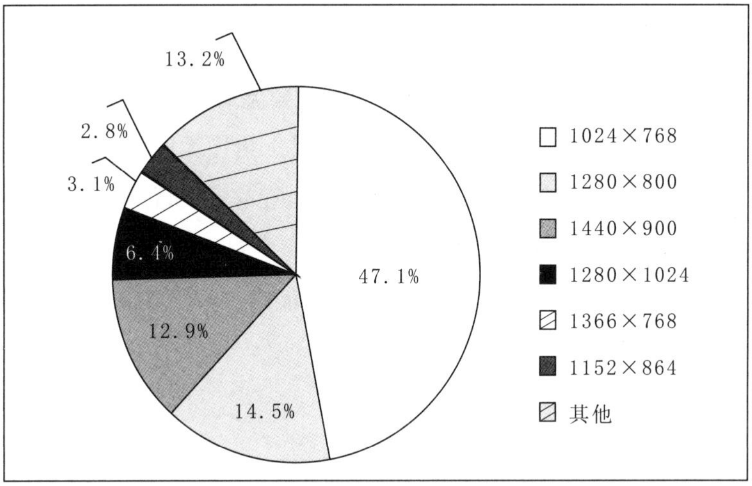

图 2－35　用户（与电子商务行为相关）使用屏幕分辨率统计（2009.Q4）

根据监测统计显示，86.8%的用户屏幕分辨率在1024×768 及以上，而 13.2%其他项中除了包含 800 像素宽的用户也包含 1660 像素宽的用户。1024×768 屏幕分辨率使用率为 47.1%，相比前三季度，此比例呈继续下降态势，下降比例为 5.5%，但是目前仍然占主流；其次为宽频显示器分辨率 1280×800 和 1440×900，所占比例分别为 14.5%、12.9%，根据前三季度统计，此比例呈稳步上升趋势。伴随着 1024×768 分辨率市场占有率的逐渐下降，可以看出 4∶3 的普通屏幕显示器在向 16∶9、16∶10 宽屏显示器逐步过渡，宽屏显示器将成为显示器的主流，会取代普通屏幕显示器。

设计师在以 1024 宽度为主流用户的同时，需要考虑 1024 以上的用户看到的更多留白问题，因此在设计时需适当考虑背景色等细节以兼顾到其他用户的体验。

了解用户的屏幕分辨率以后，我们再针对网站的用户群特点来决定使用何种分辨率。例如，视频分享类网站的主要用户群体通常机器配置较高，网站的页面多以宽频为主。门户类网站的用户量大，为保证各用户群体都能看到完整的页面，仍需以主流用户分辨率为主。设计分享类平台，主要用户则应以设计师为主，那么网页设计就应该以更大分辨率来展现。

2. 版式结构布局

按照一定的形式美的法则，遵循一定的视觉规律，将文字、图形、动画等进行合理的布局，使页面成为一个有机的整体，展示给广大的浏览者，这就是版式结构布局。页面的布局应该给人以独特的视觉艺术感受，创造出具有美感的信息传达形式，从而引起浏览者的共鸣。

网页常见的布局结构通常可分为“T”型布局、“口”型布局、“川”型布局、“三”型布局、“门”型布局等。

(1)“T”型布局

在版式结构布局时，通常将页面分成三部分——导航区、子菜单、主内容区，通过色彩以及板块的划分，形成水平以及两个垂直板块的结构，此布局整体效果类似英文字母“T”，所以称之为“T”型布局。这是网页设计中使用最广泛的一种布局方式，优点是页面结构清晰，主次分明。（见图 2－36、2—37）

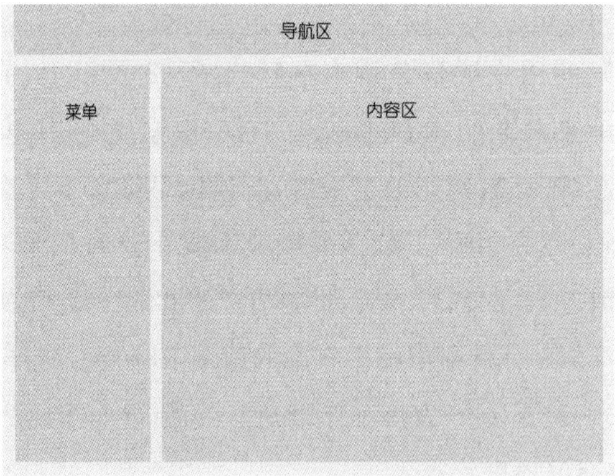

图 2－36　网页“T”型结构布局示意图

图 2－37 腾讯网网页“T”型结构布局图

(2)“口”型布局

用色彩和线条将内容、导航等信息集中在页面的中心区域,四边留出空白,看上去类似“口”字,因此称为“口”型布局。也有将广告、导航等信息将四周填满,而中心区域用简单的内容填充的“口”型布局。

图 2－38 “口”型布局网站示例

(3)"川"型布局

在布局中强调垂直分割,弱化水平方向的内容展示,整个页面在垂直方向分为三列,网站的内容按栏目分布在这三列中,最大限度地突出主页的索引功能,一般适用在栏目较多的网站中。

图 2－39　雅虎中国网站首页的"川"型布局

(4)"三"型布局

此布局国外网站运用较多,其特点是将页面分割成三个水平板块,每个板块中展现的信息内容简洁,中间部分以内容为主,一般应用在简洁明快的艺术性网页布局中,采用简单的图片和线条代替拥挤的文字,给浏览者以强烈的视觉冲击。"三"型布局在 Flash 网站上应用较多。

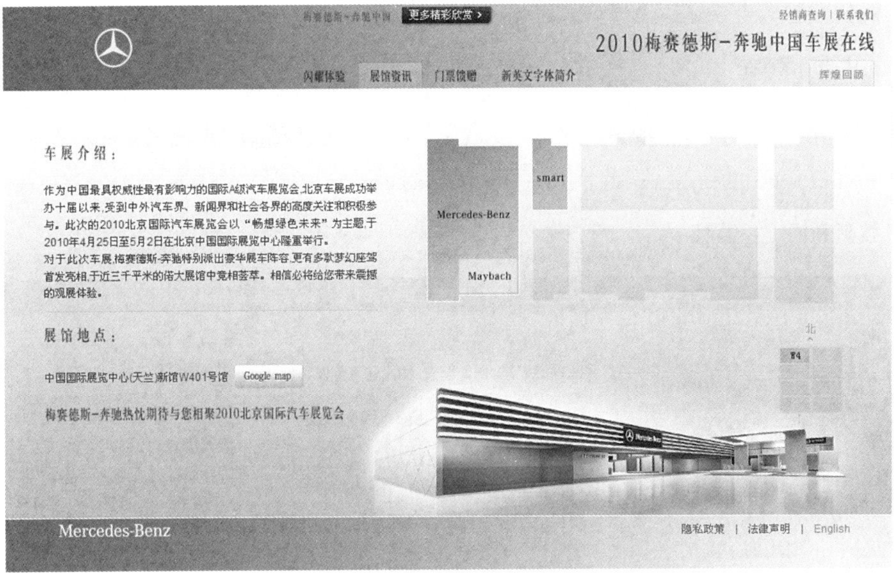

图 2－40　奔驰车展网站的“三”型布局

(5)“门”型布局

这种布局结构，通常将导航、导读区、焦点图、推荐内容四大区域，通过色彩和线条来区分，形成水平板块与三个垂直板块组合的格局，整体布局类似“门”字，所以称为“门”型布局。

以上总结了目前网络上常见的版式结构布局，事实上还有许多版式结构布局形式同样能起到很好的效果，关键在于创意和设计。在实际设计中绝不应该只局限于以上几种布局格式，有时候适当变化会收到意想不到的效果，平时在浏览网页时多留心，遇到好的布局形式认真揣摩，可以作为设计布局的参考。

图2－41　搜狐网站的“门”型版式布局

3. 版式类型

在网页上将有限的视觉元素进行有机的排列组合，将理性思维个性化地表现出来，使其呈现具有个人风格和艺术特色的视觉传达方式，在传达信息的同时，给观者留下感官上的美感。

网页版式类型主要有分栏型、满版型、分割型、中轴型、曲线型、倾斜型、焦点型等多种类型。

(1)分栏型

网页的分栏型版式是一种规范的、理性的分割方法，这种版式在网络上最为常见，类似于报刊的版式，所容纳的信息量最大。分栏型版式有竖向通栏、双栏、三栏、四栏和横向通栏、双栏、三栏和四栏等，一般以竖向分栏为多。在图片和文字的编排上则严格按照比例进行编排配置，给人以严谨、和谐、理性的美感。与其他版式结合，既有条理，又比较活泼。此类版式在门户、新闻媒体类网站中多有采用。

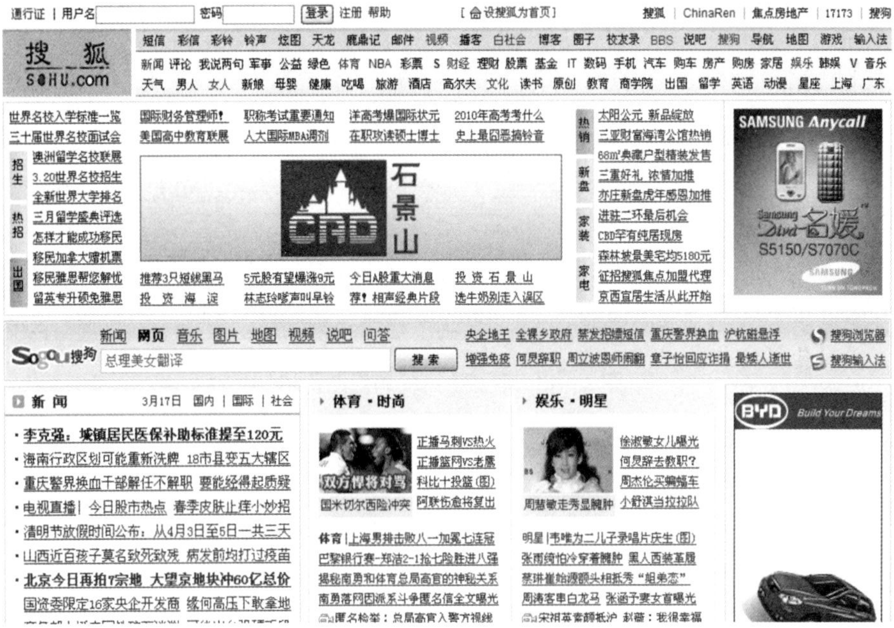

图 2－42　搜狐网站的分栏型版式

(2)满版型

这类版型的特点是页面以图像充满整版，主要以图像为诉求点，视觉传达效果直观而强烈。满版型给人以舒展、大方的感觉，通常为以产品展示为主的厂商所采纳。随着网速的提高，在 FLASH 网站设计中满版版式的运用也比较多，页面整体充实而饱满。比如联想电脑网站选择的是主推产品的满版型版式，这能最大限度地通过高分辨率来为用户带来较好的体验，即使是最大分辨率也不会留白，整体画面突出了产品的特点，表现力丰富。(见图 2—43)

图 2－43　联想电脑的满版型网站

(3)分割型

把整个页面分成上下或左右两部分，分别安排图片和文案。两个部分形成对比：有图片的部分感性而具活力，文案部分则理性而平静。通过调整图片及文案所占的面积，来调节对比的强弱。

分割型版面可以分为：上下分割型、左右分割型两类。（见图 2—44、图 2—45）

图 2－44　上下分割型版式示例

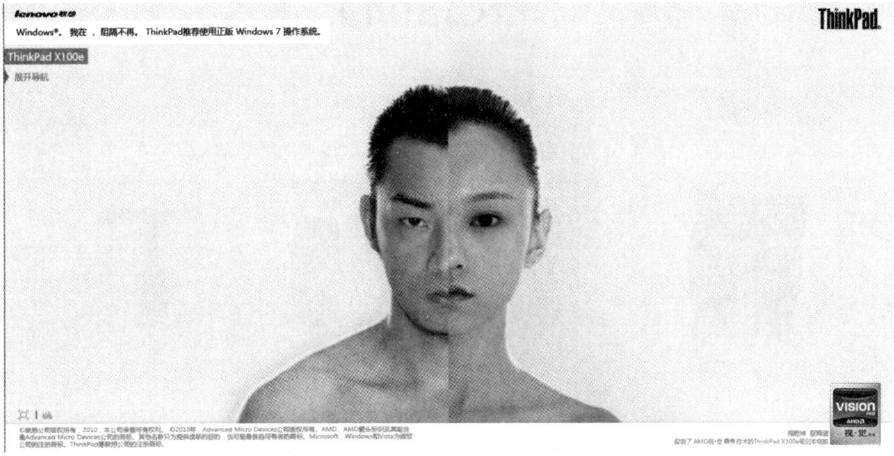

图 2－45　左右分割型版式示例

联想 ThinkPad 网站设计将整个版面分割为左右两部分，左侧男人脸与右侧女人脸图片的对接形成强烈对比，视觉冲击力大，突破常规的分割方式给人印象深刻。

(4)中轴型

将主视觉沿浏览器窗口的中间轴心位置呈水平、垂直方向排列的设计方式，文案等其他信息分布其中。沿中轴水平方向排列的版面给人稳定、安静、和平与含蓄之感；沿中轴垂直方向排列的版面给人强烈的动感。(见图 2—46)

采用这种版式设计的网页比较适合做活动网站首页。中轴型的网页往往会使人们的视觉中心比较容易集中在网页的中心，有利于突出重点内容，有很好的视觉导向作用。

中间的主视觉图既具备视觉效果功能，同时具有导航功能。整个页面干净、简洁，浏览者的目光集中在位于分割线上的这张图片上，起到了很好的视觉导向作用。

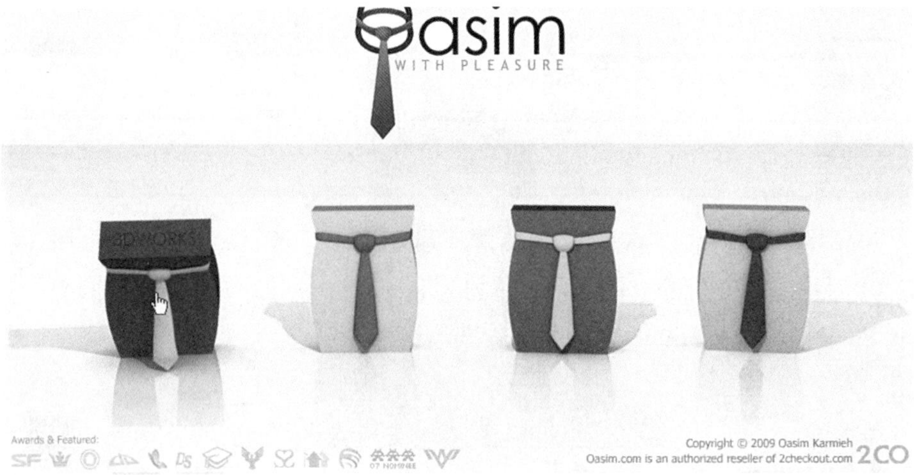

图 2－46　中轴型版式示例

(5)曲线型

曲线型版式设计是指图片和文字在页面上作曲线的分割或编排，能产生韵律与节奏的版式类型。采用曲线型版式设计可以形成流畅、潇洒、活泼的设计风格，突出网站的个性和魅力。曲线型版式是表现情感的最佳造型手段，灵活地运用自由曲线，可以打破水平线庄重和单调的感觉，给网页增加丰富、流畅、活泼的气氛。

图 2－47　曲线型版式示例

汽车网站设计通常很少采用曲线版式，画面中的汽车在曲线的贯穿下，车的跃动性能以及针对女性用户的特征通过画面直接表达，是比较成功的设计

(6)倾斜型

倾斜型版式是指页面的主体形象或多幅图片、文字作倾斜编排,用户的视线便会沿斜线方向移动,产生强烈的动荡、不稳定的态势,引人注目,有很强的视觉感染力。(见图2—48)

图2-48 倾斜型版式示例

网页中倾斜的女孩图片,"Why"在整个页面最吸引浏览者的注意力,给人一种活泼、轻快的感觉

(7)焦点型

焦点型设计直接以独立而轮廓分明的形象占据版面中心,视觉元素向版面中心做聚拢式的向心运动。(见图2—49)

图2-49 焦点型版式示例

硕大的足球占据整个页面中心,视觉焦点集中在上面,鼠标触发足球图案出现相应的动画展示,所有的信息均在足球里面体现,画面冲击力强

二、导航图标设计

研究表明,用户会花费大量时间察看按钮和导航菜单,因此,优秀的图标设计能起到吸引用户眼球的作用。导航图标设计是网站设计的重要组成要素之一。

随着电脑的更新换代,运行速度越来越快,在用户界面的设计上有了更大的发挥空间。很多页面导航增加了细节,运用了3D效果、阴影、透明甚至一些物理特性来修饰界面。其中有些效果能显著改善可用性,比如阴影能够更好地帮助用户区分激活与非激活状态的窗口,系统中的丰富但有效的动画效果能大大减少用户的学习成本,提高用户的点击欲望。

1. 写实图标的细节提炼

有的网站图标在设计中出现过多的细节和极高的写实性，让用户的关注焦点脱离这些图标所表达的概念。而作为设计师需要从中学会提炼使图标具备最基本的概念。

Lukas Mathis 在 *Realism in UI Design* 一文中针对图标设计方面提出很多建议，这些对我们有很大的启发。

(1)卡通形象的普适性体现在卡通程度越高，所能代表的物体就越多

从如下案例可以看出，如果为了表达一个概念而使用隐喻，视觉上的细节就必须减少。事实上，实际应用中我们所使用的界面控件一般不会去指代一个特定的东西。当然，细节也不能太少，保证必要的识别性是前提，至少要让用户看得出这是什么东西。

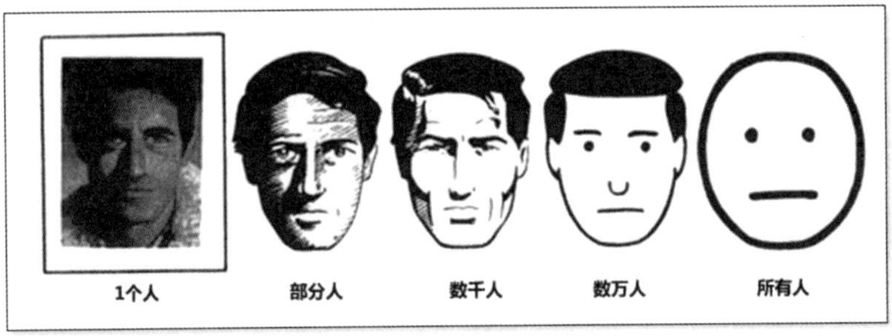

图 2－50　卡通形象的普适性

最左边的图显然是个特定的男士，而最右边那个笑脸形象几乎能指代任何一个人

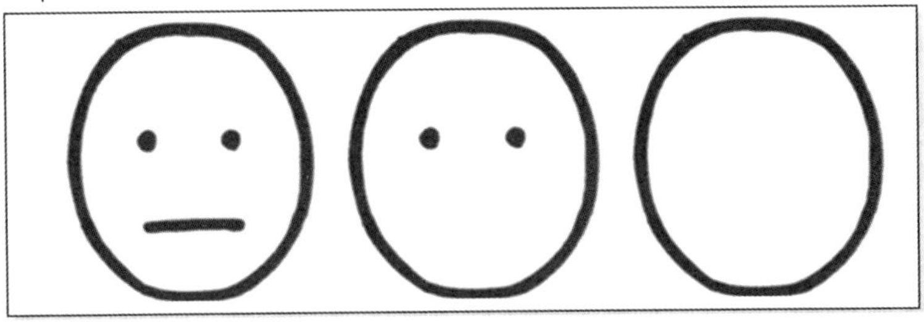

图 2－51　卡通形象应以识别性为前提

左边这个是人脸，右边这个就很难分清楚是蛋还是球了，图标的细节删减需以识别性为前提

再看一组来自电脑的实际案例，一个代表“主页”的图标：

图 2－52 “主页”Home 的概念变化

从左到右，我们看到从一间特定的房子到广义上的 Home 概念的变化，细节越多，越难搞清楚其指代的概念

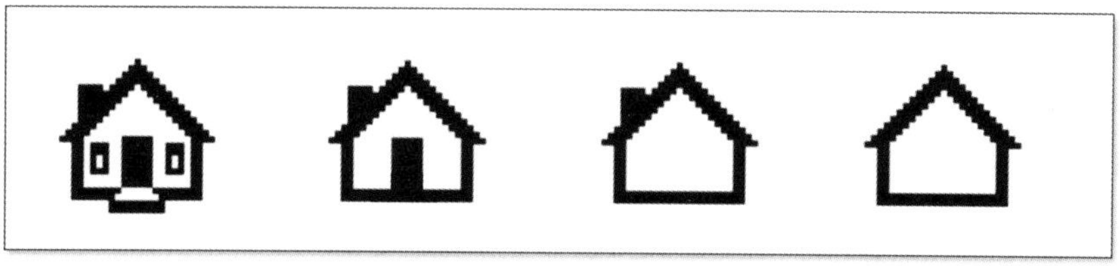

图 2－53 图标细节的删减应该保留关键细节

细节也不能过少，去掉窗子和烟囱之后这个 Home 图标就变得像一个⇧按键了

针对图标细节如何删减才能满足图标的概念表述以及用户识别度，Lukas Mathis 设定的一个图表大致能说明一些问题：

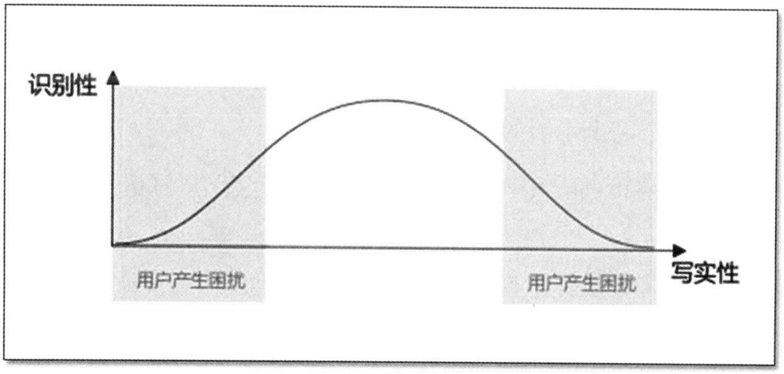

图 2－54 图表设计在“识别性”和“写实性”之间平衡示意

图表上的数值并不是来自实际测试中的数据，图表想说明优秀的图标设计应该出现在曲线的中间部分，视觉上只需要保证足够而不花哨的细节就可以了

(2)经过细节提炼的图标能准确地表达概念

什么样的细节是比较恰当的,什么样的细节是会让用户分心的呢? 从如下的示例中得出的答案,即合理地运用阴影、渐变等细节,让用户既能分辨得出这个元素,又能不分心于图形上的效果,才能够帮助我们打造美观而又可识别的界面。

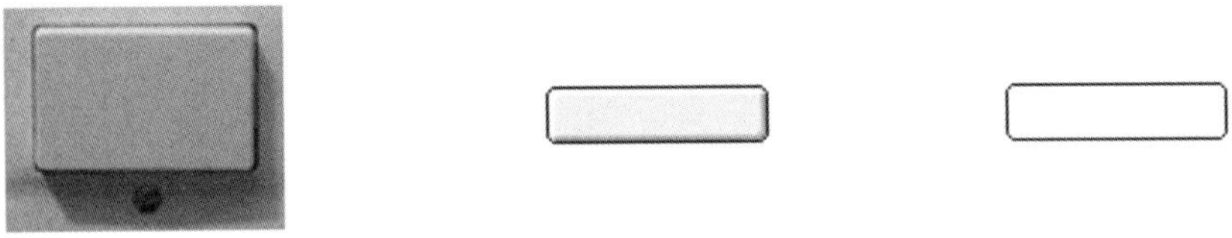

图 2-55 恰当的细节提炼 1

左边这个按钮太过写实,不适合放到界面当中,而右边的只有一个边框,也很难激起用户的点击欲望

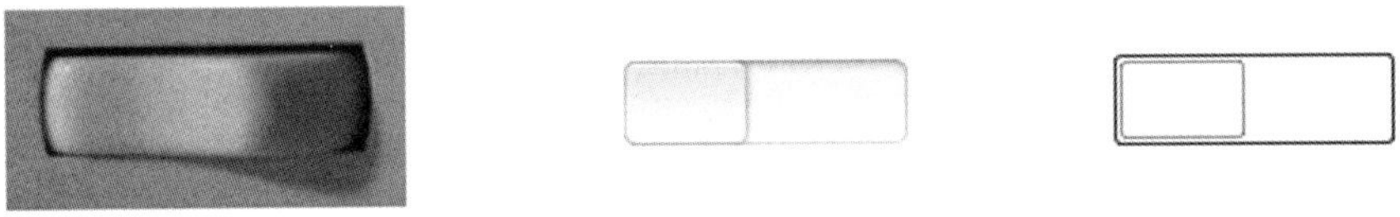

图 2-56 恰当的细节提炼 2

对于这个开关来说,过度的细节让左边这个按钮看起来就是一张照片而很难认为是界面的一部分

再看下面这两组图标设计的对比,图片中的物品都是数码相机,而它们给用户带来的是两个完全不同的概念。

也有一种特殊情况,在其他程序图标中比较特别,它只用来指代某种程序软件:

腾讯的 QQ 聊天软件图标使用的企鹅不是指代动物企鹅,而是用丰富的细节、形状和颜色特征让用户一眼就看出这是某款软件的图标;而 Lingoes 这个词霸翻译软件也正如它的图标所表现的,使用了一只鹦鹉来作为程序图标,使人联想到鹦鹉学舌从而判断这是与语言相关的软件;瑞星杀毒软件的小狮子卡卡图标非常成功,很多人虽然叫不出瑞星的名字,但都不会忘了有个狮子杀毒软件,而图标在这里表现的是软件的功能。在这种场合,我们需要表现的只是一

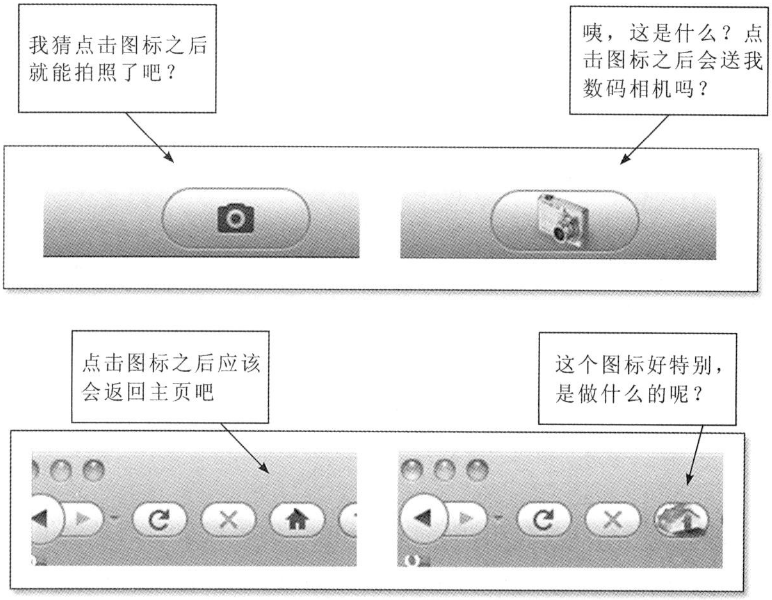

图2－57　不恰当的图标设计容易引起误解

图2－58　几种常见的程序图标

个特定程序而不是广义的概念，最终目的就是把图标和软件的品牌、价值直接联系起来，让用户一看就知道。所以，程序图标可供设计师发挥的空间还是很大的。

2. 图标切换设计

切换不同效果的图标设计，在网站的设计中被大量应用，并且逐渐成为一种趋势。并非所有的网站使用效果都好，在多数情况下，适当的应用图标切换按钮是相当有效的。例如，门户网站导航图标通常使用色彩、线条等简洁的图标切换效果，这些效果对于信息量大的网站来说，既满足了浏览者的认知需求，也与网站追求的海量信息、快速下载目标相吻合。

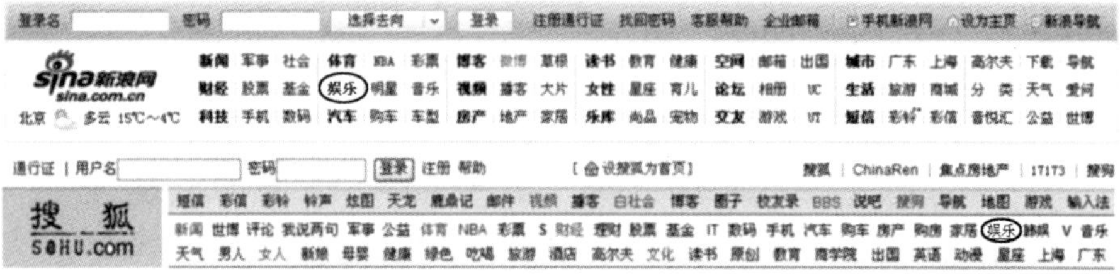

图 2－59　新浪和搜狐的不同切换效果

新浪导航的切换效果是鼠标切换后“娱乐”由黑色变成红色；搜狐导航的切换效果是鼠标切换后“娱乐”变成有下划线的图标

活动类型的网站以及商业型产品推广网站的导航更多的是突出个性以及视觉效果。以搜狐汽车旗舰店为例，采用了业界最流行的快捷功能区设计，即底边＋大图标设计，这种设置的方式符合用户在浏览完内容后鼠标在最短距离内的响应，便于用户的认知理解和记忆，而图形化设计则能提高用户的点击意愿。（见图 2—60）

图 2－60　搜狐汽车旗舰店图形化的图标设计

鼠标经过图标切换出更多信息，快速简洁告知用户

总之，图形用户界面就是一堆符号，而符号的精髓就是简洁，让用户快速准确地读懂符号及其背后的含义是设计师的重要责任，过多华而不实的写实性则可能带来可用性的问题。在设计中增加细节的目的不是让界面和图标看起来像照片那样真实，而是提高识别性，帮助用户更好地和各种控件进行交互操作。

三、字体的应用

研究显示，一般的网络浏览者不会花费时间去阅读大块的文本，无论它们有多重要或写得多好。因此，必须把这些大文本分解为若干小段落。突出重要的地方，放置点击的按钮也可以提高用户的注意力。

在进行页面文字的设计时，我们必须尊重用户的阅读习惯，尤其是文字在页面中的辨识度等问题。如何有效地体现最佳效果，需完善文字的字体、字号以及行距、字间距之间的关系。以信息内容展现为主的门户类网站为例，经过多年的用户阅读习惯培养，用户逐渐接受并适应如下字体规范。

1. 字体、字号、字色

中文字体的网页设计首先要基于电脑默认安装的基本字体来进行设计，比如：黑体、宋体、楷体、隶书、幼圆，但这些字体小于 12 像素时，基本能清楚识别的就剩宋体了。一般网站的字体选择“宋体”（Windows 系统宋体，SimSun），而新闻头条则会使用“黑体”或“微软雅黑”等字体，与内容正文进行视觉的区分。

在字号的选择上，使用 12 号和 14 号宋体字比较常见，目录页用小字号，这样能放更多的导读信息；而正文页用大字号，使浏览者阅读起来比较舒服。在阅读文字中尽量少使用“斜体”、“抗锯齿”等效果，慎用不容易看清楚的楷体，避免干扰用户的文章阅读。

为了实现更好的用户体验，网站对字色的规范非常严格：每个页面中只能使用一种链接字色，它与无链接辅助性的文字颜色不同。另外，对文字点击访问的状态明确要求，点击访问过的标题字色与鼠标悬停或点击时的颜色不同。

2. 行距

文字的间距规律是：字距小于行距，行距小于段距，段距小于块距。12 号和 14 号宋体字的行距通常在 22～26 像素左右。以 12 号字为主的信息新闻区中，

文字链列表行高通常在 22 像素。（见图 2—61）

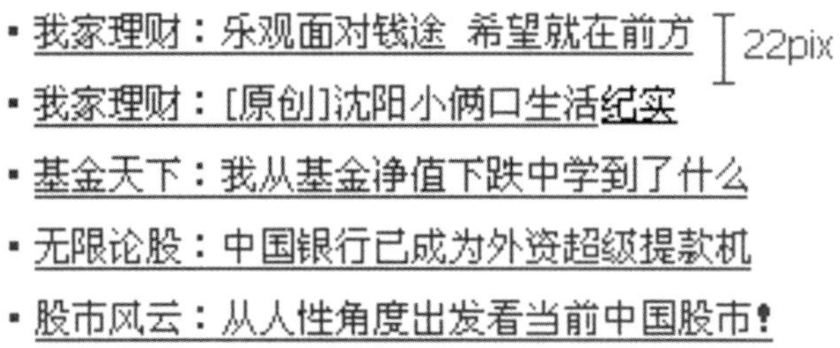

图 2－61　行高为 22 像素的网页行距设计

文字链列表行高 24 像素多用于宽屏、时尚、娱乐类频道。（见图 2—62）

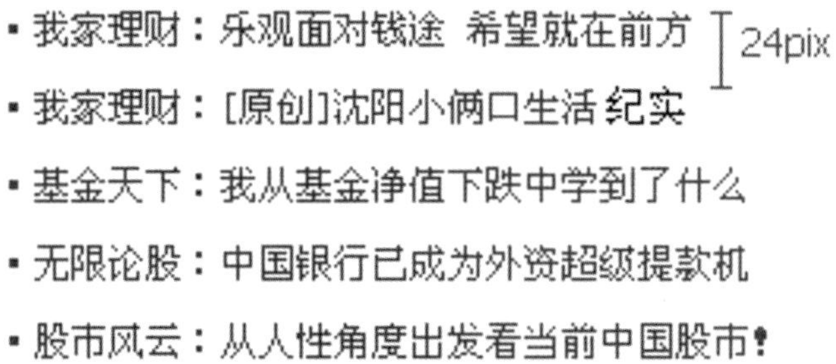

图 2－62　行高为 24 像素的网页行距设计

以 14 号字为主的信息新闻区中，文字链列表行高通常为 24 像素。（见图 2—63）

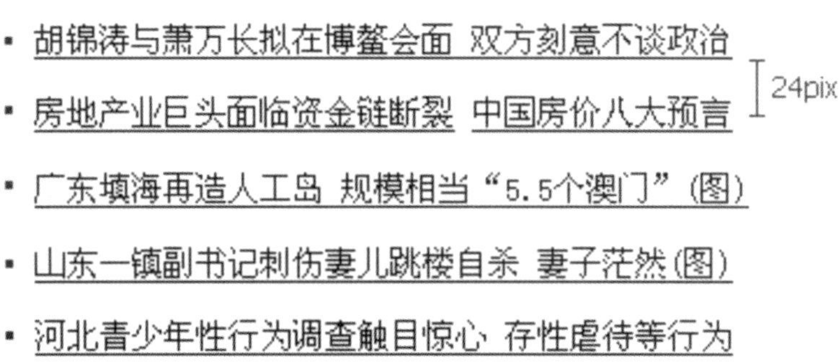

图 2－63　行高为 24 像素的门户网站新闻网页

文字链列表 26 像素行高多用于宽屏、时尚、娱乐类网页。（见图 2—64）

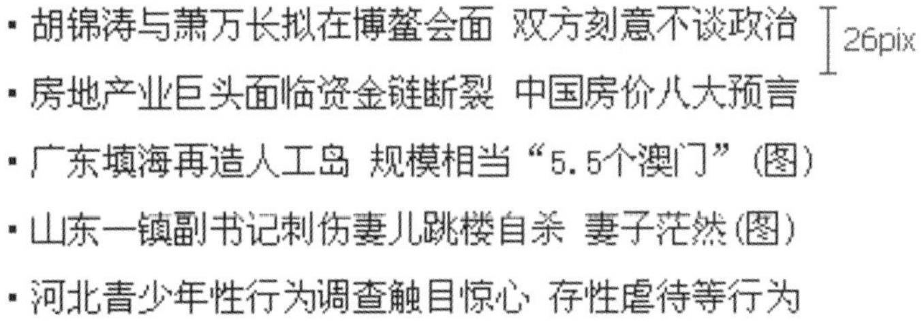

图 2－64　行高为 26 像素的门户网站时尚、娱乐网页

3. 下划线

在文中使用粗体、大写、彩体、下划线可以帮助用户获取正文所要表达的最主要的信息。但使用时需要谨慎，因为过多使用会使网页难以阅读。在互联网早期，标题下划线传达了一种信息，即点击进入浏览更多。经过多年的变迁以及信息量的增加，网页整篇出现大面积的下划线链接，视觉上感觉压抑并且整体的页面显得杂乱无章。

在这方面，搜狐、雅虎、网易、QQ 等门户网站形成共识取消标题下划线，这样的画面看上去非常整洁、舒适，没有压抑感。

新浪网站没有做过多的调整，或许是考虑到忠实用户群体多年来已经培养起阅读习惯。虽然用户习惯比较重要，但用户体验也是很关键的一部分，在页面设计上，我们需要避免用户习惯成为创新的绊脚石。

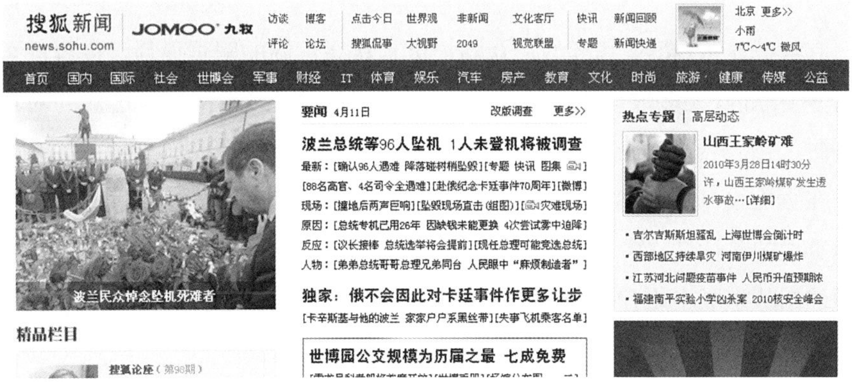

图 2－65 取消了标题文字链下划线的 Sohu.com 和 QQ.com 画面整洁，视觉舒适

图 2－66 Sina.com 满篇下划线，画面感觉紧凑、密集

4. 文字对比

有数据显示，超过 47％的大众用户更喜欢亮色调的网页设计。内容的可读性是主要原因，大多数的用户不喜欢在深背景看到亮文字内容，这样的对比效果刺眼，给人不舒服的感觉。

在页面设计时应遵循的规律是：内容信息量大的网站采用亮色调的设计，突出页面的易读性；而产品展示为主的商业型网站，需要通过绚丽的色彩以及华丽的图片来吸引用户，因此，多采用饱和度较高的彩色调来体现。我们应该根据网页的具体风格要求来进行选择。

很多深色调的网页，有的很优秀，能吸引、打动广大浏览者，但有很大一部分的网页存在的问题是不易读，没有吸引力，很少打破传统的设计模式。

大多数深色调的网站容易导致视觉疲劳，主要原因是或多或少忽视了对比。如何找到平衡点？如果我们在一个漆黑的屋子里，突然遇到很强的亮光会感觉不适应。但是，如果我们在一个稍微有点弱光的屋子待一会然后再看亮光的话自然会好一些。这个规则同样适用于网页设计，即在深背景与亮色调之间找到对比平衡点。

四、色彩的运用

色彩是网站设计中最重要的一个环节，但往往也是在通盘决定之后最容易被忽视的环节。色彩帮助用户解读信息，大多数用户对网站用色的评判是在下意识里完成的。他们可能不会说出对色彩的意见，但他们潜意识里却对此很介意。

成功的网站对于色彩的使用也很讲究，有时用户会因为颜色而记住它。例如对于紫色这一颜色的使用，用户首先会想到用得很棒的网站应该是 Yahoo!，这已经成为其品牌标识系统的重要环节。

在网页设计时需要了解物理学和心理学中有关颜色的理论，以此来优化用户体验。

1. 物理学颜色理论

(1)反射颜色

我们周围的世界五颜六色。当物体受到光线照射时，将会把某些波长的光反射到眼睛里。举例来说，纯粹的白光照射苹果，除红色外，所有的颜色光都会被吸收。红色是唯一反射出来能看到的光，因此，人们认为苹果的颜色是红色的。我们所说的颜色，实质上是：某些波长的光在被物体反射回来的过程中被削减。

(2)加法颜色

进行网站设计时，先了解一下显示器的加法颜色，它用一种非常不同的方式显示颜色。因为它自己产生光，自己产生颜色。一般来说，产生丰富色彩的三原色是红、绿、蓝。电脑显示器有着非常高的像素分辨率，因此它并不是逐点使用“加法”颜色的。计算机显示器以一种抖动的形式显示颜色。

2. 配色方案

(1)互补色配色

在网页中，使用互补色是美化艺术设计的重要手段。高对比度、完全饱和的互补色能使页面充满活力，一旦应用不好将会使页面不和谐。互补色在其他领域也一样适用。比如在超市货架上，一些色彩鲜明的产品放在一起，百花齐放反而没有重点，如果把互补色的产品放在一起，它们会互相凸显。

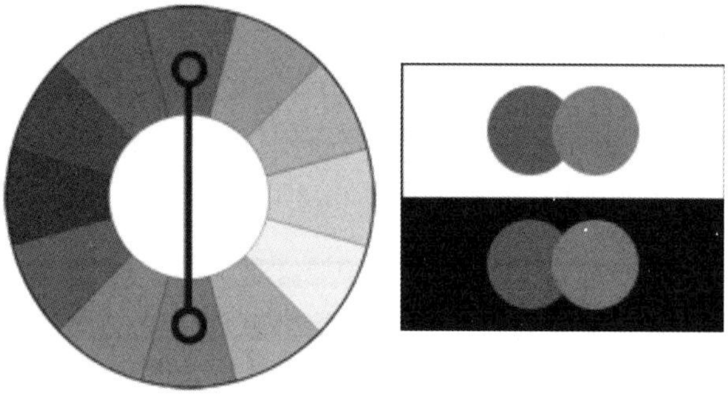

图 2-67　以色轮作为配色的基本依据——互补色

色轮中相互对立的颜色就被认为是互补的颜色(例如：红色和绿色)

我们试着做一个小实验：盯住某一种颜色看一分钟，然后闭上你的眼睛。你会看到被称之为“对比色”的颜色。这种颜色通常是存在于“色相环”中“相对”的方向。

比如，医生整天盯着血液(暗红色)，当他闭上眼睛，会看到“互补色”——淡绿色。因此，医院的墙一般都被刷成一尘不染的淡绿色。虽说这可能算不上什么高科技，但“互补性”的色彩系统确实能镇静我们的视觉系统。如果人们在建造医院时都可以受益于色彩理论，在网页设计时同样也可以。

(2)近似色配色

近似色是最安全的选择。它们通常匹配良好,创造宁静、舒适的设计效果。类似、相近的颜色给人的感觉是非常和谐、美观。当我们在页面中使用了类似的配色方案时,在页面中需要有足够的对比度。

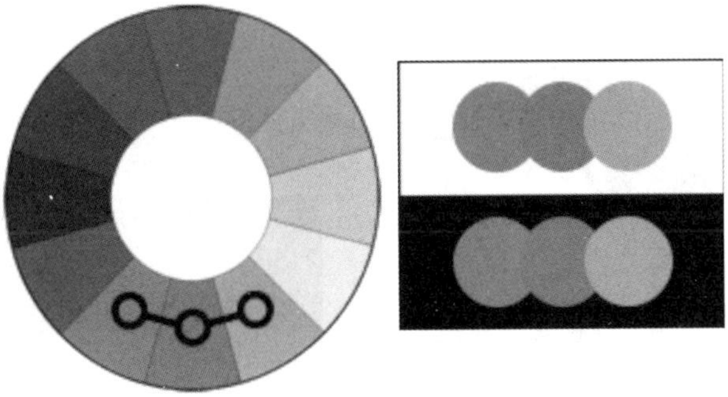

图 2－68　以色轮作为配色的基本依据——近似色

近似的配色方案中使用的颜色是色轮中临近的颜色

(3)三角配色

通常设计者会选择均匀的轮间距离的三个颜色,这种色彩组合被称为颜色三角,此颜色搭配方案往往是非常活跃的。

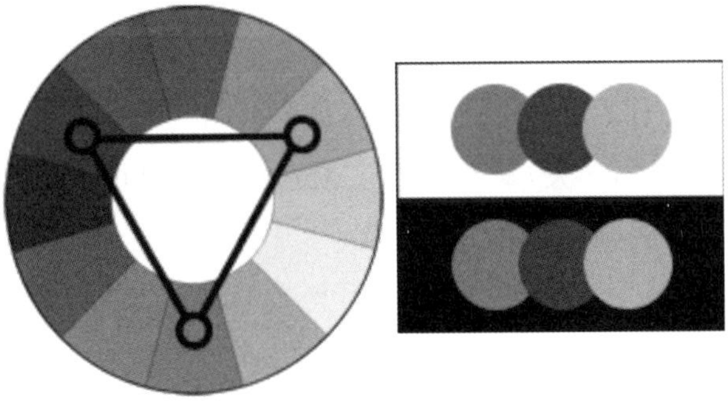

图 2－69　三角配色方案

(4)矩形选色

矩形选色法不仅是最复杂的,而且是最难弄懂的。实际上这种选色方法相当简单,只需画一个矩形撑住色相环,矩形的四个角就会各压住一个色相。在设计页面中应用此配色方案要很慎重,否则很容易造成页面花哨、杂乱。

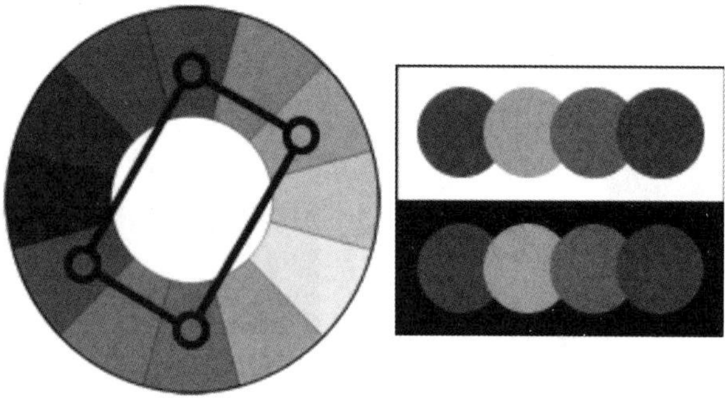

图2-70 矩形选色方案

3. 心理学颜色理论

颜色是重要的表达工具,可以用它来跨越语言交流的障碍。每种颜色都有自己的明度和情绪,颜色传达着情绪和情感。下面一起来看看各种颜色的含义。

(1)暖色系

暖色比冷色更有亲近感,主要包括红色和黄色。

红色:热情,浪漫,火灾,暴力,侵略。红色也表示停止、信号警告或禁止。

黄色:亮度,照明,疾病,懦弱。

(2)冷色系

冷色比暖色更有距离感,主要包括紫色、蓝色和绿色。

紫色:创造力,神秘,(紫红色)版税,神秘,稀有性。

蓝色:忠诚,安全,保守,宁静,冷漠,悲伤。轻蓝调创造一种开放的感觉,适于清新的空气和新鲜度,而暗蓝色传达的是传统、信任和坚定。

绿色:自然,生育,生长,羡慕。

(3)中性色

中性色对情绪的影响更小,因此常被考虑用来做客观呈现。然而,若用得好,中立色依然可以有暗示意义。“纯”黑和“纯”白是理想的“光明”和“黑暗”的色彩代表。

黑:权力,精致,现代的风格,死亡,发病率,恶,夜晚。

白:纯洁,无辜,恢复,中立,永恒。

网页设计中与企业相关的颜色选择,尽量避免与其品牌及产品冲突。像可口可乐这样的知名品牌,可以大胆的使用可口可乐红色。然而,很少有企业的品牌名称比品牌的颜色更强大。为知名度较低的企业设计网站时需要认真考虑色彩的选择。某些颜色与业务工作的具体类型息息相关。

有研究表明,蓝色对神经系统有放松作用,在办公区作为背景颜色使用,可以提高工作效率。不过,如果是与食物相关的页面设计,则不建议使用蓝色的配色方案,因为蓝色是一种自然食欲抑制剂。蓝色和绿色还可以配合户外用品、航空、医疗服务、律师事务所和学术内容,这些颜色可以反映信托或宽松的态度。温暖的颜色,如红色、黄色和橙色,通常称为“节日调色板”,可以在工作的地点和餐馆尽情使用。白色和黑褐色的颜色则可以成功地使用在巧克力产品的网站上。

(4)文化特征对色彩应用的影响

如何选择最有效的颜色才能正确地传达产品或服务的品牌信息是设计师一直在思考的问题。每个人都有不同的文化背景,因此对颜色的感受也不尽相同。因此,合理运用色彩非常重要。

在颜色的选择上,首先需要考虑谁是网站的潜在用户。

不同年龄的访问者对颜色的感知差异很大,年轻用户更容易被色彩饱和的色彩吸引,而强烈的色彩对比可能会造成其他用户离开。同时,虽然年轻用户能够对饱和的色彩积极回应,但文本和背景颜色选择不当,会影响到可读性,造成视觉障碍。

同时，网站的潜在用户可能来自全球，因此有必要知道主要用户群体来自哪里，以便了解用户的文化背景。例如，在中国传统文化里，紫色是尊贵的颜色，如北京故宫又称为“紫禁城”，亦有所谓“紫气东来”之说。但在西方文化中紫色则代表死亡、幽灵、噩梦，下面是一组来自东西方对色彩的认知差异数据。（见表2—3）

表2-3　东西方色彩认知方式差异表

象征	色彩	中国(%)	色彩	欧美(%)
安全	绿色	62.2	绿色	61.4
冷	白色	71.5	蓝色	96.1
小心	黄色	44.8	黄色	81.8
前进	绿色	44.7	绿色	99.2
打开	绿色	22.3	红色	50.4
热	红色	31.3	红色	94.4
危险	红色	64.4	红色	89.8
关闭	黑色	53.5	蓝色	31.5
停止	红色	48.5	红色	100

四、如何将色彩应用在网页设计中

当访问者首次浏览网站首页，色彩也会影响他们对于内容的态度。这个网站是令人兴奋的？安心的？大胆的？保守的？还是有政治气息的？正式的？

色彩与排版一样影响着人们如何解释他们所看到的东西。寻找正确的色彩并不容易，但是过程却是系统的。设计专业的网站，配色方案依赖于网站的本质。比如，银行或网上花店都可以做成使用户信赖的专业网站。但是人们不太可能从一个由黑蓝色和海洋灰组成的网站上购买鲜花。如果银行的网站满眼紫罗兰和黄绿色的样子，用户会很迷惑：这是银行网站吗？这样的色彩应用，给用户传达一种不能信赖的信息。专业的网站，无论应用的是什么色调和色值的色彩，都应该是协调的、井然有序的并且是经过深思熟虑的。

对设计师而言,使用色彩的最好方式就是从灰度、无色开始。在担心何种色度的黄绿色用起来更好之前,从设计中去掉色彩可以暴露出那些必须解决的基本问题。如果设计在黑白色下感觉不和谐,则需要解决最基本的问题。色彩提供了明确页面的目的、引导读者关注内容、清晰文章标题等功能,但是对排版、字体和内容组织问题的解决,无法通过色彩这一环节单独完成。设计页面的时候,首先应该抽去色彩,看到页面的实质,这一简单的办法能显示网站的目标立场。因此,有时去掉色彩本身就是一种解决方法。

(本部分内容参考的英文资料为:Creating Consistently Colorful User Experiences:Part 1,Theory. 作者为 Avatar,网址为 http://www. uxbooth. com/blog/creating-consistently-colorful-user-experiences-part-1-theory/)

五、页面测试发布

版式设计时需要了解用户的屏幕尺寸及用户使用情况,再进行页面的设计布局,而页面测试发布阶段需要注意的是所有用户在不同的浏览器软件中,能看到显示一致的页面,而不出现页面分割、文字折行等错误。

在中国浏览器市场份额中,微软的 IE 浏览器曾经一度以 96%的市场份额统治了中国市场,由于国内浏览器的日益普及,微软的市场份额已经下降到 57.8%,是有史以来的最低市场份额。按照 iResearch 的统计,国内的浏览器如傲游、腾讯 TT 和奇虎 360 的 360 安全浏览器的市场份额合计达到 31.1%。

从数据来看,目前主流的浏览器软件有 IE、火狐、傲游、腾讯 TT、360 安全浏览器、搜狗浏览器,使用其中任何一个浏览器可以轻易地看到网页,但使用其他的浏览器时则有可能发现输出不正常。这是因为每个浏览器对 HTML 和 CSS 的处理方式都不一样。

浏览器品牌和版本是页面代码工程师最关注的,因为同样的呈现效果可能在不同的浏览器中有不同的代码写法,工程师需要特别处理才能保持页面有良好的通用性。浏览器还有不同的有效显示面积,比如默认设置的 IE6 和 IE7;不同的样式风格或者皮肤的变化因素会影响网页实际呈现效果,值得网页设计师注意。

为提高页面的普适性，需要为每个浏览器准备一个 CSS 文档，这样所有浏览器都可以正常浏览。虽然这难度很大，但指望一个 CSS 文档来满足所有浏览器是不可能的。

以淘宝网为例，使用搜狗 2.0 浏览器、360 安全浏览器、IE7 浏览器、傲游、火狐浏览器访问的淘宝首页，看到页面呈现的结果都一样，通用性较好。（见图 2—71、图 2—72、图 2—73、图 2—74、图 2—75）

图 2－71 淘宝网首页在搜狗 2.0 浏览器上的呈现效果

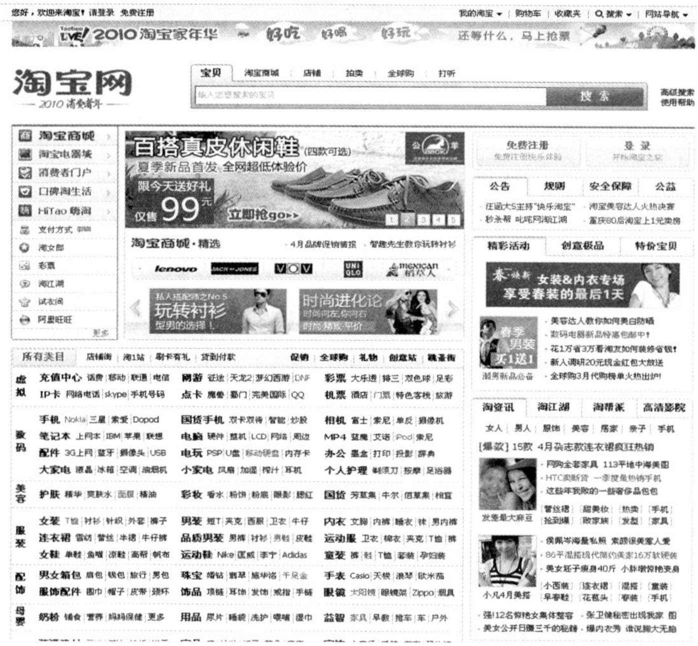

图 2－72　淘宝网首页在奇虎 360 浏览器上的呈现效果

图 2－73　淘宝网首页在 IE7 浏览器上的呈现效果

图 2－74　淘宝网首页在傲游浏览器上的呈现效果

图 2－75　淘宝网首页在火狐浏览器上的呈现效果

【思考题】

1. 什么是网络传播界面？依托互动界面的网络信息处理的过程是怎样的？
2. 网站在结构设计上的物理结构包括哪几种类型？
3. 网站在结构设计上的逻辑结构包括哪几种类型？
4. 网站在功能设计上包括哪些内容？
5. 眼动跟踪系统的研究结果对于界面设计有什么作用？
6. 界面布局规划要考虑哪些内容？
7. 网站页面设计包括哪些内容？
8. 页面在整体上的版式结构布局有哪些类型？
9. 页面的具体版式类型有哪些？
10. 导航图标设计包括哪些环节？
11. 页面的颜色搭配大致有哪几种方式？
12. 请选择某一网站具体分析某一网页的配色是否合理。

第三章 网络传播形态

互联网作为一种技术媒介，其设计之初就是以平等、共享、开放作为基础理念，其以用户为中心的界面设计思路，又把用户进入互联网的门槛降到了最低。因此，无论是专业化的媒介组织、一般性的社会机构还是普通的用户，在具备基本的软硬件条件后，都可以遵循互联网通行的运行规则，以传播者的身份传播信息。按照通行的以传播主体的身份来划分传播类型的方法，人类迄今所出现的四种体外化传播方式——人际传播、群体传播、组织传播和大众传播，都可以通过互联网得以实现。由于技术基础和传播机制的不同，各种传播类型之间也有较大的差异。

第一节 基于网络的人际传播

人际传播是指个人对个人的信息传播，既包括不借助任何物质设备的面对面的交流(Face to Face)，也包括借助一定的物质载体实现的有一定距离的信息交流，如打电话、书信交流等。这种传播方式由于传播对象和传播目的极为明确，传播过程可控性强，利于信息的即时或延时反馈，因此传受过程中的互动程度较高。这是人类最早出现的一种体外化的传播形态，在增进人与人之间的互信和情感方面起到了无可替代的作用，是人类经历的部落化时代中具有统治地位的传播方式。即使在今天大众传播媒介日益深入而广泛地占据了大量的传播通路，人际传播依然扮演着重要的角色，而技术只不过是在一定程度上改变了人际沟通的方式并使人与人之间的信息传播更为便捷罢了。互联网就是这样一种技术媒介，它一出现就作为人际传播的辅助工具而大受欢迎，这是互联网诞生之初所表现出来的最重要的功能。人们借助互联网可以更好地进行远距离的人际交流，将信息时代人们高度依赖的信息快速地、批量地进行传播，从而将人际传播带入了“屏对面”(Screen to Face)时代，即人与人之间的交流是面向计算机屏幕进行的，而每个屏幕后面都是操纵屏幕的具体的人。这是一种全新的人际传播方式，技术作为中介所具有的积极的和消极的影响，在网络人际传播方式中都得到了充分的体现。

一、网络人际传播的功能

人际传播是人类体外信息传播的第一种形式，是人类为适应社会化需求而逐渐形成的一种传播技能。无论传播工具和传播媒介发生了多大的变化，人际传播在促进人的社会化这一核心功能上依然没有变化，网络人际传播依然如此。所谓社会化，是指一个人出生后从“自然人”成长为“社会人”的过程，即生命个体通过语言、知识、技能、行为准则、价值观念等内容的学习以适应社会环境的全过程，这一过程包括促进人格的形成和完善、形成自我价值观念、传递社会文化、获得社会生活技能以及社会角色定位等方面的内容。在互联网这一技术媒介的辅助下，这一核心功能可以分解为以下四个满足个体基本需求的次级功能上：

一是通过人际传播获得相关信息以辅助决策。信息就是用来减少不确定性的任何事物，尽管大众传播媒介能够提供大量的信息，但通过人际渠道获得的信息依然是必不可少的，尤其是那些事关重要决定的时候，往往通过人际传播这种方式所获得的信息是最能影响一个人决策的信息源，因为人际交往过程中培养起来的信任感是最有说服力的。互联网提供的人际交流和沟通的工具在很大程度上拉近了人与人之间的距离，对于需要的信息，人们很容易从朋友、同事、同学等人际社会网络获得，所花费的成本也极低。有了互联网，人际传播的频率、速度和效率大大提高了，每个人获得的信息与以往相比都呈指数级提高。

二是通过人际传播建立社会协作关系。人是社会性的动物，为完成较为复杂的任务，人与人之间需要相互协作才能更好地应对各种挑战，而互联网则提供了一个非常便捷的协作通道。互联网建立的初衷，很大程度上就是为方便共同开发程序、协同完成任务而建立的工作组。作为网络人际传播典型形式的电子邮件、即时通讯工具等，承担了大量的建立社会协作关系的工作。无论两个人相距多远，只要能够接入国际互联网络，两个人的沟通协调都会变得很顺畅。在互联网技术的支持下，发生在地球上任何一个角落的人际协作已经变得没有距离，真正达到了古人所说的"天涯若比邻"的境界。维基百科就是通过人际传播建立协作关系，从而以远距离协作实现知识积累和智慧汇聚的典型形式。

三是通过人际传播来实现自我认知和相互认知。互联网作为人际传播的工具和载体，使得用户在使用互联网进行人际交流和沟通时，都会不同程度地留下"痕迹"，并会引发其他用户作出反应，而基于互联网的互动则会促进用户的自我认知和相互认知。比如，用户通常都会在自己的即时通讯上设置个性化的签名，别人就会据此对该用户的心情或情绪作出判断；博客或微博上的发言有利于别人对自己的认知，而对方对其言论的反应或评价则有利于自我评价和判断。对于有些人来说，以展示给别人看为主要动机的博客或微博内容，在经过一段时间后则会成为重新认识自己的最有价值的内容，因为这些网络产品上面所提供的信息是非常精确的（发布时间甚至可以精确到"秒"），它们不但成为他人认识自己的最重要的信息来源，同时也是自我认知的一面镜子。

最后，通过人际传播可以满足人的精神和心理需求。每个人都希望得到社会和他人的认可，都在追求高层次的需求，包括情感需求、归属需求、支配需求等，由互联网实现的人际传播有利于这些需求的满足。尤其是归属需求，通过互联网与他人交往建立某种联系，可以摆脱心灵孤独的状态，获得心理的满足感。比如，博客用户撰写博客文章的主要动力来源于其他用户的赞扬和支持，这种满足对于某些用户来说要比现实生活中更容易实现，更有成就感。

二、网络人际传播的方式

通过网络实现人际传播的方式主要有电子邮件、即时通讯工具会话、博客

(播客)、微博等几种方式。

1. 电子邮件

通过电子邮件传播信息是最早出现也是适用面最广的网络人际传播方式，之所以广受欢迎，是因为这一人际沟通方式有如下优势：

一是可以打破地域的限制迅速到达目的地，准确而便捷。电子邮件传送的速度往往取决于网速，与地域和距离远近没有直接的关系，甚至空间距离远的地方比距离近的地方能更快接收到信件。通常电子邮件被送达的准确率很高，“误投”的可能性很小。

二是可以实现多媒体信息的传播。电子邮件除了以文字为主要的信息载体外，还可以使用声音、图像、视频等以附件的形式传播更多、更丰富的信息，从而更好地达到信息传播的目的。

三是便于对信息的管理。在与他人进行信息交换中，如何对以往信息有效管理以提高信息传播的效率是信息时代面临的最大问题。由于以往的电子邮件都能存储在邮箱里，利用搜索工具，可以方便地查找以往的邮件内容，从而有效地管理用于沟通、交流的信息。比如，搜狐邮箱就提供邮件搜索功能，在邮箱页面的搜索框中提交关键字进行搜索，以往电子邮件中包含这一关键字的邮件会按照时间顺序罗列出来，大大方便了用户对既往信息的回溯，提高了沟通和交流的效率。

四是便于信息接收者控制传播进程。什么时候打开邮件、什么时候回复邮件，是由信息的接收者来控制的，接收者要比其他的人际交往方式拥有更大的主动权。目前的技术支持定时发送功能，接收者在什么时候回信可以人为设定，其准确程度甚至可以精确到“秒”，这就给信息接收者以充裕的空间灵活处理与信息发送者之间的互动。有的邮箱嵌入了类似于 IM 的插件，用户可以在查阅邮件的同时，与在线联系人直接交流，比如 Yahoo 邮箱、Gmail 邮箱就提供这种服务。

2. 即时通讯工具会话(聊天)

尽管 BBS 依然还有许多用户使用，但越来越多的用户选择论坛或通过即时通讯工具进行会话。这是一种高效的、定向的、即时性的会话、聊天方式，主要通过即时通信工具如QQ、MSN等进行以一对一为主要形式的信息交流（多人同时会话就是一对多的交流方式）。

即时通讯工具会话既可以发生在相互添加为好友的熟人之间，这是此类会话最重要的形式；也可以在不熟悉但对共同的信息感兴趣的陌生人之间进行，比如搜狐网提供的“小纸条”就具有即时通讯的功能，当浏览了同一则新闻的用户想彼此交流时，页面下端的图标会显示在线用户的用户名，点击该用户就可以发送即时信息，如果对方愿意交流，会话就会发生。基于熟人之间和基于共同信息的即时通讯工具会话是两种主要的会话形式。

网络会话是一种借助中介物而非面对面的交流方式，虽然相对于面对面的交流在信息上有损耗，但带给用户的方便是显而易见的。

一是打破空间限制的即时性。常规的即时会话发生的场景多为面对面或通过电话进行，电话虽然也可以突破空间的限制，但往往费用较高，而且只能通过语音的形式进行交流。即时通讯工具不但可以突破空间限制传递即时性息，而且所花费的货币成本极为低廉。

二是可以通过多种媒介渠道实现信息的传递。会话双方不但可以通过文字、动漫表情传情达意，还可以通过语音、视频进行沟通。也就是说，在即时通讯工具提供的界面上，会话可以诉诸受传者的多种感官，多渠道地传递信息。因此，以即时通讯工具为中介的会话能够在最大程度上模拟面对面会话的场景，有利于实现传播效果的最大化。

三是可以实现一对多的人际传播。通过即时通讯工具提供的群组功能，可以实现多人同时在线，在这个群组中，一个人发布的信息可以被多人同步接收，大大提高了沟通的效率。因此，即时通讯工具有时也被用来召开在线会议，而群组会话传播的信息可以是多渠道、多媒介形式的，在某种程度上比实际面对面的会议更为高效和便捷。

3. 基于博客文章的人际传播

博客是一种基于信息界面而实现的人际传播方式，博客文章的撰写者和浏览者是以博文信息作为沟通的纽带，因此传受双方间的关系是临时性的、不稳定的，这与通过电子邮件、即时通讯工具所进行的人际沟通是不同的。这种人际传播关系的建立是以共同兴趣为基础的，以共同感兴趣的话题或观点作为聚合的粘合剂。因此，建立在博客基础上的人际传播行为，取决于博客内容的质量以及博主的互动意向。当博文浏览者留言或作出评论后，如果博主作出回应，双方之间的关系才有可能继续深化下去，否则就只是一种单向传播关系。尽管这也是人际传播的范畴，但这种传播方式的质量不高。

当浏览者对博主的博文很感兴趣并愿意让更多人关注时，浏览者对博文的转发也属于人际传播行为，而由浏览者向其他用户转发的这种二次传播行为，则是一种定向传播过程，因为浏览者会在一定程度上了解他所转发对象的身份。由浏览者转发博文所实现的二次传播，是博客人际传播的重要特点，而这种传播的基础依然是博文本身的质量和价值。因此，浏览者对博客文章留言和评论成为人际传播实现的重要机制，这相当于向博主发出了互动沟通的信号，使得博主和浏览者之间能够建立起沟通渠道，而浏览者对于博客文章质量和价值的深度认可也为浏览者之间基于信息的人际交流提供了机会。

4. 基于微博信息的人际传播

微博这种以即时信息共享为特点的网络产品，因不超过 140 字的信息发送限制而被称为微型博客或即时博客，但这种便捷发布信息并提供即时更新的媒介却与博客有很大区别。微博的低门槛和便于用户自我管理的产品特点，允许用户将任何一个微博主添加为自己关注的对象，当微博主一旦对信息做了更新后，信息会即时呈现在用户页面上，用户会及时了解自己关注的微博主的动向和最新想法。

可见，“即时性”是微博信息传播的最大特点，也是以微博信息价值为基础的人际传播的优势所在。对于微博主而言，所发布的信息只要有人关注，就会形成人际传播，是一种典型的“一对多”的人际传播方式，因为一般的微博信息都有可能被多人浏览。当用户浏览了微博主的信息并加以评论，就实现了互动传播。如果微博主对浏览者的评论作出回应，人际传播就会继续向前延伸，信息的容量因此而进一步扩大。正是微博所具有的便捷性的特点，大大方便了用户随时加入人际传播网络。从这个意义上说，基于微博信息的人际传播是一种最活跃的在线人际传播方式，信息传播的速率和人际传播的频率都变得更为快速。

这种人际传播方式是典型的节点传播行为，也就是说，每一个微博用户都可以随时、随地、随意关注其他用户传播的信息，也可能成为被关注的对象，每个人都是信息网络中的一个节点。不但如此，微博用户对于他所关注的用户发布的信息也会做出评论，这些内容都会集成在用户的页面上，只要有人关注了该用户，连同上面的评价信息也会被一起浏览，这些增殖的信息连同微博用户本身都成为节点，都有可能在网络空间里被广泛传播。在微博网络里，人际传播的链条会通过链接不断累加，人际传播已经打破了以往的线性链条，变成了彼此都可能发生关系的网状结构。

第二节　基于网络的社群传播

在现实社会里存在着各种各样的群体，在这些由不同成员组成的集合里，成员间的关系比较明确，有持续的相互交往行为，有一致的群体意识和规范，有一定的分工协作和一致的行为目标。当互联网出现后，这样的群体集合出现在网络里，就成为网络群体。在网络技术的支持下，这样的群体在表现形态上多种多样，但都以网络社区作为最基本的聚合形式。通常网络社区既指网站类型，也指网络团体。为便于区分和理解，本书采用台湾地区学者的称谓，将聚合于网络社区中的群体称为网络社群。所谓网络社群，是指互联网上因某种需求而聚集的群体，是围绕着共同的利益或目的而组织起来的在网络虚拟世界进行共同活动的集体。

网络社群也叫做虚拟社区、虚拟社群，瑞恩高德的定义具有代表性：网络中相当多的人展开长时期的讨论而出现的一种社会聚合，他们之间具有充分的人情(Human Feeling),并在电脑空间里形成了人际关系网络。[①] 网络社群在互联网上是非常广泛的,基于 BBS、网站、即时通讯工具、博客、播客、微博等能够形成平台的技术,都可以让网络社群滋长。

一、网络社群传播的技术平台

任何一个网络社群的出现都需要一定的基础条件,技术为聚合有着共同兴趣或目的的人群提供了最基本的条件,以此为基础形成的技术平台,为网络社群成员间的互动提供了空间。目前的网络社群所依托的载体主要有以下几种:

1. BBS(电子公告板)。BBS 是目前最早出现的社区平台之一,主要建立在万维网(WWW)上,使用起来非常便捷,用户可以方便地加入自己感兴趣的社群中参与某个话题的讨论,这种以 BBS 技术为基础,便于用户讨论的社区也可以称为论坛社区。百度的贴吧、新浪的爱问知识人等也是基于 BBS 技术的社群形式。

2. 聊天室。针对某一个感兴趣的话题即时发言,聊天室的社群形式具有很大的随意性,吸引用户的持久性较弱,人员的流动性较大,稳定性不足。目前使用这种形式进行社群信息传播的用户越来越少。

3. 网络游戏。网络游戏为社群成员提供了休闲娱乐的空间,出于打发时间、获取信息、协同作业等动机,社群成员之间在游戏过程中往往会有更多的互动,特别是那些大型多角色扮演类游戏,成员会自觉融入场景和情节中,为了共同的目标而进行深入的沟通和交流,相互间的依赖关系较为稳固。这类社群与其他社群相比,往往具有更大的粘性。

4. 社交网站。一些致力于为网民提供维系社会关系服务的网站,为社群成员间的沟通提供了便利的条件,网民在这类网站里通过虚拟交流来巩固相互之间的关系,这种关系有时会延伸到线下,比如校友录网站、校内网、豆瓣网等,这类社群的特点更为突出。

另外,像博客、播客、即时通讯工具、微博等都能让有共同兴趣的用户基于

---

① 彭兰:《网络传播学》,中国人民大学出版社 2009 年版,第 123 页。

信息进行互动并具有一定的持续性，比如博客群、博客圈子、QQ群、MSN群、微博空间等。可见，只要一种技术具有聚合用户的能力并保证持续性，都可以构筑起网络社群成员多对多传播的互动空间。

二、网络社群传播的结构

结构形式是指网络社群中成员之间的交往和互动所构成的样态，可以以图示的方式描摹出来。由于不同的技术平台对社群成员的聚合方式不同，社群的结构形式也呈现出不同的样态。总体来说，社群成员之间都会以某个话题或某个成员为中心，形成各种规模的"圈子"，即每一个社群都有区别于其他社群的边界，在边界内所有成员以话题或人为互动核心开展活动。根据圈子用于聚合社群成员的核心内容的不同，这种"圈子"相应地划分为以话题为中心和以人（节点）为中心的圈层，这两类结构各不相同，信息的传播方式也有差异。

1. 以话题为中心的"核心—边缘"型信息传播结构

对于以话题为中心的社群传播圈子而言，往往按照对话题的兴趣度和参与程度，将社群成员划分为三个层次：核心层、外围层和游离层。（见图3—1）其中

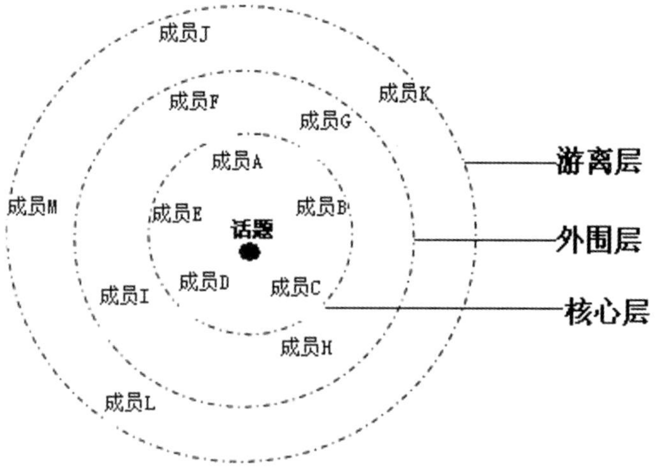

图3－1　网络社群"核心—边缘"型信息传播结构

兴趣最大、参与程度最高的成员构成这一圈子的核心层,他们主导着话题讨论的进程和话题进展的深度,是圈子构建的最大贡献者;外围层尽管也参与话题的讨论,但明显不如核心层的成员那么活跃,为圈子贡献一定力量;而游离层则处于一种游离状态,他们在圈子中的作用相当于围观者,对核心层和外围层的观点表示应和或反对,基本上属于观看者的角色。尽管游离层对圈子的贡献不大,却是圈子不可缺少的组成部分,因为他们的态度是形成圈子舆论气候的主要力量。由外围层和游离层一起构成的圈层为边缘部分,和核心部分组合成"核心—边缘"圈层。这是目前网络社群信息传播的主要结构,是典型的以话题聚合社群成员的形式。这类圈子一般都有较为明显的标签,一般以话题作为圈子的名称,如"士兵突击吧"、"超女"等,一看标签就知道社群的兴趣点,便于用户判断是否参与其中。

2. 以人(节点)为中心的发散型信息传播结构

发散型的信息传播结构,是指在社群里所进行的信息传播并不是以普遍感兴趣的话题为中心,而是以社群中的人为中心,社群成员的聚焦点并不在某个话题上,而是在具体的社群成员上。这就意味着这一网络社群中的成员是彼此熟悉的,相互之间能够形成关系链条,成员之间在很大程度上都是"好友"。因此,这类社群往往靠这些关系链条相互链接而成,由关系链条和纽带编织出复杂的社群关系网络,更接近于社会学意义上的社会网络。

在这样的圈子网络中,每一个人都是一个可以与其他人相互链接的节点,既能从其他成员那里接受信息,也能自主发送信息或转发从其他成员那里获得的信息。也就是说,在这类社群中信息传播行为得以发生,跟成员个体特征以及成员本身所承载的信息都有关系。所以,节点是人与信息的结合(英文为 humanode)。从形式上看,这种类型的结构是以人为中心的,但根本上却是以信息为基础的,这也是网络社群传播得以发生的前提。根据网络社群中信息传播的特点,结合社会网络的相关理论,绘制了社群传播中发散型信息传播结构的基本模型。(见图 3—2)

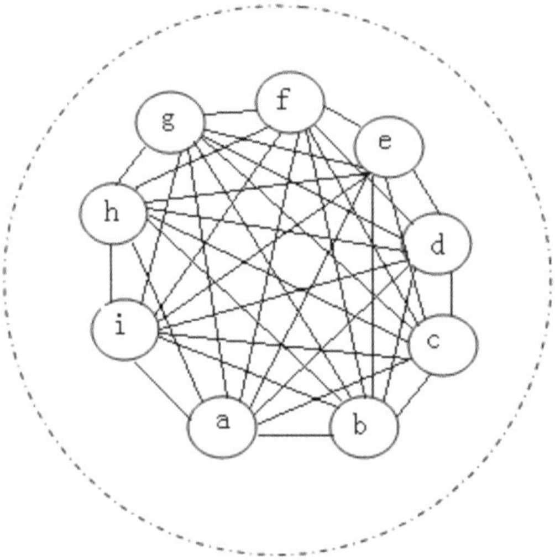

图3-2　网络社群发散型信息传播结构模型

左图中的每一个字母代表网络社群中的一个用户，用户之间的彼此互动和相互连接，就构成了发散型的信息传播结构。这种传播结构与“核心—边缘”结构最大的不同，是整个社群中没有一个绝对的中心，是高度离散化的一种结构形式，理论上所有的成员之间都会发生信息的传受关系，而信息在这样的圈子里所进行的传播以人际传播为主，很少有话题的大规模讨论。SNS网站就是典型的发散型信息传播结构，社群成员间以维系人际关系为核心需求。每个成员主要以实现个人目的而有选择地与其他成员发生关联、进行互动，由于每个成员都有不同的小圈子，而每个成员都分属于多个小圈子，由每个成员串连起来的小圈子构成了一个大圈子。也就是说，这种类型的传播关系网络没有绝对的中心，是高度“去中心化”的信息传播网络。

三、网络社群传播的动力

不同的人聚合在网络空间里形成各种类型的社群，彼此的互动与交流是需要动力的，这种动力简而言之就是人的需求。正是出于满足各种需求的需要，人们才愿意在网络社群中付出一定的成本，与其他人结成各种关系，编织虚拟网络。这种传播的动力主要源于人的四种基本的心理需求。

1. 满足兴趣。共同的兴趣和爱好将各种不同身份的人集中在一个空间里进行交流和互动。如电脑爱好者、音响发烧友等，在兴趣的驱动下聚合在一起深度交流，就形成了一定规模的社区。

2. 维系关系。除了现实生活中正常的关系维护手段外，通过网络社群也可以将传统的关系加以深化，并建立起新的关系，拓展自己的人脉。如同学录、校友会、同乡会等，就是以维系传统关系为动机构建的社群。

3. 寻求娱乐。在社群里有大量兴趣爱好相近的人，无论是音乐、视频还是游戏，都能在分享或协同中得到精神的放松。如对网络视频感兴趣的网友，就通过视频共享互通有无，借助社区实现资源共享。

4. 商品交易。社区为用户交换产品和服务提供场所，社群成员在这里进行实质性的商品交换。ebay、阿里巴巴等网站上存在大量这样的社区。

说到底，兴趣是驱动网络群体传播的根本动力。因此，对于网络社群的认识和社群属性的判断，就是看某个社群满足的是用户哪个核心兴趣点。美国学者根据人们不同的兴趣、爱好，将网络社区划分为十种类型，分别是：娱乐社区、搜索社区、贸易社区、教育社区、预定事件社区（针对即将发生的事件建立互动平台）、倡导社区（吸引公众对社会公共事务作出评价以影响舆论）、品牌社区（便于消费者与某个品牌互动）、消费者社区（便于汇集消费者意见）、员工社区、专题社区。① 由此可见，网络用户的兴趣点是多种多样的，网络社区的传播形态因此而变得异常丰富，“物以类聚，人以群分”这句话用来概括网络社群，是再合适不过了。

四、意见领袖在网络社群传播中的作用

20 世纪 40 年代，美国哥伦比亚大学传播学者保罗·拉扎斯费尔德提出了“意见领袖”概念。他认为，对于媒介所传播的信息和观点，有一部分受众会首先接触并接受，然后再向其他人传播，这些人即为“意见领袖”。意见领袖一般具有这样的特征：一是在现实生活中具有影响力，是大家追随学习的榜样；二是有较强的能力，在他们擅长的领域内见多识广，比追随者更多地接触媒介；三是意见领袖并不局限于某一特定的群体或阶层，而是广泛分布于社会上的任何一

① 〔美〕朱迪·斯特劳斯等：《网络营销》（第 4 版），中国人民大学出版社 2007 年版，第 204 页。

个阶层或是群体中；四是意见领袖与追随者之间是一种平等的关系。意见领袖广泛分布于社会各个阶层中，在互联网上依然存在不同类型的意见领袖，他们在网络社群传播中扮演着重要的角色。

现实生活中的意见领袖往往是一些学历高、社会地位高、具有专业知识的社会主流人群，曾经有调查表明，“学者”、“老师”、“企业家”、“文艺偶像”等是意见领袖的主要群体，这与上述人员往往是各类传统媒体报道的主要对象有很大关系。相比之下，互联网进入的低门槛特点让更多人有使用媒介的机会，更多的一般大众将互联网看做发表自己观点的公共空间，因此，网络意见领袖的范围更广，也更草根化。概而言之，意见领袖主要来自以下群体：

一是网络媒体评选的人物。人民网的“强国论坛”曾经综合专家和网友意见，评选出 2004 年的“十大网友”，他们多是勤于笔耕、张贴文章多、点击率高、影响力较大的人，他们无疑是这个论坛的意见领袖，对其他网民有更大的号召力和影响力，在媒体通过评选的方式将他们进一步推广后，会巩固他们作为意见领袖的地位。

二是各种类型的版主。在互联网这一开放和自由的空间里，版主所扮演的角色与传统传媒的编辑类似，都属于媒介信息的把关人，在设置议题和控制信息方面具有一定的权力，并在某些方面具有话语权和信息传播的主导权，很容易成为各自领域的意见领袖。有人认为论坛的版主是天然的意见领袖，并以对西祠胡同网站 31 名版主的问卷调查为基础，总结出网络意见领袖的特征。另外，许多个人网站的站长也具有意见领袖的潜质，他们多是知识分子出身，主办某一方面的专业网站，具有一定的影响力。

三是网络名人。一些著名学者、社会名流、明星等，将现实中的影响力带到网上。他们通过接受采访、发表文章等，在网上传播观点。有的还受邀在网站撰写博客，并常常被网站推荐到首页，以吸引眼球。

四是网络知识分子。这些人受过良好的教育，但多数不属于主流的学术知识分子。他们写作能力强、反应快、观点尖锐，非常符合网络言论的需要。他们在各种网站上发表观点，阐述见解，在社会热点话题上成为聚焦点，是网络意见领袖的主要来源。

上述这些意见领袖往往会以各自在某一领域所具有的专业知识和个性魅力为基础，吸引大量网民汇聚在意见领袖周围，形成大小不同、规模不等的以意见领袖为核心的“核心—边缘”型信息传播网络。他们是网络社群传播行为发生的重要引发因素，并引导着群体传播的方向。因此，抓住意见领袖这一核心环节来考查网络社群传播行为，往往会起到事半功倍的作用。

第三节 基于网络的组织传播

网络中的组织传播，是组织利用互联网作为信息传播工具，面向某一人群传播经过组织把关的特定信息的行为。

为更好地理解借助网络所进行的组织传播，先要对组织及一般意义上的组织传播有所了解。

组织是指人们为了达到某种共同目标，将其行为彼此协调与联合起来所形成的社会团体。组织是为了实现一定的组织目标而设立的，为便于协调组织成员的行动以实现特定目标，组织在结构上需要做专业化的部门分工、职务分工并实行岗位责任制，而组织成员在系统建设上也要实行阶层制或等级制。

信息在组织内部和组织外部的有序传播和流动是组织正常运转的必要保障，由组织主导的与组织有关的对内和对外信息传播就是信息的组织传播，内部协调、指挥管理、决策应变、达成共识是组织传播的基本功能。

根据信息传播的方向，可以将组织传播划分为组织内传播和组织外传播两个方面。组织内的信息传播可以分为下行传播（上级向下级的信息传播）、上行传播（下级向上级的信息传播）和横向传播（同一级别的信息传播）三种形式。

互联网的出现改变了信息传播的渠道和方式，对于高度组织化的各类组织机构而言，互联网不但起到了加速信息流动的作用，而且还在一定程度上改变了组织的结构方式。对于现代化的组织而言，基于互联网的信息化办公已经成为一种共识和潮流，互联网在组织运作和组织信息传播上已经发挥了重要的作用，互联网已经成为组织不可或缺的“硬件”条件。

一、组织内信息传播的渠道和方式

组织内的信息传播是为了实现信息在组织内部机构和组织成员之间高效而顺畅的流动。为实现这一目的，无论是用于对内传播的内联网还是能够在更大范围传播信息的万维网，都可以作为信息传播的渠道而被组织利用，关键在于能否认识到不同网络的作用并有效地加以利用。

借助网络实施的组织传播，最大特点就是就是一对多的传播，即组织中的某个成员面向一定范围的其他成员发布公开信息。发布信息的人既可能是普通成员，也可能是代表组织发布信息的组织代表。在这方面，内联网发挥的作用尤其明显。内联网是在一个组织内部使用互联网技术实现通信和信息访问的小型网络，是专门为组织内部的信息沟通而开发的内部网络。与万维网最大的不同就是外部人员在没有授权的情况下无法连接到这一网络。内联网的以下功能适于组织信息传播的“一对多”特点。

1. 电子邮件系统通过群发群收保证信息的定向、有效传播。内联网可以为组织成员提供便于在成员内部发送和接收信息的内部邮件，每个成员可以从邮件列中方便选择接收邮件的对象，既可以大规模群发，也可以针对某些人或某个人发送邮件。通过这种方式，发件人更容易获得收件人的反馈信息，提高了信息传播的效率和有效性。

2. 公告板和聊天系统可以实现组织成员间多对多的信息交流，促进相互之间的沟通和交流。对于组织成员普遍感兴趣的话题或事关大家利益的事项，都可以通过公告板和聊天系统让成员广泛参与，这体现了集体决议、民主协商的精神。内联网实际上提供的是一个公共讨论和参与的空间，由于成员的身份相对公开，每个人要为自己说的话负责，因此在这一平台上传播的信息质量是有一定保证的。而这样的系统又能增强组织成员之间的联系，利于增强组织的凝聚力。

3. FTP 文件传送系统可以方便地传送各种文件，使组织成员可以共享有价值的内容。比如对每个成员都有用的组织制度、系统软件等，都可以通过这一系统得以共享。组织有序的文件传送系统相当于组织的一个信息共享中心，为组织成员提供便利条件。一些理念先进、技术意识较强的组织，借助先进的网络组织传播方式，使"集中办公"变成"分布式办公"，"虚拟式"办公越来越成为现实。一些组织已经率先实现了"无纸化办公"，颠覆了以往的通过纸张打印或印刷刊载信息的传统的组织信息传播形式，信息传播的速率和效率都得以提高。

不但如此，内联网在信息传播方式上的变化对于传统的组织结构也产生了影响，使得上行传播变得更容易实现，让下级成员有了更多发言权，传统的金字塔式的等级制度开始向网络式的组织结构转变，有利于打破传统的等级结构。它强化了组织成员的横向联系，因而信息传递变得更快速，更富有情感，也更省力。这种网格式组织（见图3—3）的实现，有赖于组织成员对网络传播手段的掌握程度，当越来越多的组织成员习惯于通过现代化的信息传播手段处理信息时，组织的整体结构会逐渐发生变化。

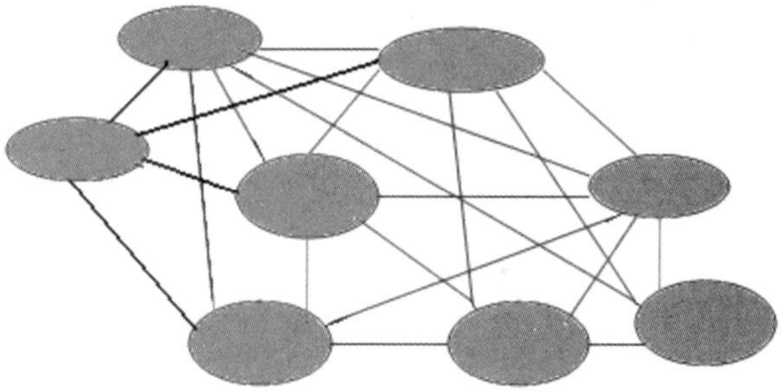
图3-3 网络式组织结构

这种网格式的组织会促使组织制度由"集权制"向"分权制"转变，使组织由过去高度集中的决策中心转变为多中心决策的组织。相应地，组织的管理、生产、运营等制度也将发生变化。

二、组织外信息传播的渠道和方式

以内联网为核心辅以万维网的相关技术实现的组织内信息传播，是保证组织高效率运转的基础，但不是组织信息传播的全部。任何组织都需要与整个社会系统进行信息交换，在获取外界信息的同时，也要有意识地、有计划地向组织外输出信息，以赢得利益相关者对组织的关注和支持。对于一些营利性的组织如企业而言，对外信息传播即通常所说的宣传，已经成为营造良好的组织生存环境的重要手段。当然，对外信息传播的前提是组织内信息传播的通畅，只有内部声音一致、和谐，组织面向外部的信息传播才会有坚实的基础。

通常情况下，组织的信息输出活动主要包括公共关系宣传、广告宣传和组织标识系统宣传（对于企业而言是企业标识系统，即 CIS）。

在互联网环境下进行组织外信息传播，建立组织网站是最基本的要求。有了网站，就相当于有了网络传播的阵地和大本营，它是组织对外传播的基础平台和外界了解组织的窗口。即使组织配合以公关和广告宣传，组织的网站也是必不可少的，因为那些临时性的、短期的宣传只适用于一时，而且这类宣传所传播的信息是极为有限的，将外界的兴趣点和注意力吸引到组织的网站上，应该是公关和广告宣传的基本功能。越来越多的组织在公关稿或广告宣传中都会注明“详情请登录网站 www. ……”，可见以网站作为组织外信息传播平台的重要性已经得到了广泛的认可。

与传统的借助其他媒介形式进行宣传相比，组织基于互联网的对外信息传播具备以下优势：

1. 组织可以更好地把控信息传播的进程

借助互联网进行信息传播，使组织拥有了更多的主动权。以往的信息传播基本上都要借助由其他组织掌控的传播渠道，如报纸、电视、广播、户外媒体等，这些媒体组织对信息的内容和信息发布的流程都有严格的规定，组织一旦将信息传播的活动委托出去后，基本上意味着不再有控制力。组织将要发布的对外信息放在网站上，就可以根据需要、随着外界环境的变化随时更新信息。即使将信息传播的事项委托给专业的信息发布网站，组织依然会拥有控制力，因为在网站上对信息进行更改和调整，无论是技术上还是实际操作上都是比较简单的。

2. 组织可以更好地把控信息传播的效果

借助传统的媒介渠道对外传播信息，组织往往很难了解信息传播的效果，因为传统媒介渠道是一种广种薄收的传播形式，受众的分散性和匿名性使得传播效果的统计往往无从下手，所谓的传播效果只能粗略地计算。

而组织通过互联网面向外界所做的信息传播，在网络技术的支持下可以更好地了解信息传播的方向和效果。比如，以组织的网站作为宣传的主要平台，可以通过统计外界用户浏览相关页面的数量作为评估传播效果的基础指标，还可以通过定向发送的信息所获得的反馈量进行评估，也可以通过信息下载量、用户注册量等指标，综合评估一个信息传播活动单元所取得的效果。

如果组织自身的网站在对外信息传播上受到限制，还可以委托专业的服务机构选择目标受众集中的网站作为传播的载体，通常信息传播的效果很大程度上决定于网站的影响力和用户数量。用户基数大、影响力大的网站，往往能更好地帮助组织实现传播效果，如大型商业门户网站、行业门户网站等，选择这类网站就意味着组织要花费更多的宣传费用。也就是说，对于传播效果的控制，组织可以通过技术、资金等手段来实现。

在海量的信息和无以计数的网络空间里，要想让组织外的信息传播取得更好的效果，需要把握一些基本的传播策略。

(1)在网站的设计上，应强化组织的 CIS 形象，这会让网络用户更易于识别。因为组织的标识系统通常比组织网站更早出现，组织既有的标识系统被识别的可能性更大。这就要求组织在设计网站或通过其他网站传播组织信息时，应该体现组织整体的 CIS 策略，包括网页设计、内容组织、标识呈现等。同时，组织要保证广告宣传保持形象的一致性。

(2)在通过网络渠道传播信息时，要强化互动功能，尽可能满足外界用户与组织互动的要求，建立起与用户良好的互动关系。比如，企业组织对外信息传播的核心是为了与包括顾客在内的利益相关者建立良好的关系，通过网站让利益相关者获得更好的体验，在这种情况下，互动机制就成为网站的基本配置，包括与顾客的互动、与商业伙伴的互动、与政府部门及投资者的互动。建立互动关系的方式多种多样，如邮件列表、消费者社区、投资者社区、常见问题解答(FAQ)等。

(3)通过网站优化来增加组织网站被搜索引擎搜索到的机会也是基本策略。外界用户已经习惯用搜索的方式寻找对自己有价值的内容，一旦组织的网站在被搜索到的网站中位居明显的位置，就会增加组织信息传播的通道。

(4)组织要在尽可能多的公共网络平台尤其是免费的公共平台上占有位置，以增加与外界沟通的渠道，增加被外界方便地找到的机会。比如博客，组织可以授权给执行对外宣传职能的部门或能够代表组织的个人开设博客，以人际沟通的渠道换一种方式让公众了解组织的职能和发展现状，以这种方式拉近与外界的距离。比如，房地产行业知名企业 SOHO 中国有限公司董事长潘石屹就利用博客、微博不断发表自己的观点，在接受《经济观察报》采访时，他说一些重要的信息都是通过自己的微博发布的，微博已经成为公众和媒体真实了解潘石屹其人的不可替代的渠道。微博也为组织提供了类似的公共平台，组织可以灵活、机动地发布跟组织相关的信息以加强公众对组织的认知，这已经成为组织与外界沟通、形成互信的独特渠道。比如《新周刊》、《广州日报》、湖南卫视、《第一财经日报》等媒介组织就在微博上建立了自己的账号，吸引了大量的受众与其互动，这一渠道也成为这些媒介组织获取受众反馈意见和新闻报道线索的重要途径。

总而言之，对于组织来说要想更好地利用互联网这一对外传播渠道，关键是要了解可资利用的有用资源，让那些组织希望被外界广泛了解的信息及时、有效地传播出去，并在可能的情况下获取外界对于组织的反馈信息，只有信息渠道通畅了，组织才能拥有健康发展的内外部环境，获得更大的发展空间。

知识链接

从技术的层面上看，所谓互联网（Internet），就是将互相连接的网络整合在一起构成的全球网络。在这个网络中，许多计算机都存在文件（如网页），只要是一台联网计算机，就可以获得这些文件。网络中的每一台计算机、手机或者其它的联网设备，都可以通过互联网发送或接收数据（比如电子邮件或其他文档）。这些数据通过电话线、光缆、卫星等设施，从发送者传递到接受者。要想了解传递的过程，就应该懂得互联网在技术上扮演着三重角色：（1）信息的提供者。互联网可以创造信息或者其他的娱乐内容，这些信息保存在联网计算机里，方便读取；（2）信息的使用者（有时也称做“客户机”）。这一类联网计算机只是通过互联网读取其他计算机上的信息，发送电子邮件或者其他数据；（3）创造、传递、读取信息的基本设施（即计算机的硬件和软件）。值得一提的是，每一个计算机的个体既可以是信息的使用者，又可以是信息的提供者，不同的目的扮演的角色也会不同。以下三种不同的网络共同组成了互联网。

1. 内联网（Intranet）：指在某个组织内部运行的网络，虽然网络容量很小，但同样使用互联网的各种标准（比如超文本标记语言 HTML、浏览器等）。因此，内联网就像是一个小型的互联网，只是在组织内部运行而已。

2. 外联网（Extranet）：指两个或者多个网络连接在一起共享信息。如果两个组织将内联网连接在一起，就形成了一个外联网。其他外界组织或个人对外联网的信息读取是有限的。

3. 万维网（Web）：指互联网的一个组成部分，它提供一个文字或者图表的用户界面，使用浏览器可以进行超文本的信息浏览。其实，在讨论互联网的时候，绝大多数的人指的是万维网。

第四节 基于网络的大众传播

从一般意义上说，大众传播是指专业化的媒介组织运用先进的传播技术和产业化手段，以社会上一般大众为对象而进行的大规模的信息生产和传播活动。互联网出现之前的大众传播媒介——书籍、报纸、杂志、电影、广播、电视，构成了人类社会庞大的传播系统，对人类社会的发展起到了巨大的作用。这些媒介在发明之初就是以信息在最大范围内扩散为目的，并随着技术能力的提高逐渐登上传播舞台的核心位置。也就是说，上述大众传播媒介在传播方式上的核心特点就是“一对多”的模式，由专业化的媒介组织（“一”）面向数量无限的大众（“多”）。

与此形成鲜明对照的是，互联网并不是为了大众传播的目的而诞生的，而是出于人与人之间的交流和共享目的而发明的，“一对一”、“多对多”、“多对一”是早期互联网在传播方式上的特点。当互联网逐渐走出了专业的研究机构而普惠于一般大众后，尤其是众多以新闻信息传播为主的门户网站出现后，“一对多”的传播形态开始引起关注，人们开始为这一具有广泛适用性的技术媒介寻找新的称谓。1998 年 5 月，联合国秘书长安南在联合国新闻委员会年会上指出，在加强传统的文字、声像手段的同时，应利用最先进的第四媒体——互联网，以加强新闻传播工作，互联网以与报刊、广播、电视并列的媒体身份，承担起大众传播的职能。但当时人们只是意识到了互联网广域传播的潜能，是对互联网未来发展前景的一种肯定，事实上当时的互联网无论是覆盖的人群数量还是影响力，都远远无法与传统的大众媒介相比。对大众媒介身份的确立，覆盖人群数量是一个硬指标，即要达到一定的人口覆盖比例。按照美国学者 M. 罗杰斯在其专著《创新的扩散》中的观点，当一项创新的采纳者突破了 20% 的人口比例后，其扩散就将势不可挡，这是作者在考察了人类历史上大量创新扩散现象的基础上得出的结论。[①] 因此，人们习惯上将20%作为判断一种传播媒介是否成为大众传播媒介的数量指标。中国的网民数量达到这样一个临界点大概在2008年，要稍晚于世界平均水平，但发展速度很快，目前的普及率已经超过全球的平均值。当互联网突破了这一发展的瓶颈阶段后，其对人类传播活动的影响和在社会生活中的地位都有显著的提升，并因此得到了更为广泛的关注。

一、网络大众传播概念解析

网络中的大众传播应该包含两个层次的内容。第一个层次可以概括为延伸性传播，即网络作为一种传播渠道，是传播大众传播媒介内容的延伸。就是说，传统的大众传媒在制作通过传统渠道传播的内容基础上，将互联网看做另外一条增加受众、扩大信息传播量的渠道。大众传媒在内容生产上完全按照供给传统媒体受众的方式来进行，并没有照顾到互联网用户在人群特征和内容接受习惯上的差异。这就意味着这些通过网络途径传播的内容还是按照单向传播的方式制作的，并没有考虑到网络用户的互动和参与。传统媒体之所以想拓展这一渠道，是因为它们看到了网民在数量上已经不容忽视，应该占有这部分受众，但又难以估量这部分受众的价值，对于能够吸引多少受众也没有明确的要求，借用俗语说就是“搂草打兔子”，能得到更好，得不到也无所谓。这是目前绝大多数传统媒体的心态和做法。由于传统媒体是媒介内容生产的绝对主体，而绝大多数媒体也都赶潮流一般搭上新媒体的快车，因此，这种借助网络媒体推广传统媒体内容的传播方式占据了网络大众传播的很大比重。这一层次的网络大众传播主体身份也比较容易确定，就是各级各类传统媒体及其下属网站以及希望借助这些媒体内容提高网站流量的综合门户网站，后者是以转摘或摘录的形式来传播传统媒体的内容的，如新浪、搜狐、腾讯、网易等大型商业门户网站，它们具备一定技术和资金实力，有能力成为传统媒体的内容拓展合作方，

---

① 关于20%这一临界点，原著是这样表述的：“从10%的采纳者到20%的采纳者这部分曲线是扩散过程的中心。从这一点往后，新创意的扩散常常是势不可挡。”详见艾弗雷特·M.罗杰斯著，辛欣译：《创新的扩散》，中央编译出版社2002年版，第242页。

从而获得传统媒体内容在网络上的传播权。目前这类内容依然大量存在，尽管不是专门针对网络用户生产的，但这些由专业从业人员制作的以满足一般大众需求为目的的内容成为网络大众传播的主体内容。

第二个层次可以概括为原生性传播，即传播者视网络为有独立属性的媒介，从生产、传播到反馈的各个环节都体现了互联网的媒介特性，要围绕网络用户制作并适合在网络上传播的内容。由于互联网的接入门槛低，在信息发布上缺乏专门的审核机构，对信息发布主体的行为是以事后认定的形式来执行的，因此，信息发布主体的构成要比第一个层次要复杂得多。除了传统媒体所属的媒体网站和综合门户网站外，政府部门、各类组织及机构甚至个人，都可以利用互联网广域互联的特点，将信息传播给数量众多的受众。不同的传播主体由于出发点不同，在信息内容的制作和发布上也有较大差异。

传统媒体所属的媒体网站利用母体所积累的影响力和相关资源，有意识地将互联网作为吸引那些习惯通过互联网接触媒体内容的受众的独特渠道，这些受众已经养成通过互联网消费媒体内容的习惯，希望通过互联网获得更多满足，比如对于信息的选择性浏览、信息的即时更新、对媒介内容的评价和获得围绕核心信息的更多延伸信息，这些媒介信息消费的需求都具有典型的网络特点。相应地，只有媒体网站能够围绕着网络受众的需求制作有针对性的内容，才更有可能获得受众的关注和支持。比如，作为中国最权威的媒体——《人民日报》，在 1997 年 1 月正式推出网络版，并逐渐调整了网络报道的思路，以“网络化”的思维自觉利用网络传播的特点，以更利于网民接受的形式发布内容，而不是其印刷版的简单翻版，尤其是在新闻报道上实现了 24 小时的滚动播出，真正发挥了网络媒体不间断传播的特点。随后大量的媒体网站纷纷开通，并不断探索更能发挥网络特色、适应网民信息接收习惯的内容经营手段，比如评论、搜索、关键词链接等，已经培养了大量通过互联网消费媒体内容的网民。

大型商业门户网站由于受到新闻采访权的限制，长期以来一直以转载传统新闻媒体的内容作为吸引受众的核心内容，但为使转载的新闻更具吸引力，门户网站往往会对传统媒体的新闻做相应的处理，比如对同类新闻的主题化编排、提供更多背景性的内容以及邀请专业人士结合新闻内容进行评论等，在新闻的“第二落点”上做文章。随着主管机关对商业网站新闻采编政策的放宽，这些商业门户网站逐渐涉足除政治、社会新闻之外的众多领域，满足了绝大多数网民在娱乐、体育、金融等方面的信息需求。随着带宽的增加和网民对视频内容需求的增长，门户网站开始涉足视频内容的传播，并逐渐形成一定规模，如明星演唱会、网络脱口秀等节目，比如搜狐网的《明星在线》、《娱乐播报》、《体育播报》、《大鹏嘚吧嘚》等，已经具有一定的知名度。尤其是在2008年以奥运报道为契机，作为北京奥运会赞助商的搜狐网不但在文字、图片、音频和视频新闻报道上与传统媒体网站展开直接的竞争，而且在专业化的节目制作上也实现了突破，在奥运期间和北京电视台联合制作的几十期大型系列体育明星专题视频节目《冠军面对面》，不但在北京电视台播出，同时出售给了多家电视台播出，首开网络媒体向传统媒体反向输出的先例。目前，商业门户网站已经成为网络大众传播的一支重要的力量，对网民的信息接受行为产生了很大的影响，其影响力丝毫不比传统媒体网站逊色。大型门户网站和传统媒体网站对于由普通网民提供的内容也逐渐重视起来，并从中筛选出有价值的内容加以推荐，这种对由网民创造的“微内容”的遴选机制，让更多网民成为大众传播的主体，这已成为网络大众传播的一种趋势。

各类政府机构也是网络大众传播的重要力量，随着电子政务的深入人心，政府的特殊身份保证了这些由政府建立的网站具有无法比拟的权威性，政府网站已经成为发布政令、沟通民众的有效渠道。

各类企事业单位也将互联网视为便捷、廉价的信息传播渠道，将面向一般受众的无差别的产品或服务信息公布于众。

那些希望借助互联网实现某一目的的个人，也以申请个人网站或依托专业网站开设的博客、微博、个人主页等方式，力图让自己获得大规模的曝光。比如影视演员徐静蕾在新浪网上开设的个人博客(“老徐的博客”)，访问量早已过亿，而同为影视演员的姚晨在新浪网上开设的微博，关注她的“粉丝”在2010年初就超过了70万，这意味着她们发布的信息要比一般的都市报传播的范围还要广，无疑属于大众传播的范畴。

综合以上的分析，结合大众传播的传统定义，我们尝试对网络大众传播的概念重新界定:网络大众传播是指有一定传播能力的各类传播者,运用网络传播渠道,借助现代传播机制而进行的以一般大众为传播对象并能在一定程度上获得信息反馈的信息生产和传播活动。

二、基于网络的大众传播特点

根据以上对网络大众传播概念的分析,这一传播形态与传统的大众传播以及网络中的其他传播形态相比有自己的特点。

1. 传播主体的多元化

如上所述,网络接入的便利性和信息发布的低门槛,让那些有信息广域传播需求的主体都可以成为传播者,这就让传播主体变得日益多元化,传统媒体、大型门户网站、垂直类网站、政府机关、商业组织机构以及个人都可以按照互联网传播的基本规则进行大范围的信息传播。传播效果不取决于这些传播主体的身份,而是看信息本身的价值与受众需求的契合度,契合度越高,对信息感兴趣的受众越多,信息传播的范围也越广。与传统媒体以强迫的方式将信息推送给受众有很大不同的是,互联网的信息传播规则已经发生了逆转,任何被上传到网络空间里的信息都相当于超级市场中等待被消费者挑选的商品,只有用户需要才可能被点击浏览。这一方面鼓励了那些以往没有传播渠道的传播主体积极加入这一行列,另一方面也对占据传统媒体渠道的传播主体提出新的要求:适应网络传播的新环境和新规则,以适合于网络用户需求和网络媒体特征的信息呈现方式传播信息,这样才有可能获得更大的发展空间。对于一般的传播主体而言,也要适应网络传播的基本规则,并以负责任的态度传播有价值、有意义的信息,任何哗众取宠、追求一时轰动效应的行为都是不可取的。

2. 传播过程的复杂性

互联网上的信息编码方式和信息结构方式与传统媒体有很大的区别,网络信息的非线性和层次性呈现,让作为解码者的受众有更多的选择空间。不同的受众由于解码能力和解码方式、习惯上的不同，而在信息的理解和接受上产生差异，使得同一信息的传播效果千差万别。这种因受众身份的不同而导致的传播效果的多样化，是传播过程复杂性的体现。

多级传播是基于互联网的大众传播过程复杂性另一种表现形式。互联网上存在着人际传播、社群传播、组织传播、大众传播等多种形式，以追求大众传播效果为目标的信息在从传播者到接收者的过程中，可能因个人、社群、组织等作为信息传播的中介作用，使得信息通过多级传播后达到受传者，在不同的中介因素作用下受传者会受到不同的影响，这让传播过程变得更为复杂，进一步造成了对信息流向和信息传播效果控制的困难。

3. 传播手段的多样性

互联网不但能够承载此前的各种媒介形式，从文字、图片到音频、视频，都能在网络上得到顺利的传播，而且同样的信息可以采用不同的媒介形式进行传播，受众也可以选择最适合的媒介形式获得信息。

信息还可以选择多种传播通道达到大众传播的效果，如门户网站首页、即时通讯工具、电子邮件、博客等，受众能够通过不同的手段获得相关信息，这一特点让信息监管工作变得越来越困难。

4. 受众反馈的便捷性

反馈是传播活动的有机组成部分，只不过传统媒体缺乏有效的反馈渠道，使得受众的反馈无法有效实现，受众反馈的信息对于传播主体及时调整传播内容和传播策略以更好地实现传播效果的作用也无法有效发挥出来。互联网媒体为受众提供的便利手段使受众对于大众传播信息的反馈成为可能，受众在浏览信息后，可以方便快捷地对该信息作出评价，这种评价可以是直接的文字表达，也可以是具有明确内涵的动漫表情，还可以是对这一信息的进一步处理，如向其他用户转发，这也是一种评价方式。借助一定的网络技术，传播者可以对受众的反馈情况作出统计，这些反馈信息有利于传播者对所传播的信息作出相对客观的评价，并作为传播者后续传播的有益借鉴。

在某些情况下，受众的评价甚至可以成为大众传播的信息源头，进一步丰富传播者的信息。比如，搜狐网在每一个新闻页面的左下角都有“我来说两句”的窗口，鼓励用户对该新闻进行评价，通过这一反馈渠道，用户的评价不但会聚合到专门的页面，进入这一空间里能看到所有用户对该新闻的评价，有利于用户全面地判断该信息的价值；而且网站会对那些有见地、有代表性的言论加以推荐，在重要的页面（如网站首页或新闻频道首页等）上呈现，这无疑会进一步丰富原创信息。总之，便捷的受众反馈对于传播者来说具有独特的价值，值得传播者重视并充分利用。

【思考题】

1. 什么是网络人际传播？网络人际传播的功能是什么？
2. 网络人际传播的方式主要有哪些？
3. 什么是网络社群？网络社群传播的载体主要有哪些？
4. 网络社群传播的结构主要有哪两种形态？
5. 网络社群传播满足的是网民的哪些需求？
6. 网络社群中的意见领袖主要包括哪些群体？
7. 什么是网络组织传播？网络组织内信息传播渠道的功能有哪些？
8. 依托网络进行的组织外传播的优势有哪些？基本策略是什么？
9. 什么是网络大众传播？目前网络大众传播在内容上主要包括哪两部分？
10. 基于网络的大众传播有哪些特点？

第四章 网络新闻传播

新闻传播是互联网信息传播的重要职能，是体现互联网作为媒体尤其是大众传播媒体属性的最为重要的内容，同时也是增强网络媒体影响力的核心内容。无论是在采编环节还是受众接受环节上，网络新闻都与以往的模式有很大的不同。对于网络媒体而言，从事新闻传播的前提是确立“超链接”的思维制作和提供新闻产品。就是说，在互联网上传播的信息之间的关系是网状的，信息之间往往存在着多样化的联系。用户只要点击那些设置了下划线的信息，这些超链接的内容就可以带着用户从一篇稿件跳到另一篇稿件，从一个网站跳到另一个网站，这种超链接的信息传播方式打破了传统信息文本的线性结构，使得网络信息之间的联系得以增强。“超链接”是网络新闻制作和传播的基本语法结构，通过超链接可以解释与扩展新闻的关键词，延伸报道的内容，并对多篇稿件进行整合。

第一节 网络新闻的基本结构方式

由于互联网媒体的特性以及现实因素的限制，原创性的网络新闻内容相对于编辑类的网络新闻要少得多，但二者在结构方式上大同小异，都要遵循一定的规程。

一、网络新闻的层次化处理

由于网站的内容是由层次树的结构方式组织起来的，因此，网络中文章的内容往往不像报纸中的文章那样一次呈现，而是在不同级别的页面上逐渐呈现、渐次展开的。在具体的网络新闻写作或编辑时，往往按照内容分层的方式来操作。

一篇完整的文章通常包括以下几个层次的内容：标题→内容提要→新闻正文→关键词或背景链接→与该新闻相关的延伸性内容。

以新浪网《杀毒软件微博大战始末：周鸿祎两度炮轰金山》为例，可以明显地看出这种层次[①]：

杀毒软件微博大战始末：周鸿祎两度炮轰金山

金山与360之间的相互炮轰大战愈演愈烈，而新浪微博则成了双方密集揭露和表白自己观点的主要平台。

新浪科技讯　5月26日下午消息，截至5月26日下午17时，金山与360卫士之间的相互炮轰大战愈演愈烈，而新浪微博(http://t.sina.com.cn)成了双方密集揭露对方和表白自己观点的主要平台。

造成这起口水风波的起缘是，5月21日，金山公司称，当天有大量金山网盾的用户向金山软件客服控诉360安全卫士(http://t.sina.com.cn/qihoo)恶意卸载金山网盾。据金山毒霸(http://t.sina.com.cn/duba)安全实验室调查，发现奇虎360公司在5月20日晚对用户进行360安全卫士的全面版本更新时，借口兼容问题诱使用户强行卸载金山网盾。

① http://tech.sina.com.cn/i/2010-05-26/19414234576.shtml

周鸿祎打响炮轰金山第一枪

对此，360 董事长周鸿祎(http://t.sina.com.cn/zhouhongyi)5 月 25 日下午率先通过新浪微博打响第一枪，炮轰金山。

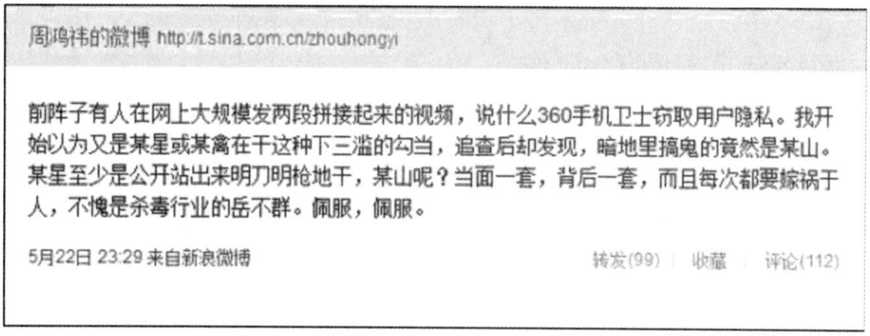
周鸿祎的微博 http://t.sina.com.cn/zhouhongyi

前阵子有人在网上大规模发两段拼接起来的视频，说什么360手机卫士窃取用户隐私。我开始以为又是某星或某禽在干这种下三滥的勾当，追查后却发现，暗地里搞鬼的竟然是某山。某星至少是公开站出来明刀明枪地干，某山呢？当面一套，背后一套，而且每次都要嫁祸于人，不愧是杀毒行业的岳不群。佩服，佩服。

5月22日 23:29 来自新浪微博　　转发(99) | 收藏 | 评论(112)

图 4－1　周鸿祎微博含蓄点出对手的做法

一开始，周鸿祎还比较含蓄，没有点金山的名字，他在新浪微博上写道："前阵子有人在网上大规模发两段拼接起来的视频，说什么 360 手机卫士窃取用户隐私。我开始以为又是某星或某禽在干这种下三滥的勾当，追查后却发现，暗地里搞鬼的竟然是某山。某星至少是公开站出来明刀明枪地干，某山呢？当面一套，背后一套，而且每次都要嫁祸于人，不愧是杀毒行业的岳不群。"

…………

即文中画超链接的部分

周鸿祎回应傅盛质疑：拦截安装是谣言

360 董事长周鸿祎微博继续炮轰金山

金山毒霸微博回应周鸿祎质疑：清者自清

周鸿祎密集发布 40 条微博揭露 360 与金山恩怨

金山王欣微博回应炮轰：口水仗对用户没有好处

以这样的层次来呈现新闻，很大程度上是根据用户的浏览习惯来安排的。

用户对一则新闻的浏览，往往不是按照传统平面媒体的线性过程来展开的，而是寻找关键的、感兴趣的信息，在鼠标的帮助下跳读。因此，稿件在信息呈现方式上就要相应地作出调整，以超链接的方式实现不同层次之间的关联。

二、网络新闻标题的制作

在海量的网络信息中，一则新闻能否吸引用户的注意，很大程度上取决于新闻标题制作的艺术性高低。无论是在新闻首页的页面上还是在搜索引擎结果页面上呈现，有吸引力的标题往往能提高新闻被选择的几率。这在一定程度上也构成了新闻内容竞争力的先导性因素，因为用户对于新闻关注的程度，通常源于新闻的标题。网络新闻标题在制作上应该满足以下基本要求：

1. 兼顾提炼关键要素和增强吸引力两方面诉求

新闻标题是网络新闻阅读的起点，也是新闻报道最为核心的内容，受众通常可以通过标题来获得基本信息，因此，网络标题应该力争传达新闻内容的基本要素，做到全面准确。同时，新闻标题担负着吸引并引导用户做出进一步浏览行为的作用。在诸多的新闻标题中(如新闻网站的首页或新闻频道的首页)，用户更有可能点击那些具有吸引力的标题。

如新闻《驻京办清退 60 天倒计时 县级单位躲猫猫求生》，这一标题传达了该新闻的大部分事实要素，让读者迅速获知各驻京办距离清退只剩下 60 天期限这一事实，同时该标题又提供了一个信息，即县级单位“躲猫猫”求生，恰恰是这一点更能吸引用户的注意力：首先，使用“躲猫猫”这一网络流行语很贴近用户的接受心理；其次，县级单位究竟如何“躲猫猫”也作为悬念吸引了用户继续阅读。[①]

2. 标题制作要易于检索

网络新闻上线后，除了能够吸引用户直接进入新闻所在的页面浏览外，还

---

① http://news.sohu.com/20100420/n271617754.shtml

会被各种搜索引擎收集在数据库中，当用户通过搜索引擎提交检索需求时，用户会被直接引导到新闻页面上。一些网站也会将新闻制作成链接提供给该网站的用户，用户在点击之后也能够进行浏览。网络新闻的再次利用越来越成为一则新闻被用户浏览的主要方式，新闻传播的范围很大程度上取决于用户以检索的方式获得该新闻的便利程度，新闻标题的制作往往是这其中的关键。很多时候，检索系统查询的依据是标题中是否出现相应关键词。因此，在制作标题时，要尽可能将新闻中的关键人物、关键事件名称等放入标题中，因为这几类词往往是检索的关键词。

3. 新闻标题内容要尽量简洁

用户在浏览网络新闻标题时往往是以扫视的方式快速进行的，这就要求标题应该以最少的字数将最为核心的内容呈现出来，因此，采用单一型标题通常要优于复合型标题，因为只有一行文字的单一型标题便于用户浏览并迅速掌握新闻的核心信息。通常在一个网页上大量新闻标题密密麻麻地并排呈现，那些花费用户最少时间就能够让用户做出浏览决定的题目将获得更多的被选择的机会。

通常新闻网站都会对标题字数有上限要求，这是出于页面整体的美观而做出的硬性规定，比如搜狐网严格要求新闻编辑在加工标题时字数不能超过 21 个字，这一要求是从实践中总结出来的，对于一般的新闻来说，20 字以内是能够把一个事件概括清楚的，不同的标题字数比较接近，当多个标题集中在一个页面上时，会显得比较美观，不会给用户以参差不齐的错乱感。比如右侧的一组标题，基本上都是在 20 字左右，组合在一起构成一个比较规整的矩形。（见图 4—2）

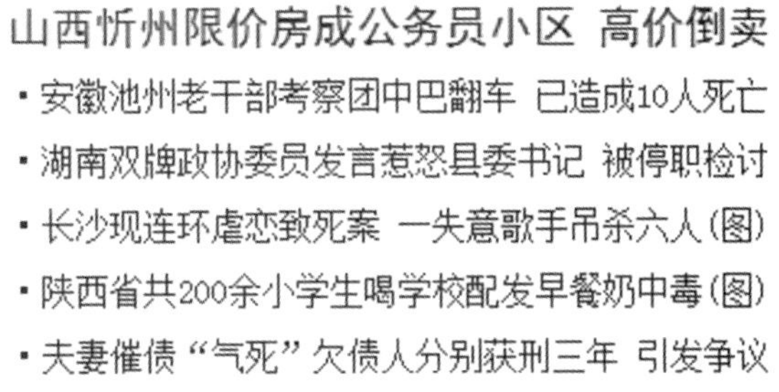
山西忻州限价房成公务员小区 高价倒卖
· 安徽池州老干部考察团中巴翻车 已造成10人死亡
· 湖南双牌政协委员发言惹怒县委书记 被停职检讨
· 长沙现连环虐恋致死案 一失意歌手吊杀六人(图)
· 陕西省共200余小学生喝学校配发早餐奶中毒(图)
· 夫妻催债“气死”欠债人分别获刑三年 引发争议

图 4－2　简洁整齐的标题形成规整的矩形

4. 相关信息手段的适当运用

在新闻编辑中，为增加新闻的丰富性，其他形式的相关稿件会作为补充信息提供给用户，如新闻图片、音频、视频等。为了让读者在标题层次即获得相对深入的信息以便做出进一步的选择，需要在标题中加上相关说明，如“(图)”、“(组图)”、“(视频)”等字样甚至是识别图标，以引起读者的阅读兴趣。

[埃蒙斯与丈夫亲吻庆胜利(图)][杜丽：主场作战静不下来]
佩剑：[谭雪9-15失利无缘四强][名将涅恰耶娃出局][精彩赛程]

· 火炬手李宁，追日夸父 孩子放松是开幕式大亮点
· 驻外记者博客：外媒眼中奥运开幕最美瞬间(组图)

图 4-3 提示性信息有助于提高读者的兴趣

三、网络新闻内容提要的处理

1. 内容提要的作用

内容提要是针对新闻内容进行概括、提炼的文字，介于标题与正文之间。它比标题更详细，传达的要素更多，但比正文要简短得多。一个提炼得当的内容提要能够展示新闻内容的精华，吸引读者的点击，并能起到调节阅读节奏的作用。如搜狐网《智利强震低死亡率原因 所有建筑抗震 9 级》的内容提要：

> 3 月 16 日，智利政府公布的死亡人数仅为 507 人(包括众多震后海啸中的丧生者)。有专家称，智利地震的破坏性堪比 100 个海地地震。这是一场世纪浩劫，更是个抗震奇迹。[①]

该条新闻的内容提要较标题而言，传达了更为丰富的新闻要素，长度仅为

① http://news.sohu.com/s2010/zhilidizhen/

75个字符，揭示了新闻的主要内容，突出了一些特殊性的数字，吸引读者继续阅读，并且在浏览标题和阅读文章之间起到了暂时停顿的作用，有利于用户调节阅读节奏，从而达到更好的阅读效果。

2. 内容提要的写作

内容提要是在对稿件内容进行分析、判断的基础上以简洁的文字进行再提炼的过程，既可以全面概括，也可以提炼精华，如果能够实现二者的有机结合，会使内容提要更加精彩。

全面概括是内容提要写作中最主要的方式，也就是用凝练的语言，将新闻的主要信息或观点概括出来，使读者可以迅速把握稿件的核心内容。

提炼精华则是在稿件内容较为丰富、全面概括又很难突出稿件重点的情况下，将新闻中最有价值的、最有新意的或最容易吸引人的某些内容提炼出来。下面就是全面概括与提炼精华相结合的例子：

> 内容提要：3月17日中国经济时报刊发题为“山西疫苗乱象调查”的深度报道，称近百名儿童注射疫苗后或死或残，疑与大量疫苗高温暴露有关，山西官方回应报道基本不实，中国经济时报发表负责声明……①

这篇新闻报道，属于全面、深度探访山西疫苗问题事件的专题报道，内容丰富且提到了各方所陈述的事实。这条内容提要主要陈述了《中国经济时报》与山西官方对事故原因截然不同的判断，突出了事实判断的矛盾，这恰恰是该报道最具新闻价值的内容。

网络新闻正文的写作与传统媒体没有太大区别，而针对正文的内容如何更好地编辑以符合网络用户的浏览习惯，是网络新闻正文写作的基本原则。

---

① http://news.sohu.com/s2010/shanxiyimiao/

四、运用超链接丰富新闻内容

在网络新闻中，运用超链接对与新闻事件相关的内容进行扩展，从而使新闻内容更为丰富，这是其他媒体无法实现的。这些超链接的设置便于用户作出选择，如果用户对相关内容不感兴趣，超链接的内容并不会影响正常的浏览过程；如果用户很需要这些链接的内容，用户就可以根据自己的需要，从链接菜单中自主选择。超链接的设置不是毫无章法、任意而为的，它往往针对的是一些与新闻的关键内容高度相关的内容，包括：新闻中的重要或关键人物，新闻中涉及的历史事件、重要的历史或地理背景、重要的组织、团体、机构等以及重要概念、科学名词等，还有与新闻相关的某些政策、法规、文件等。

超链接通常链接到的对象包括：(1)知识介绍，通过链接解释说明关键词；(2)相关报道，通过链接提供一个或一组与当前对象相关的报道；(3)相关网站，链接直接将读者带到某个对象的网站；(4)相关搜索，一些网站在加入链接的关键词被用户点击后，会通过搜索引擎搜索那些与该关键词相关的文章。

例如《波兰总统乘坐的飞机10日在降落过程中坠毁》这篇新闻报道，在文中提及波兰总统莱赫・卡钦斯基名字时，加入了“莱赫・卡钦斯基”的简历这一超链接，超链接文本所介绍的是波兰总统卡钦斯基的个人简介；在文章后附有一些与此事件相关的新闻报道的链接；文章后还附有一些诸如“飞机是如何坠毁的”、“调查坠毁点”的推荐网页，并于网页最下方加上了搜索引擎“搜狗搜索”的检索框，方便读者直接检索信息。①

这些延伸性内容的增加能够丰富和发展与报道相关的内容，一般情况下会用“相关文章”等文字明确标示出来。如关于世博会的报道，搜狐网就将与这一主题相关的新闻以列表的形式呈现在页面下方：

---

① http://news.sohu.com/20100410/n271429952.shtml

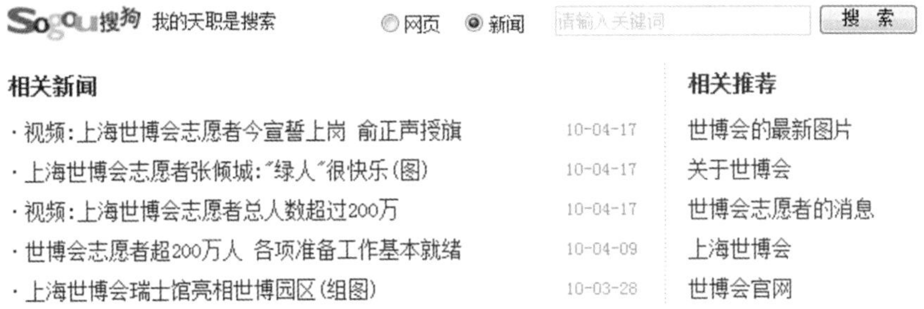

图 4－4　关于世博会报道的延伸性内容的搜狐网页

五、网络新闻反馈环节的设置

从新闻传播模式上看，网络新闻与传统媒体新闻的一个重要区别是，便捷的反馈渠道允许用户针对新闻进行直接的反馈。如果用户在浏览了一则新闻后愿意发表观点、作出评价，互联网能为用户提供便利的窗口和渠道。为增强互动性、延长用户的新闻浏览时间，网站往往以“跟帖”、“发表评论”以及“转发”等形式让用户在浏览新闻后贡献内容或扩展新闻的传播范围，这些用户贡献的内容很大程度上已经成为网络新闻的有机组成部分，因为这些内容构成了对新闻的评价，是新闻传播效果的一种衡量指标。网络新闻反馈的设置，已经成为吸引用户参与新闻互动的一个入口。

以搜狐网为例，在每一篇新闻的底部，都会有“我来说两句”这一吸引用户参与新闻评论的互动窗口，相关评论也可以同步发布到用户的微博上，这也是扩大网站新闻传播范围的一种形式。

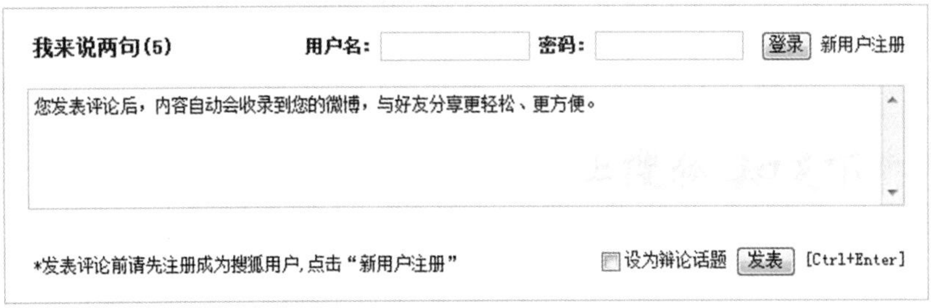

图 4－5　搜狐新闻页面反馈环节的设置

许多网站还鼓励用户复制网页地址转发给好友，这也是提高新闻浏览量的重要方式。像新浪、搜狐等开通微博服务的网站鼓励用户将新闻转发到自己的微博上，这样关注该用户的追随者也能够看到这一新闻，从而大大扩展了新闻传播的范围。

第二节　网络新闻专题的编辑

网络新闻专题是围绕核心主题或事件，运用多样化的媒体手段将相关内容以组合或连续报道的形式呈现出来的新闻内容组织形式。它以资源的整合为基础，通过规模化的操作满足用户对某一主题或事件多层面、全方位了解的需求，是一种能够充分体现网络媒体特性、强化与其他媒体新闻竞争优势的信息组织手段。对于那些不具备新闻采访权但具有较强的资源整合能力的网站（如大型门户网站）而言，这是体现其差异化竞争能力、突显其新闻报道实力的重要方式。

一、网络新闻专题的特点

网络新闻专题是互联网上组织程度最高的信息组织形式，主要体现在多种属性的结合上具有鲜明的特点，这主要表现在以下几个方面。

1. 集中性与发散性的结合

网络新闻专题是以某一主题或事件为中心聚合相关内容的主题化操作形式，不同层面的内容都以该主题或事件为核心向外延展，因此，从新闻专题的整体结构上看，是一个同心圆的结构。（见图 4—6）

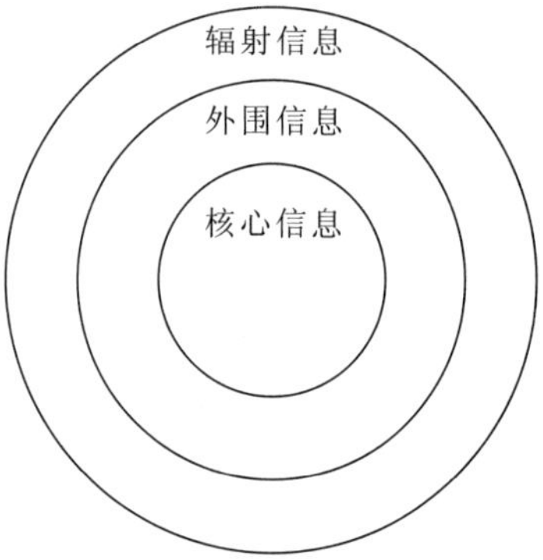

图 4－6　网络新闻专题的信息层次结构

在这个信息组织的层次结构中，与事件或话题最为相关的信息构成了核心信息，是整个信息层次结构的圆心，其他信息都是以此为中心来发散的，相当于果核；与核心信息相关的、用来解释核心信息的内容构成了外围信息，相当于果肉；那些与核心事件或话题没有直接关系但可以进一步丰富、拓展核心信息的内容为辐射信息，相当于果皮。由于网络的超文本特性和不受存贮空间限制的特点，使得在核心信息之外的外围信息和辐射信息的边界极为宽泛，这些信息能够发散到什么程度，取决于核心话题或事件本身所具有的新闻价值以及外围和辐射信息的丰富程度。不同类型的信息集成在一起，构成整体性、统一性的信息传播单位。这种信息组织形式能够满足不同用户、不同层面的需求，便于用户从中作出选择。新闻专题集中性与发散性统一的特性，要求网络编辑在进行内容组织时，既要善于捕捉到信息传播的焦点，又要善于围绕这一焦点进行恰到好处的信息延展，使网络新闻专题具备丰富的信息层次，满足用户多层次的需求。

以2010年搜狐新闻频道做的《西南地区持续干旱》这一新闻专题为例，搜狐的网络编辑首先以导读和头条新闻等方式持续更新西南旱灾的最新消息，这些紧扣西南旱灾近况的消息就是读者最需要的核心信息。在专题中，编辑还分设了好几个小专题，例如“各地旱情形式”、“旱区人们的生活”、“旱区天气预报”等，这些内容与新闻事件主题相关，属于外围信息的范畴。另外，搜狐新闻频道还提供了一些不同视角的新闻内容，这些内容便构成了辐射信息。[①]

2. 实时性与延时性的结合

互联网实时传播的特性便于在一个具有新闻价值的突发事件发生时，编辑可以在很短的时间内推出专题，尽管因时间仓促不会很完善，但只要具备核心信息和一定的外围信息，专题的架构就能搭建起来，在这个基础上随着事件的

① http://news.sohu.com/s2010/yunguihanzai/

推进和更多外围信息和辐射信息的增加，专题便逐渐完善起来。编辑在网站进行新闻传播时，通常会在一个突发事件得到确认后立刻在网络上推出，当感觉这样的事件具有话题性和足够的延展性后，会以新闻为基础发展成为专题。可见，实时性是专题报道的基本属性。同时，所有的新闻信息及相关信息都可以根据需要不断地随时添加，而此前的信息都变成了“旧闻”，就是说，这些信息是延时呈现的内容。正是实时性信息和延时性信息的结合，使得专题可以在一个空间内承载完整的事件报道过程。这样的信息呈现方式让用户对事件的了解逐渐深入，并随着时间的推进而获得更多真理性的认识。一个半世纪前，马克思曾经提出“报刊的有机运动”的观点：“只要报刊有机地运动着，全部事实就会完整地被揭示出来。最初这个完整的事实只是以同时发展着的观点的形式出现在我们面前，这些观点有时有意地、有时无意地揭示出现象的某一方面，但是归根到底，报纸的这种工作只是……一步一步地弄清全部事实的。”网络新闻专题这种形式很好地体现了新闻报道的有机运动状态，无论是报纸、杂志还是广播、电视的专题，都不具备网络新闻专题这样的能量，这显示出互联网在专题报道上所具有的独特优势。

3. 主动性与互动性的结合

网络专题主要体现的是 Web1.0 时代的编辑思维，即由媒体来制作内容，通过媒体的策划和实施为用户提供高度组织化、结构化的信息，这是一种典型的大众传播形式，是以媒体为中心的内容制作方式。这种方式的优点在于能够在短时间内形成一定的规模，体现媒体的价值观，对用户的观念和行动进行引导。也就是说，对于网络媒体而言，负责专题制作的编辑具有很大的主动性，他们往往主导着信息发布和呈现的方式，在信息传受过程中占据主导地位。这对于保证媒体的权威性和信息传播的有序性无疑是合理的。

但从网络新闻报道及新闻专题的制作流程上看，为保证信息的及时性，网站往往会降低把关标准，因为互联网信息的海量特征让网络媒体的把关变得非常困难，这种把关通常以事后调整的形式体现出来，即出现不合适的内容时会及时删除，并作为此后类似操作的前车之鉴。也就是说，把关环节的淡化使得网站在制作新闻专题时往往依赖于操作专题编辑的个体或有限的几个编辑的能力，专题质量的好坏也取决于他们能力的高低。如果有网民对某个事件或话题有足够发言权，他们提供的信息或发表的观点会成为专题内容的有益补充，这部分由网民提供的信息就是有价值的，就应该成为专题内容的有机组成部分。将这些有价值的内容纳入专题，让网民生成的内容(UGC)贡献给媒体，是Web2.0时代的典型特征，这种信息组织形式吸纳的是互动性的内容，已经成为许多网站制作专题的基本思路。也就是说，专题在整体结构搭建上为网民上传内容提供了接口，如上传图片、视频或文字，或为网民之间的互动提供窗口。这是一种开放制作专题的思路，事实证明，如果网站能够很好地设置议程，并能在信息的组织上做到有序化和可控性，会让专题更为出彩，并获得用户的认可，因为专题的最终形态有用户贡献的内容，这些内容代表的是用户的视角和观点。很好地发挥互动性的优势，会成为吸引用户更大程度关注和参与的有效手段。

例如，在2005年中国台湾国民党荣誉主席连战访问大陆期间，围绕网站制作的“连战访问大陆”的专题，网友在网络上掀起了赋诗热，不仅增强了网络专题报道的声势、丰富了专题的内容，还会让这一事件得到长时间的延续，取得了预料之外的良好效果。

二、网络新闻专题对新闻报道的扩展作用

从网络新闻专题信息传播的效果上看，新闻专题是具有网络特色的深度报道形式，能够对网络新闻在时空维度上进行扩展，包括对新闻的发生背景、波及影响和发展趋势进行全面的呈现与分析，从而全面、深刻地反映新闻事件的发展变化情况。这表现在以下几个方面：

首先，网络新闻专题能使报道内容更为立体化地呈现。利用互联网容量无限、资源丰富以及报道手段多样的优势，网络新闻专题可以多层面、大视野地展开立体化的报道，以此来更好地满足用户对于某一事件或主题的深度需求。

其次，网络新闻专题有助于用户对新闻事件的更好把握。网络新闻海量传播特点让用户往往无所适从，尤其是遇到不一致的报道，更会让用户感到迷惘。

制作优良、逻辑性强的新闻专题可以通过若干稿件的有机结合来增强不同稿件之间的联系，提高稿件相互间的匹配度，有利于用户对新闻事件更为全面、整体的把握，让用户对新闻事件有更为清晰的认识。

第三，网络新闻专题有助于强化网站的竞争优势。网络媒体上向来不缺少新闻，而是缺少有质量的、整合程度高的新闻。那些选题与角度独特、制作出色、多媒体手段运用得好的新闻专题，能够让本来平淡无奇的新闻变得立体、生动起来，带给用户更多的价值和更为良好的体验。因此，在网站采访权尚未完全放开的情况下，高质量的网络新闻专题制作是网站竞争力的重要体现，对于网站赢得用户认可、提高被选择的几率有着重要的作用。

以搜狐新闻频道所做的“重庆打黑”专题为例，可以明显看出网络新闻专题在立体化报道、整合新闻资源方面的作用。重庆打黑案情严重，利益关系错综复杂，仅仅依靠单篇独立的报道无法帮助用户了解案情全貌。搜狐新闻频道围绕案件核心人物文强，以专题的形式，对整个案件进行全面梳理，从各种视角解读该事件。专题配以消息、通讯、评论、图片、视频，并附上“重庆打黑关系图谱”，完成了对案件的立体化报道，这让用户对新闻事件有了全面的了解。①

三、网络新闻专题的主要类型

新闻专题因制作目的、制作方式、资料来源等方面的差异而呈现出不同的形态，大致可以用二分法对各种专题进行分类，如采访型专题和编辑型专题、事件性专题和非事件性专题、动态型专题和静态型专题等，划分角度不同，专题类型自然也不相同。在实际操作中将专题分为采访型专题和编辑型专题，这是最有意义的分类，因为它是根据新闻信息和相关资料来源的不同所做的划分，属于网络媒体最核心的新闻采编环节。因此，对这两类专题的内涵及操作要点进行了解，有利于指导实践操作。

---

① http://news.sohu.com/s2009/chongqingdahei0910/

1. 采访型专题

由网站针对某一主题组织力量对与主题相关的人员进行采访，在此基础上进行编辑所形成的专题叫做采访型专题。这类专题中会有较大比重的首发和独家的内容，直接体现网站的采访能力和资源运作能力，因而是网站重要的原创内容。

由国家主管部门认可的具有独立采访权的新闻媒体网站，由于其所依托的传统媒体拥有强大的资源，以及网站拥有其他网站所没有的采访权，在制作采访型专题上具有明显的优势。这类专题通常以某个新闻事件为基础，将事件的当事人在一定时间内能够引起公众兴趣的话题尽可能进行延展，以使用户能获得更多与该核心事件相关的内容。由新闻网站制作的采访型专题因在政治类、时事类新闻方面具有其他类型网站无可比拟的优势，因此，政治和时事类专题是这类网站制作较多也是更容易产生影响力的专题。比如，2005 年围绕连战访问大陆这一政治事件，新闻网站就制作了相关的专题，如人民网就推出了专题“中国国民党主席连战访问大陆”。[①] 由于网络专题具有可供用户随时查询、网络空间没有限制的优点，这类用户普遍关注的新闻专题往往能够产生较为广泛的影响。

对于那些不具备独立采访权的一般网站、商业门户网站而言，政治类、时事类的专题在操作上的难度非常大，因此，这些网站往往会避开此类专题，而是转向那些更容易操作的、敏感度小的领域，专注于体育、娱乐、民生、商务等领域就成为以门户网站为代表的其他类型网站在制作采访类专题的重要选择。

比如，搜狐网在娱乐新闻报道领域积累了大量的资源和丰富的经验，因此在采访型专题的制作上就很有优势。为方便用户更好地了解娱乐界发生的重要事件，搜狐于 2009 年推出了“搜狐电视月刊”栏目，每月以专题的形式选择重要的娱乐现象或事件进行报道。如第三期专题《崛起背后：湖南卫视八大金牌团队全解密》，就是在采访湖南卫视八个具有广泛影响力节目的制作团队主创

① http://tw.people.com.cn/GB/26741/47107/index.html

人员的基础上制作出来的。[1] 相对于新闻网站而言，像搜狐这类商业门户网站在这类资源的积累和围绕这些资源制作专题的经验上要比那些媒体网站更有优势，它们能很好地把握差异化竞争的侧重点，在自己擅长的领域内积极布局并精耕细作，已经成为关心娱乐类资讯用户获取此类内容的首选渠道。

搜狐2008年制作的大型专题报道“中国制造·中国速度全国行”也是一个采访型专题的典型案例。整个报道以搜狐为主导联合全国权威媒体组成强大报道阵容，走访能代表“中国制造”的典型城市和企业。这一大型采访专题充分发挥平面媒体深入报道与网络媒体快捷、详尽呈现的优势，以新闻报道与网络互动相结合为特点。具体形式是将新闻报道与博客征文相结合，让企业界领导与权威研究人士、媒体和草根人士都能充分关注、参与“中国制造”的话题报道和讨论，在体现形式上综合运用“文字＋图片＋视频展示”的方式来呈现中国改革开放以来中国企业的发展变化。整个专题发挥了采访报道的优势，将与“中国制造”有关的原创内容以及联合采访、沙龙、论坛、新闻报道、博客征文、网上调查、排行榜等内容与合作媒体策划的内容一并整合到专题中，内容丰富，报道权威，贴近百姓生活。一系列报道如“走进汇源”、“走进燕京啤酒”、“走进皇明”、“走进奇瑞”等充分展示这些代表性企业的最新发展状况及未来发展的潜力，发挥了采访型专题原创、深入的特点。[2]

2. 编辑型专题

相比于采访型专题，编辑型专题是更为常见、更容易操作的专题类型。编辑型专题就是由网站围绕某一主题组织力量收集、整理相关的资料，以多种媒体形式对专题加以丰富和完善的网络报道形式。这类专题与采访型专题的主要区别就是主要内容不是通过网站人员采访获得的，而是根据专题的需要对已有的资源进行筛选、编辑后呈现给用户。尽管就资料和观点的新鲜度而言缺乏首发和独家的内容，但如果能保证编辑思路的创新和相关内容的丰富，并结合

---

① http://yule.sohu.com/s200914070/s262894951

② http://business.sohu.com/s2008/4836/s254650612/index.shtml

一些新颖的编辑形式，如 Flash 图片、自制图画等，找好报道的角度和事件的“第二落点”，用户同样能从中获得价值。

编辑型专题是网站尤其是商业门户网站制作专题的主要类型，形成这一现状的原因是多方面的，首先是受限于新闻采访的相关政策。目前网站普遍没有获得新闻采访权，即使以变通的方式通过采访进行新闻报道，所受到的限制还是很多，从操作的便利性上来说，编辑型专题更为容易。其次是受限于相关人才的匮乏，相对于传统媒体而言，网络媒体报道所需要的是利用多媒体手段进行采访报道的人才，这方面的人才需要大量的实践经验才能培养出来，这类人才无疑是较为缺乏的。还有一点就是，网站意识到专题的成功并不完全取决于是否有原创性的采访内容，如果能够在策划和执行环节都做得很出色，编辑型专题同样会取得良好的效果。事实证明，这种依靠编辑能力来体现新闻价值、传达深刻观点的诉求是可以达到的，大型门户网站的实践已经证明了这类编辑型专题的强大生命力。

许多网站将编辑型专题作为新闻报道的核心内容，以此作为与传统媒体和新闻网站竞争的主要武器。例如，一直在新闻专题领域处于领先地位的搜狐网，确立了以专题尤其是编辑型专题来强化网站优势的竞争策略。经过多年在资源、人才以及经验上的积累，目前搜狐每年制作的专题超过 1000 个，平均每天制作 3 个左右的专题，绝大多数为编辑型专题。这很大程度得益于搜狐作为最早创办的门户网站与大量传统媒体尤其是报纸媒体所建立起来的合作关系，一旦有值得深度挖掘的事件，网站都能够以媒体合作的身份得到传统媒体的原创内容，在此基础上结合相关资料不断对专题加以丰富和完善。传统媒体出于宣传和让新闻在更大范围产生影响的目的，也会主动为网站提供新闻稿件及相关信息，从而形成良性互动。

四、网络新闻专题制作的原则

尽管新闻专题的制作并没有统一的规则，但为更好地组织网络新闻专题，一些基本的原则还是需要遵循的，主要包括如下内容。

1. 报道主题的鲜明性

网络新闻专题往往通过对同类内容的集纳和整合所形成的规模效应吸引用户的注意，为保证用户在海量的信息中注意到网络专题的存在并愿意花时间进一步了解相关内容，就要保证专题在主题策划上的鲜明性，让用户一接触专题的标题或关键词就知道专题所关注的核心事件及专题报道的角度。这一原则简单来说就是要做到“新鲜”和“明了”，即所选择的内容能给用户以新鲜感，所呈现出来的事实及其结构方式让用户一目了然。在新闻报道同质化倾向日益严重的媒介环境下，各个网站都会对有一定新闻价值的内容加以关注，如果不能让自己所选择的事件及报道角度与其他网站有所区分的话，用户就很难从诸多选项中作出有倾向性的选择，即使网站花了很大的力气将专题制作出来，也很难获得用户的关注和认可。所以，要确保专题在主题上的鲜明性，就要做到“人无我有”、“人有我优”、“人优我特”。

例如，每年召开的全国人大和政协会议，众多媒体都会作为报道的重点，各个网站包括新闻网站和门户网站都将围绕两会所做的报道作为体现媒体影响力的重要战役来看待。如何能从常规的报道中脱颖而出，让网友感觉到网站独特的策划并愿意通过该网站了解与“两会”相关的信息呢？搜狐网在几年前率先策划了“我有问题问总理”这一栏目，向网友征集各种普通民众关心的议题，很好地将网友关注的热点与互联网互动的特性发挥出来，成为当年最受网友欢迎的“两会”报道形式之一，以至于在随后的政府工作报告会议上还被温总理所提及。网民在查找信息时很少去关心媒体的身份和级别，他们更关心的是网络新闻专题所关注的主题与自身兴趣点的关联度。如果网站策划的主题与网民有较高的关联度，与其他网站有鲜明的对比，自然会得到网民的追捧。

2. 报道内容的深入性

新闻专题内容丰富，但并不是信息的简单堆积，归根结底这是一种深度报道新闻事件或呈现某一主题的形式。用户之所以在了解新闻的事实层面后仍然有兴趣继续关注专题的相关内容，就是对专题更为深入的内容充满期待。因此，在进行网络专题报道时，要根据所选择的新闻事件或主题找到可供深度挖掘的角度，让用户跟随网站的步伐持续跟进。为确保专题的深入性，一方面要靠内容的选择，另一方面要通过相关栏目的设置来体现。说到底，就是要体现专题的深度，不能只是在事件的表层上做文章，而是要深入事物的本质，让网友一起去思索、去发现。如果专题中只有"事态进展"、"各方反应"的栏目，是很难体现专题的深度的。因此，在进行栏目策划时，应该站在一定的高度上思考专题所表现的主题或事件，应该设置一些对当前事件的独特思考的栏目，通过横向或纵向的比较，或通过对事件来龙去脉、长远影响等的探讨，更加深入地表现主题，从而体现专题的特色和深度报道的价值。

比如，同样是针对2008年汶川地震后全民默哀日的报道，各个媒体在专题设计的指导思想上都是沉重肃穆的，在这样的基调下如何更好地体现媒体的作用和价值，考验着网站的策划能力。搜狐网推出的"让这一刻在国家记忆中永存"专题①，以高昂的情绪表达对逝者的深切怀念，立意高远，哀而不伤，在众多新闻专题中独树一帜，与其他媒体的报道相比也非常突出。专题一推出，即受到众多媒体的关注，转载量节节攀升。因此，网站在专题的整体设计上是否能够达到一定的深度，直接体现网站的策划、编辑水平。

3. 媒介形式的多样性

随着用户媒介消费习惯的改变，单一的媒介形式已经很难满足用户的需求，用户希望一个专题在呈现方式上应该发挥不同媒介形式的优势和特点，给予用户全方位的满足，这就需要网站在制作专题时，以多媒体思维处理选题策划、角度选取、栏目设计、素材采集与编辑等各个环节，使多种媒介形式在发挥各自优势的基础上形成合力，产生更好的传播效果。在这方面有经验的网站已经能够做到驾轻就熟，多样化的媒介形式显示出网络专题相较于传统媒体的优势。

比如搜狐网推出的"赵作海洗冤专题"，就使用了文字、图片、视频

① http://news.sohu.com/20080519/n256937278.shtml

等多种形式，让这一误判多年给当事人造成巨大伤害的冤案得到全方位的展示。其中通过图片制作的方式呈现多方观点的形式视觉冲击力强，观点也比较有代表性；电视媒体的相关报道内容，更能直观地展现事件的全貌；多个平面媒体相关报道的引入，也能够体现舆论的整体氛围。网络专题所呈现给用户的信息，从不同角度、不同方面来丰富用户对这一事件的感知，它所营造的整体效果，要优于任何单一媒介形式，体现了网络专题的独特优势。①

4. 信息呈现的层次性

网络专题对于某一事件的发展持续跟进报道并呈现于一个空间的特点，让那些实时性与延时性信息同时呈现于用户面前，这有可能因信息的不断更新而使旧信息被新信息淹没，因此需要通过层次性的结构设置以起到导读的效果，这有利于用户清晰地把握事件整体发展的线索。

在具体操作上，应在内容的整体安排上体现出层次性，使得核心信息、外围信息及辐射信息都得到相应的体现，便于用户根据需求浏览相关的内容。

5. 特色资源的优先性

网络新闻专题已经成为各个网站之间比拼采编能力的重要内容，如何在同质化的大环境下体现专题的独特价值，往往取决于网站是否拥有特色的内容和独家的资源。再好的策划如果没有内容和资源做依托，都只是无源之水。对于绝大多数网站而言，由于没有新闻采访权而在特色内容的采集上受到很大限制，这就需要以变通的方式，通过合作来获得相关资源。大型门户网站是影响社会主流人群和年轻群体的重要渠道，许多传统媒体出于提高媒体知名度、增加内容曝光量的需求，往往需要网站对媒体内容进行推广，许多网站正是看到了自身对于传统媒体的互补优势，以积极的态度大范围联合传统媒体，尤其是中央级媒体和各省市的主流媒体，例如新浪、搜狐等网站已经和大

① http://news.sohu.com/s2010/zhaozuohai/

部分平面媒体展开合作，力图获得最大化的资源。以2008年奥运会报道为例，搜狐以北京奥运会赞助商的身份与全国几十家都市媒体展开合作，所组成的报道联盟让采写的消息全面共享，这样搜狐在投入较小的情况下获得了众多优质的内容。随着网络媒体影响力的进一步扩大，与更多网站结盟以形成合力就成为网站获取更多资源以丰富专题报道内容的新选择。例如，在2010年上海世博会报道上，搜狐与全国31个省级网站合作组成世博会报道联盟，如此大规模的合作，可以为相关的专题报道提供更为丰富的内容。

6. 用户参与的互动性

互联网为用户提供的是开放的媒介空间，如果网站推出的某个专题能够吸引用户的注意力，用户往往会对其专题产生共鸣，愿意发表看法的用户会参与相关话题的讨论，这些用户往往具有一定的代表性，他们的意见会形成一定的舆论氛围，这会在一定程度上吸引更多用户对专题的关注。也就是说，调动用户参与专题的互动机制的设置，应该是专题整体结构不可或缺的部分，是对专题内容的有效延伸。这类评论性的内容和针对用户对某个话题进行调查的内容，共同形成民意的内容，将会对专题的主题起到强化作用。再通过某种形式对这类互动内容的影响力进行提升，如推荐有代表性的用户评论，就会有效地将用户生成的内容纳入专题的整体结构中，既是对用户的尊重，也能有效提升专题的质量。

如搜狐制作的专题在整体结构上设置了"网友激辩"栏目，将网友针对专题的核心内容所发表的观点有选择地呈现。比如，在"二刻拍案惊奇：死人复活，赵作海洗冤"这个专题中，这个栏目就将几个针对司法领域误判造成当事人受到极不公正待遇的评论呈现给用户，例如：

"公、检、法公权滥用，真不知道还有多少个'赵作海'被冤死，还有多少个'赵作海'在等待清白！"

"听说要国家赔偿了，最后是纳税人埋单(国家赔偿不是纳税人的钱吗?)，为什么不让公仆赔偿?"

“赵作海，中国的又一佘祥林。究竟还有多少？”

这些意见很能代表一般用户的观点和情绪，将这些有代表性的评论公布给用户，能够增加用户对专题报道的认可度。[①]

五、网络新闻专题策划

网络上的新闻不计其数，但并不是每一则新闻都适合作为网络新闻专题的选题。尽管新闻专题的制作环节包括确定选题及报道角度、选择相关内容、以合适的形式加以呈现等多个环节，每个环节对于最终的传播效果都会产生影响，但相比之下，选题却是核心的环节，往往选对了一个合适的题目，就会在吸引用户上抢占先机。因此，选题的策划是各个网站在制作专题时最为重视的环节，这一环节做得好的话，才有可能制作出独家的、有深度的报道。

网络新闻专题在选题上的范围较广，一般来说，选题主要来源于以下几个方面。

1. 重大突发事件

网络信息随时发布的特点让网络媒体能够在重大事件出现时迅速启动，在基本要素具备的基础上确定专题框架，并在很短的时间内将专题上线。然后根据事件的进展和后续内容的增加再逐渐丰富专题内容，并在呈现形式上逐步加以完善。

以搜狐网在2010年4月21日针对全国默哀日所做的玉树地震专题“让我为你点亮一盏酥油灯”为例，网络新闻专题在这种重大突发性事件发生后第一时间作出反应，在很短的时间内就将这一表达全国人民对逝者祝福、对幸存者问候的专题推了出来，受到广大网民的好评，充分体现出传统媒体无可比拟的时效性优势，这要比绝大多数的

① http://news.sohu.com/s2010/zhaozuohai/

> 传统媒体如纸质媒体、广播、电视反应迅速得多，效果也要好得多。该专题提供了动态、图集、评论、第一现场、灾区卫星图、微博关注、寻亲、灾区日记、震后之路等多个相关栏目，全面满足了用户深入了解事件全貌的需求。①

在重大突发事件的选题处理上可以从不同角度进行策划：一是后果式策划，以突发事件发生后的一系列连锁反应为重点，通过跟进式报道让用户及时获得各种信息，便于用户了解事件的进展及结果。针对四川汶川、青海玉树的地震报道都属于此种类型。二是前因式策划，以探求突发事件的起因、背景等社会环境因素为重点，为用户理清思路，起到释疑解惑的作用。搜狐制作的关注系列校园杀人案件就属于前因式的策划，重在探讨杀害儿童的当事人的作案动机。

2. 非突发性的重大事件

这类专题策划所针对的是事先可以预知的事件。这类专题在选题的策划上相对比较从容，可以花更多时间做准备，等时机成熟后推出较为完善的专题。与突发事件不同的是，这种选题主要考查的是对报道时机、报道角度的把握以及相关报道手段的运用。

这类专题既包括在重大事件到来之前的某个时间点启动的新闻专题，如各个网站围绕“两会”都会在会议正式开始前提前预热以达到先声夺人的效果；也包括与重大事件的发生同步呈现的专题，比如同样是围绕“两会”的专题，近年来许多网站都推出的“记者跑两会”专题，就是在全国“两会”举行期间，以记者从各个会场上发出的实时报道为核心，以会议间隙记者的见闻、感悟为补充所做的专题内容，这类报道就是突出新闻的时效性，让用户感受到新闻报道的快节奏。

在专题策划上，可以根据网站拥有的资源情况关注不同的侧重点。如果网站的人力资源和外部相关资源丰富，可以考虑进行全景式的策划，这种专题能

① http://news.sohu.com/s2010/yushudizhen/

够全面展现新闻事件的整体情况，以丰富的信息满足用户的需求，更有可能获得用户的欢迎和好评。如果网站的人力资源及外部资源不足，则可以考虑在某个方面实现突破，以“特写”的方式截取新闻事件的某个侧面，通过纵深方向的拓展深度开掘事件内涵，从而形成自己的特色，以差异化、小而精为着眼点，与那些大而全的同类报道展开竞争。

3. 具有普遍关注度的社会现象

在社会发展过程中总会有一些社会现象或问题成为社会关注的焦点或热点，这类现象因具有较为重要的现实意义而值得深入挖掘。策划这类专题时往往是从某一个显性的“点”作为切入点，然后由点及面、深入探讨这一社会现象得以发生的深层原因。这类专题类似于央视的《新闻调查》栏目，对网站的策划、采编、执行等各个环节都有比较高的要求，因此而成为衡量网站整体实力的重要尺度。

如搜狐网新闻中心推出的专题“还有什么能支持年轻人活下去”，就充分体现出网站编辑出色的选题策划能力。编辑在对一系列“网络自杀群体”现象分析的基础上，通过各类信息的搜集和观点的汇总，从多个角度对这一关注度不是很高却发人深省的社会现象进行解读。

网站的观点是，自杀从个体事件演变成群体事件说明社会出现了问题，相约自杀更强化了大家对现实的逃避和对责任的放弃的想法，想要更有尊严、更加幸福，首先就要让人们对活着充满信心和期待。这种围绕某一社会现象的专题策划，如果能够找到合适的角度并做到较为深入的开掘，很多时候比单纯的事件性报道更容易引起读者的关注，并有助于推动相关社会问题的解决，从而发挥媒体更大的作用。[①]

4. 由媒体策划的相关活动

当媒体具备一定的影响力后，由媒体策划的活动也会吸引受众的注意力。

---

① http://news.sohu.com/s2010/dianji401/

如果活动策划巧妙，还可以照顾到广告客户的利益，在社会效益和经济效益两方面都有收获。网络媒体近年来主动策划专题报道，获得了较好的效果。那些商业意识突出的网站能够找到受众的需求和广告主的诉求二者之间的结合点，在完成专题报道的同时，让广告主的品牌也得到了很好的曝光，取得了两全其美的效果。如搜狐策划的“互联应用 中国创造”活动，就在唤起更多网民关注中国制造的产品需要升级到中国创造这一层次竞争的过程中，让诺基亚的品牌得到了提升。[①] 这是兼顾社会效益与经济效益取得成功的媒体策划活动的典型案例。在不干扰用户体验的前提下，通过巧妙的策划实现网站、用户、广告主三者利益的均衡实现，是值得推广的专题策划方式。因为这样的活动充分考虑到了投入与产出之间的关系，只有两者之间实现均衡的发展，才能够保证这类活动是可持续的、有长久生命力的。只考虑为受众提供全面、丰富的信息以满足受众各个层面的需求，而不考虑为制作专题所投入的成本，从长远发展上看，是不值得提倡的，因为这难以形成良性的循环，并非长久之计。

六、提升专题内容质量的相关技术环节

网络新闻专题内容制作包含的因素很多，一个成功的专题需要在各个方面都表现出色才能获得良好的效果。为提升专题内容质量，需要处理好许多技术环节，以下这几个环节是比较重要的，如果都能处理好的话，就能保证专题的总体水平。

1. 增强专题互动性的手段

鼓励用户参与和专题的主题相关的活动以丰富报道内容，这是网络专题中互动的最主要形式，这类用户参与并贡献的内容是网络新闻专题的重要组成部分。网络新闻专题的互动通常包括以下两种形式。

---

① http://yule.sohu.com/s2010/createdinchina/

(1)网民调查

网络专题中的网民调查主要是通过在线问卷的形式及时了解网民对某一事件、观点、言论等的意见、态度或看法，比如可以直接针对当前新闻事件与主题收集意见，也可以让网民对与本专题相关的某一社会现象发表评论，还可以征求网民对专题报道本身的某些方面内容的意见和建议。通过网民调查不仅可以为网站征集到代表一定层面网民的反馈意见，也可以让受众对某一问题有直观的了解。比如，有些问卷在网民作出选择后，会即时生成不同选项的比例图或百分比，参与调查的网民的倾向性意见如何一目了然，网民根据当前的结果会做出大致的判断。尤其对一些新闻事件或社会问题开展的在线调查，所呈现的结果能在一定程度上揭示网络空间的舆情走势，这种调查事实上已经成为专题报道的有机组成部分，更容易引起网民的关注。为充分发挥网民调查这一技术环节的作用，使其更好地融入专题报道，网站编辑在这一环节的设置上要格外用心，要求编辑要精心设计调查问卷，有效利用调查结果，使调查能真正为专题的主题服务。

163网站就善于通过调查来了解网民对每一场CBA比赛的真实反应，在线调查的结果会实时呈现网民的评价。比如，针对CBA2008－2009赛季广东队夺冠这一事实在线调查球迷的态度，总数超过2万人的用户参与量，能够比较真实地反映出普通球迷对于这一结果的总体态度。(见图4－7)

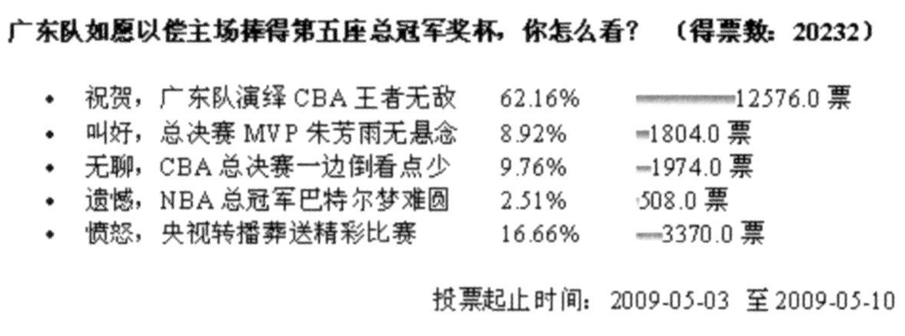

图4－7　163网站针对广东队夺冠的在线调查结果

(2)网民评论

网民对专题相关内容评论的主要形式是专题页面中提供的 BBS 窗口,它为网民表达自己的意见与态度提供直接的途径。评论的数量在一定意义上可以反映出人们对新闻事件或现象的关注程度,也可以提升专题的影响力,使更多的人对专题报道产生兴趣。比如,搜狐网在每一个专题页面上都会设置"我来说两句"的窗口,网民的意见都可以通过这个窗口提交,所有网民的评论都会汇总在一起供其他网民查看,有代表性的评论还会在专题页面上作重点推荐。随着搜狐微博的开通,网民发表在微博中的与该专题相关的内容也会作为专题的一个栏目呈现在专题页面上。比如在"二刻拍案惊奇:死人复活,赵作海洗冤"这个专题中,对上述评论手段的使用占到了一定的比重,是对专题内容的有效补充。(见图 4－8)这种调动用户积极性、鼓励用户生产内容的做法,不但能增加专题的有效内容,而且会成为提升网民关注度的有效手段。使用得好,会起到事半功倍的效果。①

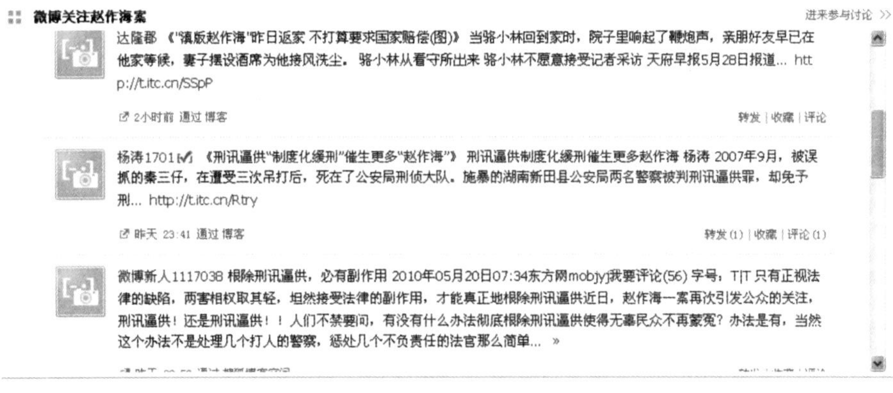

图 4－8 搜狐微博用户的评论作为互动内容融入专题的整体框架中

除了这两类惯常使用的常规互动方式外,还可以利用 Flash 技术制作出动态效果以吸引用户的点击,以此来增强报道的互动性。

---

① http://news.sohu.com/s2010/zhaozuohai/

2. 丰富专题表现力的手段

在占有足够素材和资料的基础上如何制作出更富表现力的专题，需要对多种媒介形式灵活地、创造性地运用，以使专题呈现出多媒体报道的效果。但并不是媒介形式越多越好，而是要将各种媒介形式很好地组合在一起，使不同媒介形式相得益彰。在丰富专题表现力方面，以下两种媒介是有较大开发空间的形式，也是增强表现力的有效手段。

(1)Flash 信息手段

运用 Flash 技术将文字、图片、声音、视频、互动式图形或图表等整合成更富表现力的信息，是提高专题内容质量的重要手段。这种信息手段可以形象地再现新闻事实和场景，可以将多种媒介形式有效整合以提高新闻的互动性，因此得到了网站的广泛使用。

Flash 技术可以在以下几个方面加以应用：

一是 Flash 动漫新闻，就是运用 Flash 来制作与主题相关的动画，如复述事件的情节、MTV、电子贺卡等，运用起来比较灵活。这种信息手段可以打破新闻事件发生现场的重要信息缺失的限制，以模拟或再现新闻现场的手段复现重要的或关键的信息。尤其是那些突发性重大事件，运用 Flash 可以一定程度弥补无法获得第一手素材的不足，并能有效解决新闻素材缺失的问题。

由于 Flash 动漫是一种再创造过程，这样就可以选取新闻事件中最重要、最关键的环节进行艺术化的处理，以更好地突出主题。

许多 Flash 动漫新闻之所以得到网民的认可，是因为这种信息呈现方式具有趣味性，画面和解说都可以做得很活泼，给人以妙趣横生的观感。比如 2007 年重庆“史上最牛钉子户”事件发生后，搜狐网就用 Flash 制作了一期专题，在尊重事实的基础上，用真实图片、Flash 动画和解说文字对这一事件的前因后果进行了全方位的展示，很好地实现了趣味性和深刻性的结合，给网民以深刻的印象，大量网民不但涌入网站观看，还积极转发网址给好友，使得这一专题获得了更大范围的关注。[①]

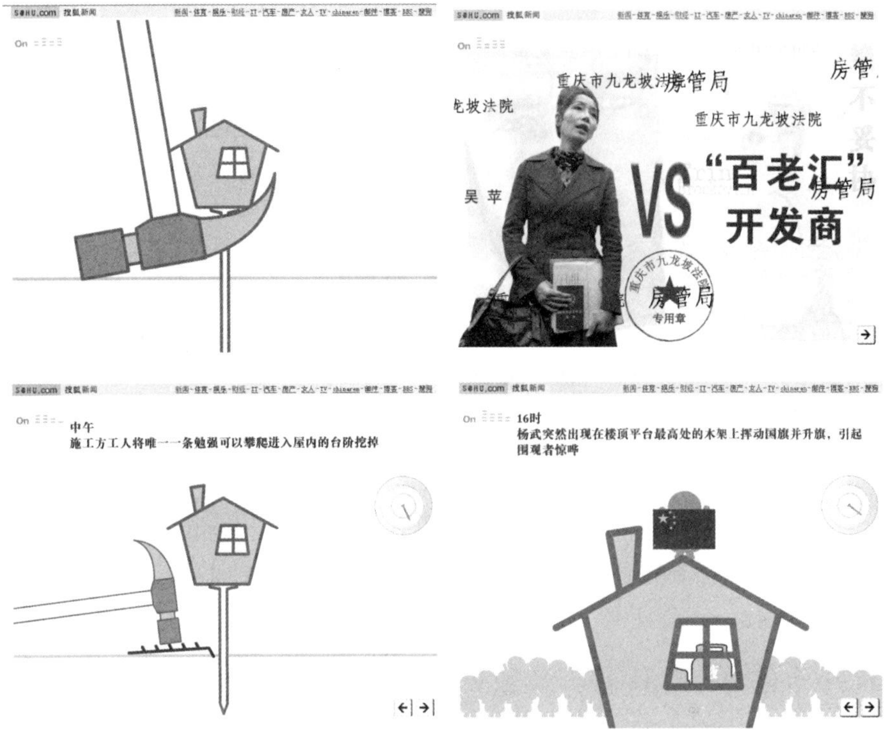

图 4－9　搜狐网“史上最牛钉子户”Flash 专题截图

二是 Flash 幻灯（Slideshow）新闻，这是一种以图片为主的 Flash 新闻形式，就是将多张图片整合成连续的图片序列。这些图片一般情况下会自动播放，有时也可以由用户控制播放进程，一般会在图片旁配以文字说明。Flash 幻灯可用于制作“一日新闻”、“本周图片”等集成性新闻，也可以用于单一新闻事件的报道。比如搜狐网的“图片幻灯排行”栏目就是用多张照片围绕某一主题连续呈现给用户关于某类事件的报道，如“西班牙斗牛士被公牛刺穿咽喉”这一专题，就将西班牙斗牛士胡里奥·阿帕里西奥被公牛用牛角刺穿下颚的现场图片，与其他斗牛士在斗牛比赛中遭遇类似不幸的相关图片集成在一起，展现了

① http://news.sohu.com/s2007/cqzd/

斗牛这个在西班牙有悠久历史的比赛项目的危险和刺激，触目惊心的画面令用户印象深刻。① 这就是运用“蒙太奇”的手段来提高图片的表现力，运用得当的话其视觉冲击力并不比视频差，且相对于视频而言，更易于传输。

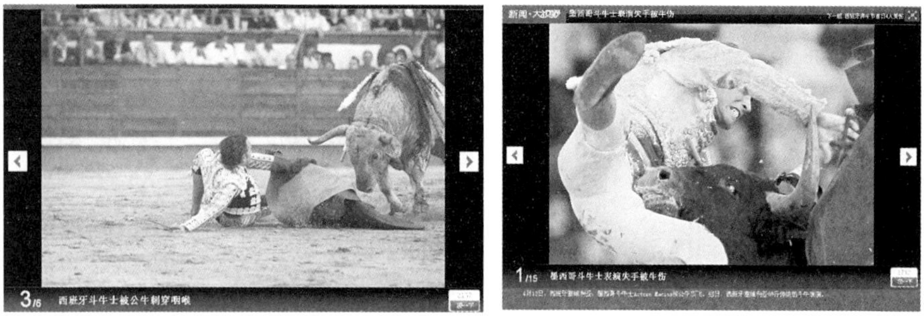

图 4－10　搜狐网“西班牙斗牛士被公牛刺穿咽喉”专题截图

Flash 信息手段适用于多种场合，例如以图片为主的整合性报道、重大题材的跟进报道以及需要重新挖掘的老题材等，合理运用这种手段，往往能使专题内容更富表现力。

(2)图片

除了新闻照片和新闻图表这些图片新闻素材外，专题报道中的图片资料还包括漫画、记者照片、采访对象的照片、资料照片、报纸版面照片等。网络媒体为创造性地利用各种形式的图片提供了很大的空间，有效利用图片，能够增强内容的表现力。

图片在网络新闻专题中的作用主要有：

①传达现场感。图片能让受众获得对于新闻现场的直观感受，记住那些有代表性的瞬间。这不仅有助于加深对新闻的理解，也有助于加深对新闻的记忆。这时利用的主要是与主题或新闻事件直接相关的新闻照片。

②定位报道基调、烘托气氛。受众在接触新闻专题时，往往第一印象来源于专题中的照片，他们对专题的基调的认识也来源于照片。因此，应该在专题

① http://pic.news.sohu.com/911196/911317/group－215404.shtml#g=215404&p=1892994

中选取一张或几张最能反映报道对象特征及报道基调的图片，作为页面的视觉中心，让受众能在瞬间形成对专题的基本认识。同时，图片也可以渲染报道的气氛。除了专题的焦点图片外，大量小图片的集锦式使用，也可以传达强烈的情绪。

③补充、解释新闻信息。虽然文字可以传达大量的信息，但有些信息需要通过图片进行进一步的补充。新闻图表也可以用直观的方式阐释某些文字信息。

④提供旁证。图片可以在一定程度上作为旁证材料，增加文字新闻的说服力。

⑤调节视觉感受。图片是影响视觉感受的重要因素。当页面上充斥着密密麻麻的文字给用户带来视觉疲劳时，一张图片可能会引起视觉上的兴奋。图片的大小、位置等对于视线的流动也会起到一定作用。因此，在多媒体报道中，图片的运用不仅是报道内容上的需要，也是设计形式上的需要。

⑥消除距离感。当人们通过纯文字信息符号来接触报道时，因为缺乏直观印象，可能产生一种距离感，特别是对报道中出现的人物或场景。而图片有助于消除人们心理上的这种感觉，拉近他们与报道对象的距离。

⑦设置导航。如果将图片划分为若干“热区”，每个“热区”上链接不同的对象，那么图片可以作为一种导航手段。利用 Flash 技术也可以使图片产生导航与内容整合的功能，这种功能更多地体现在地图类的图片上。

⑧提供比较。通过一些资料图片，能形成纵向与横向的对比。也有些网络新闻专题会提供多家报纸对于同一事件报道的版面图片，这些图片既可以活跃页面的气氛，也便于读者进行比较。

⑨传授知识。一些与新闻主题相关的图片，也能起到介绍知识的作用，这些知识不仅可以开阔人们的视野，也可以为新闻报道服务。

多媒体专题中的图片，可以以静止的方式出现，也可以用幻灯的方式连续播出，或者被集成到 Flash 中。图片可以单张运用，也可以成组运用。

图片的使用应该是有层次的，重点图片一定要给予足够醒目的位置与足够大的空间，而一般的图片则可以淡化，有些图片甚至不必在专题的首页出现。

在采集图片素材时，需要考虑到它的分量与运用方式，以便使采集到的素材最大限度地满足后期制作的质量要求。

3. 专题模板的设计

为应对专题批量化制作给网站编辑带来的压力，利用模板制作新闻专题以提高工作效率已经成为网站的共识。模板是专题既定风格与版式的载体，通常情况下由多个功能模块组成，如文字模块、图片模块、视频模块、互动模块等。模板化操作已经成为专题制作的基本规程，当一个专题经过前期策划过渡到执行环节时，编辑会把相关的内容填充到各个功能模块内，即时发布出去。由于节省了大量设计版式的时间，模板化制作专题能够很好地应对重大突发事件。这已经成为新闻自动发布系统的重要组成部分，是网站新闻系统实现标准化操作的重要环节。

使用模板的优点是不言而喻的。首先是专题发布的便捷性，网站可以在极短的时间内完成专题的制作和发布。当基本内容和素材具备后，编辑只需将这些内容对应到版式中的相应位置即可。也就是说，对于一个突发事件的专题报道来说，只要对应的模块中有最低数量的内容就可以上线，这对于保证专题的时效性很有好处。

其次是便于用户的识别和浏览。对于一个网站而言，专题的模板是基本固定的，根据专题种类的不同模板会有所不同，但往往是在模板的基础格式上微调。比如，搜狐网的专题模板分为几种类型，在制作专题时，会根据主题选择某个模板。当专题的模板固定后，就会形成网站独特的版式风格，并培养用户较为固定的浏览习惯，便于读者的识别和浏览。当用户接受了专题的版式风格后，这就会成为网站品牌识别的基本要素。

因此，专题的模板通常情况下要保持一定的稳定性，在经过一段时间的调整以适应用户的浏览习惯后逐渐固定下来，不要轻易改变，否则会在一定程度上干扰用户的体验，给网站带来不必要的损失。

【思考题】

1. 网络新闻专题一般由哪些层次构成？试结合某个专题报道加以说明。
2. 网络新闻标题制作的基本要求有哪些？
3. 用来丰富新闻内容的超链接对象主要有哪些？
4. 网络新闻专题的特点是什么？
5. 网络新闻专题对新闻报道的扩展作用表现在哪些方面？
6. 按照新闻信息和资料的来源可以将网络新闻专题划分为哪两种类型？如何来界定两种类型的专题？
7. 网络新闻专题制作的原则有哪些？
8. 网络新闻专题的选题来源有哪些？
9. 提升专题内容质量的相关技术环节有哪些？

第五章 网络传播的典型产品形式

网络传播产品是指网络服务商提供给网络用户用于信息传播的工具，用户借助这些工具可以传播信息，也可以获得来自其他用户传播的信息。互联网上的产品是多种多样的，能够满足网络用户多方面的需求，网络提供商也是通过提供相关产品来获得用户的信任和认可，以此来吸引用户的使用。

网络产品可以根据它们对于用户的不同价值进行分类，大致可以分成三种类型：

第一种类型是内容产品，它为用户提供实用的、有价值的、格式化的、组织化的信息，用户使用这种产品的目的在于获得丰富的信息。也就是说，网络上的内容对于用户而言是最有价值的，因此这部分内容可以称为内容产品，互联网网站和搜索引擎是最典型的内容产品，用户主要以信息的受传者(受众)身份使用该产品。

第二种类型是形式产品，它为用户进行信息传播提供了基础的平台，用户使用这类产品的目的主要不是获得内容提供商提供的组织化的信息，而是主动发布信息给其他用户，用户主要是以传播者的身份使用该产品，面向非特定用户传播信息，网络博客、微博等都属于这类产品。

第三种类型是渠道产品，用户使用该产品的目的既不是获取组织化的信息，也不是面向非特定用户传播信息，而是将这类产品视为向特定用户传播信息的渠道，以信息沟通作为直接目的，其典型形式就是即时通讯工具和电子邮件。

这些产品在最初发明之时往往服务于用户的单一目标，随着用户规模的逐渐扩大和用户对网络产品诉求点的增加，产品之间有相互融合的趋势，尤其是网站类产品，为全面满足用户的需求、为用户提供“一站式”服务，网站也逐渐变得大型化，比如大型门户网站将诸多的产品功能都集成到一个平台之上，用户登录之后即可享受全方位的服务；搜索引擎最初也只是一个简洁的搜索框，但由于用户并不满足于简单的搜索服务，本来只提供搜索其他网站内容入口的搜索引擎也逐渐自创或集成相关内容，向门户网站的方向发展。通过对互联网网站、搜索引擎、微博和即时通讯工具等代表性产品的介绍，能够全面了解网络信息传播载体的基本情况。

第一节 互联网网站

一、网站产品简介

简单地说，网站就是由有内在关联的若干网页组成的一体化的信息站点，是 20 世纪 90 年代初开始采用的最为广泛的网络信息传播形式。网站所依托的基本技术是万维网（WWW）技术，网站是这一技术思想的集中体现：通过一种超文本的方式提供信息查询服务，并可将互联网上的各种主机上的信息有机结合起来。

一个网站由若干个用 HTML 或 XHTML 语言编写的网页构成，这些网页由多种形式的信息构成，这些信息依据一定的编排意图被整合在一个有限的空间中，若干个网页依照一定的结构方式组合在一起，构成网站的整体。

树形结构是网站的基本结构方式，即网站首页构成网站信息的主干，在主页里可以看到若干频道或栏目，这些频道或栏目在点击后会进一步延展，形成次级枝干，在这里可以看到若干子栏目，以此类推，信息不断延展，一直到呈现完整信息的最终页面为止。无论是网站信息的整体结构图（图 5－1），还是频道或栏目的内容结构图（图 5－2），描述的都是用户的浏览路径由结构树的主干或次级主干出发，不断向深层拓展的过程。

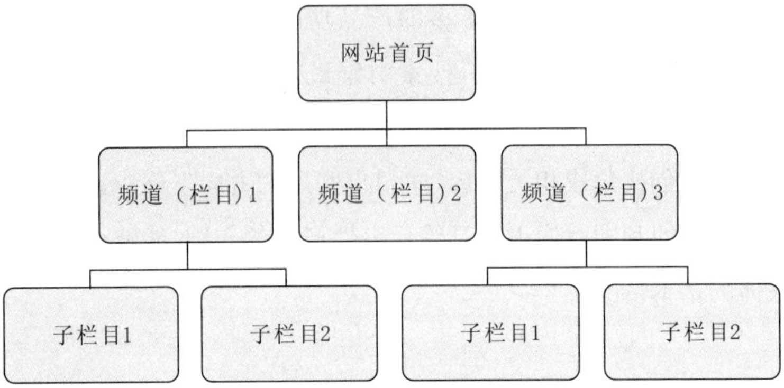

图5－1　网站信息的整体结构布局图

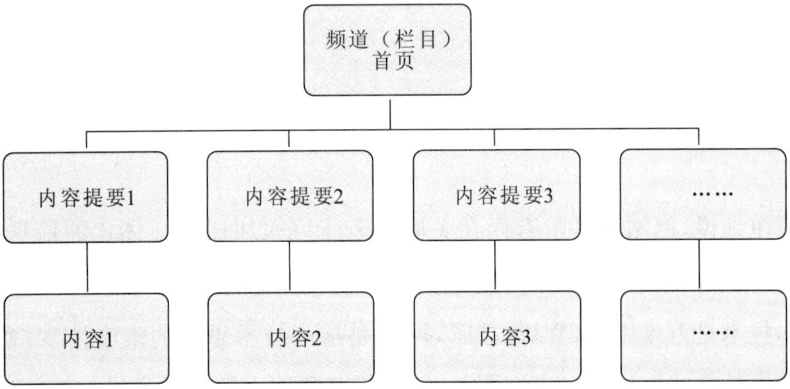

图5－2　频道或栏目内容结构布局图

建立网站最重要的动机就是面向所有网络用户传播信息，大众传播是依托网站传播信息的首要目的。根据网站建设的主体不同，可以对网站类型做如下划分。

1. 内容提供商网站

内容提供商（Internet Content Provider，ICP）网站是指那些以提供各类网络信息为主同时围绕内容开展各种服务的网站，是最具代表性的网站类型，为网络用户提供内容广泛的服务。按照其业务类型，又可进一步划分为综合服务性网站、专业垂直类网站、搜索引擎类网站、电子商务网站、社区型网站等。

2. 媒体网站

各类传统媒体利用自身所具有的内容资源优势，将传统媒体的内容进行数字化转换后在网站上传播，也有传统媒体根据网络媒介的特点制作更适合网络用户需求的内容。优质内容与新型传播渠道的结合，是媒体网站的独特优势。

3. 政府网站

政府利用Web网站作为政府面向公民发言的直接渠道和塑造政府形象的窗口，将网站建设成为开展电子政务的有效平台。

4. 一般机构与组织网站

一般的机构与组织利用网站直接对外发布信息，并作为扩大其影响力、塑造形象的窗口，同时也可以通过这一渠道开展相关业务。

5. 企业网站

企业网站是企业与各类利益相关者沟通的重要平台，是企业营销的基础设施。通过网站，企业可以向消费者传递企业品牌形象、企业文化等信息，发布企业新闻、供求信息、人才招聘信息，还可以在网上展示、推广和销售产品，搜集市场信息和注册用户信息以及向供应商、分销商、合作伙伴和消费者提供特定的信息和服务。

6. 个人网站

个人开办网站的基本动机是满足被关注的愿望并分享个人观点。个人网站一般规模小、内容简单、个性化特点明显。其影响力的大小取决于个人的知名度和网站内容的独特性，知名度高、内容有特点、有价值的个人网站往往也能形成较高的影响力。个人网站可以通过申请个人域名的方式开通，也可以在一些网站提供的免费空间上建立，比如各网站提供的博客服务，就是一种个人网站的形式。

二、门户网站发展概况

在中国，门户网站无疑是最为重要的网站类型，网民对于网站的印象很大程度上来源于对门户网站的认识。中国的门户网站走的是一条与美国等互联网发达国家不同的道路，门户网站在网站建设和产品拓展上极力向大型化的方向发展，几乎所有的产品和服务都被集成到了门户网站身上。通过对门户网站发展状况的介绍，可以全方位地了解中国互联网发展的总体情况。

1. 门户网站概念介绍

“门户网站”是由英文“Portal Site”翻译而来，指的是那些将网络上庞大的信息资源加以分类整理并提供搜索引擎，让不同的使用者能够快速查询信息的网站。按照通行的解释，门户网站是指通向某类综合性互联网信息资源并提供有关信息服务的网络应用系统。

门户网站通常被划分为商业性门户网站和政府门户网站。从全球范围内互联网发展的轨迹看，门户网站最初提供搜索引擎和网络接入服务。随着市场竞争的日趋激烈，门户网站迅速向各种新的业务类型拓展，通过全面满足用户多方面需求的众多业务吸引和留住用户。门户网站通常提供的产品和服务包括新闻、搜索引擎、网络接入、聊天室、电子公告牌(BBS)、电子邮箱、电子商务、网络社区、网络游戏、网络视频、免费网页空间、博客(及微博)等。

从中国门户网站的发展情况上看，尽管政府门户网站也在不断发展，但与商业门户网站相比要逊色得多，对于网民的影响力也要弱得多。对于一些提供搜索引擎业务的网站而言，以搜索框为核心增加能够满足网民多方面需求的内容，从而让原本简洁的搜索引擎变得日益庞杂，这开拓了另一条门户化的道路——搜索引擎门户，比如百度网。也就是说，目前网站普遍朝“泛门户”的方向发展，门户网站越来越成为各种类型网站的共同选择。而这些网站无一例外都是以商业竞争的逻辑不断发展壮大的，是在市场竞争的规则下成长起来的，它们构成了引领中国互联网发展的主导力量。因此，通常我们所说的门户网站指的就是商业门户网站。经过十余年竞争式的发展，多个大型商业门户网站基本形成对网民上网入口的垄断局面，即绝大多数网民的上网行为是以这些商业门户网站作为入口的，这些网站包括新浪、搜狐、腾讯、网易、百度等。

2. 门户网站发展概况

中国门户网站的发展是以美国雅虎网站为直接参照对象的，中国最早的门户网站搜狐网，就是留美博士张朝阳按照雅虎的模式于1997年建立的：都是从搜索业务做起，随后将业务重心转向综合性内容的提供，变成无所不包的综合门户网站。随着新浪和网易在同一时期开展相关业务，由新浪、网易和搜狐三大网站开启了中国互联网的门户竞争时代。三大门户网站在成立之初都选择了“风险投资＋网络广告”的经营模式，并于2000年同时选择在美国纳斯达克上市，向中国网民全面地普及了资本运作的概念。这三大门户一直在为争夺用户和广告额而展开激烈的竞争，并在这一过程中快速成长，成为中文网站的中坚力量，是中国互联网早期网民上网的主要选择，因此这三个门户网站被视为中国传统门户网站的代表。随着用户数量的持续增加，以即时通讯产品见长同时在多项业务上都得到发展的腾讯网迅速崛起，开始对传统三大门户网站发起挑战，并跻身前三甲行列。

目前，门户网站之间围绕用户和广告收入的竞争依然十分激烈。整体上，门户网站处于良性竞争的阶段。门户网站的发展现状可以通过以下几个方面进行总结。

（1）搜索、即时通讯工具、免费邮箱、论坛等常用服务依然广受欢迎

门户网站最开始提供给网民的服务包括搜索、即时通讯工具、免费邮箱和论坛等服务，尽管每一项服务都有专门的网站提供，也分流了一部分用户，但总体而言，网民依然主要通过这些门户网站来获得相关的服务。

信息查询作为网民使用互联网的主要动机之一，使得搜索引擎服务已经成为门户网站的基本配置。各个网站为留住网民、尽量避免网民从门户网站上跳转到搜索引擎网站上，纷纷以自主开发或合作的方式提供搜索工具。搜狐以搜

索起家,但没有坚持下来,当看到搜索引擎的广阔前景后,又于2003年重拾搜索服务,2004年就推出了“搜狗”搜索,经过不断完善,这一内嵌到搜狐网站上的搜索工具已经与门户网站的内容形成了很好的互补,开创了门户网站与搜索业务有机结合的模式;腾讯最初选择与专业搜索引擎提供商合作之路,后来也大力开发自己的搜索工具,“腾讯搜搜”也逐渐受到网民的认可;网易在搜索引擎“有道”上也投入了很大的力量;新浪在推出“爱问”后又与Google合作,希望通过强大的搜索功能给用户更好的体验。

即时通讯工具作为一款黏性工具而受到网站的重视,除了腾讯的QQ拥有绝对的优势外,MSN Messenger也受到白领网民的青睐,据称,网易有意收购其在中国的业务,这项并购虽至今还没有明确的结果,但至少说明了门户网站对这项业务的重视程度。搜狐也在即时通讯上积极布局,在2007年正式推出的“小纸条”功能,支持拥有搜狐矩阵账号的用户在线聊天,例如两个对同一则新闻感兴趣的用户如果同时在线,此页面上就能显示两人的在线状态,当一个用户发起会话,而另一个用户响应,就可以实现在线聊天。这是基于信息的即时通讯工具,与基于传统人际关系的即时通讯工具有所不同。

免费邮箱尽管经历过多次收费风波,但最终还是回归最初的免费模式,门户网站稳定的技术和庞大的用户群,使得门户网站的免费邮箱依然广受欢迎。

从以上几项服务的发展过程可以看出,门户网站在中国互联网领域居于绝对主导地位,基数庞大的用户群已经让用户在使用门户网站的相关业务上形成惯性和依赖,这是保证门户网站继续保持强势地位的坚实基础。

(2)影响力日益成为门户网站的核心竞争力

多项调查表明,新浪网依然是对主流人群影响最大的网站,这与新浪最早开展网络新闻业务并在新闻传播领域积累的人气有很大关系。与美国各类媒体发达、新闻发布渠道丰富相比,中国的媒体渠道相对较少,允许一般民众发表言论的媒体空间极为有限。在这种情况下,互联网这一受约束较少、网民有较大言论空间的媒体形式,在中国社会中扮演着较为不同寻常的角色。门户网站以其独特的地位获得了与广大传统媒体广泛合作的机会，互联网成为中国主流社会获取新闻和资讯的重要渠道，这是门户网站影响力逐渐提高的主要原因。随着中国网民数量的快速增长以及网站绝对影响力的提高，门户网站大有与传统媒体分庭抗礼之势。事实上，已经有为数众多的网民抛弃了传统媒体，转而将门户网站作为获取信息的重要渠道。

门户网站在转摘传统媒体新闻的同时，也在不断提高自身的新闻采编和策划水平。随着网络技术的发展和相关能力的提升，今天的门户网站所制作的新闻（包括专题）能够适合网民的需求和浏览习惯，尤其是在体育、娱乐等软新闻领域，门户网站的整体影响力绝不逊色于传统媒体。

对于门户网站而言，除了在自身内容和产品建设上不断完善以获得用户的支持外，还积极通过相关活动来提升门户网站的整体形象，比如门户网站在年终都会策划大型的年度评选、年度娱乐活动以及介入各个产业的大型论坛活动等，这些都显示了门户网站对于普通公众的号召力。不但如此，门户网站还凭借自身雄厚的实力，积极赞助社会文化、体育活动，从而凸显互联网媒体对于促进社会发展所起到的独特作用。比如，搜狐对北京奥运会、腾讯对上海世博会的赞助等，这些活动能全面提升门户网站的品牌形象。从调查数据可以看出，门户网站的整体影响力已经有了很大的提升，而门户网站也有意识地发挥自身的影响力，在更大范围内与各类媒体和相关机构合作，以使自身的影响力有更大的提升，从而步入良性循环轨道。可见，影响力竞争已经成为逐渐成熟的门户网站的一种自觉追求。

（3）多元化发展、差异化竞争成为门户网站的共同选择

不可否认的是，由于门户网站建设的基本逻辑就是全方位满足用户的需求，追求“大而全”是门户网站的基本发展思路，这导致了不同门户网站在整体结构、产品开发、经营模式等方面高度同质化，网站之间的区分度越来越小，门户网站给人的印象是大同小异。例如，所有的门户网站都在竞争新闻和资讯的丰富性，都在体育和娱乐领域大做文章，都在网络视频上积极布局。这种局面在网站发展的初期不足为怪，一方面这是门户网站这一网站类型的内在要求，

另一方面也是门户网站多元化发展的必然阶段。但当门户网站发展到一定阶段、市场逐渐达到饱和后，从长远发展着眼，门户网站应该在差异化上做文章。历经十余年的发展，我们能看到各个网站已经在多元化发展的基础上积极探索差异化竞争的道路。

总体上看，目前的门户网站基本上都沿用了新浪网的经营模式：以新闻为中心，其他相关业务作为补充。新浪在这方面已经做得比较出色，这样的模式其他网站很难超越。正是看到了这一点，搜狐在经过市场初期的单纯模仿后，于 2003 年开始了战略转型，即将整体发展战略调整为“技术驱动、产品导向”，在发展新闻业务的同时，通过强化自身的技术实力，让满足用户需要的产品向多样化的方向发展。搜狐矩阵的焦点房产网、游戏网站 17173.com、地图网站 go2map.com、搜狗搜索等都得到了很好的发展，搜狐在自主研发游戏的基础上将畅游公司分拆上市，其收入已经超过了搜狐其他业务收入的总和，表明搜狐在多元化发展的道路上已经进入了收获期。这条道路印证了门户网站多元化发展、差异化竞争的合理性，即在多个产品同步发展的基础上，让特色产品体现出竞争优势。腾讯在门户网站的发展上更多是以即时通讯工具作为引擎来拓展综合门户的业务，“一纵”(即时通讯)+“一横”(门户网站)形成了腾讯网的独特优势。新浪也在向类似的方向拓展，在传统的网络新闻已经很难跟竞争对手拉开太大差距的情况下，大力发展微博业务，希望通过这种即时共享的信息网络产品来进一步强化其在新闻资讯领域的优势地位，因为微博既可以为网民提供来源广泛的即时信息，同时又能与新浪原有的网络新闻业务形成互补。发展微博业务，既是对原有核心业务的拓展，也是对既有竞争优势的强化。因此，在这一新产品上发力，对新浪而言，无疑具有战略意义。

第二节 搜索引擎

一、搜索引擎产品简介

搜索引擎是指依托搜索技术为网络用户提供按照其输入的搜索请求推送给用户相关信息的网络服务工具。当用户在搜索框中输入搜索的关键词发出搜索请求后，搜索引擎会从数据库中调出相关的网站或网页信息，用户根据信息的匹配度从推送的信息中作出选择，从而找到自己想要的信息。

整个万维网包含的网页数以亿计，用户如何才能在信息的海洋中找到对自己来说有价值的信息？这在很大程度上要归功于网络爬虫（Crawlers）或网络蜘蛛（Spiders），这是由搜索引擎开发商提供给所有用户的一个软件程序，它能不间断地逐个搜索各种各样的网站、网页和单词。这些网络蜘蛛累积起一个庞大的索引和数据库，从中可以找到所有的搜索词，以及词汇被发现的位置和它们在每一个网页上出现的次数等等。当用户键入搜索词时，实际上是在向程序发出查询这个数据库的指令。因为数据库是索引化的，用户能在短时间内得到查询结果。这些结果是按照相关性出现的，所以相关性最高的网站最先出现。具体过程可参照图 5—3。

搜索引擎的价值在于能够帮助用户查找到那些与用户搜索的关键词相关性最强的网站和网页，这项工作主要由网络蜘蛛帮忙。网络蜘蛛不仅计算网站上的词汇，还判断这些词汇在网页上的位置以及出现的频率。例如，若关键词出现在网页标题上，它的相关价值就高于那些出现在文章内容中的词汇的相关价值。出现次数较多的词汇，排名位置也更靠前。这就是当用户进行搜索时网站按照先后顺序排列的基本原理。

网站经营者都希望自己的网站在搜索引擎排行榜中名列前茅，至少应该出

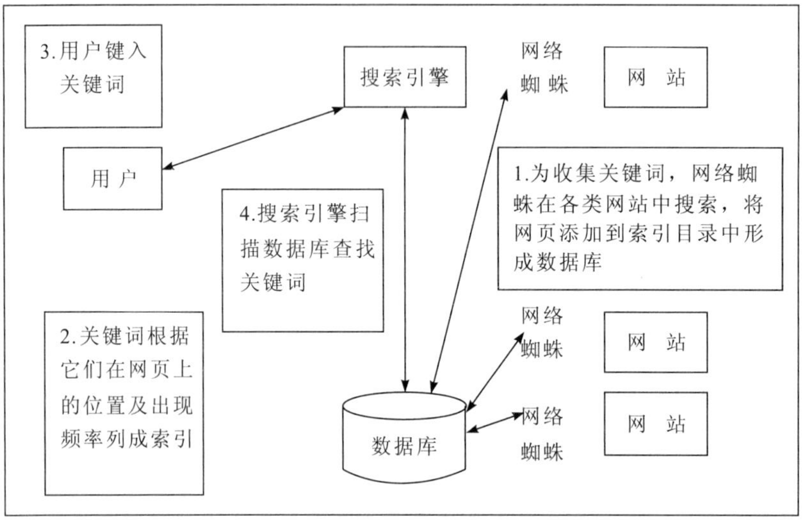

图5－3　搜索引擎工作原理示意图

现在第一页，这样用户不必翻页就能看到自己的网站。有两种办法可以帮助网站做到这一点：一种办法是向搜索引擎经营者购买付费列表，根据网站对搜索的关键词支付的费用来决定该网站在列表中的优先顺序；另一种方法就是对搜索引擎的算法进行研究，利用分析结果提供的信息，针对该算法重新设计网页，提高网站的排名。

搜索引擎能够满足人们对未知事物了解的需求，因而成为用户最常用的数字媒介服务之一。用户通过搜索引擎提交搜索申请，搜索引擎从数据库中调用与用户需求相匹配的文件目录或完整文件呈现给用户，满足用户的搜索请求，搜索引擎因而成为用户在日常工作和生活中很有价值的网络工具。搜索引擎不但能满足每次提交搜索申请的用户当次的查询请求，而且还能够通过众多用户提交的搜索申请，分析出具有共性的内容，发掘出人类通过搜索框所表达出的意图。因此，美国的约翰·巴特利将搜索引擎视为“人类意图的数据库”，并认为“在这个数据库中，可以发现人们的渴望、需求、向往和偏好；我们还可以对它们进行调用、归档、追踪和利用，以满足各种目的。”[①]

① 〔美〕约翰·巴特利：《搜》，中信出版社2006年版，第8页。

二、搜索引擎信息传播的特点

1. 以受众为中心的信息反向传播

搜索引擎从功能上看，依然是满足用户对信息的需求，但满足的形式却与以往大不相同。不使用搜索引擎获得信息的用户只能根据线索主动到信息呈现的页面上去寻找信息，这种“广撒网”式的信息查找方式要花费用户大量的时间和精力。而搜索引擎的价值则在于它改变了信息呈现的方式，用户只要输入关键词提交搜索申请，相关信息就会推送到用户面前，用户掌握了信息查找的主动权，以用户为中心形成了一张与用户的信息需求高度相关的网络，从这张关联网中再进行选择，就会大大节省用户的成本。以“拉取”的方式获得有价值、有关联的信息，改变了以往的信息传播模式。搜索引擎强化了受众在传播中的主导地位，让受众在信息传播过程中具有更大的控制能力。在海量的信息面前，搜索引擎的革命性意义在于让人脱离了沦为信息奴隶的危险，使信息技术真正为人服务。

在搜索引擎的传播模式下，受众成为信息的中心，大量以受众关键词为核心聚合而来的信息是围绕着受众的需求而存在的。以受众为核心来观察内容的传播者，他们是分散的、隐藏的、不确定的、异质的，与大众传播模式中的受众特点非常相像。正是在搜索引擎技术的帮助下，这些广泛分布于网络上的传播者及其提供的内容在同一个信息搜索目标下集中起来，成为显性的、有共性的整体。

2. 以需求为导向的信息精准传播

在众多的网络产品中，搜索引擎之所以被网民广泛使用，根本原因在于信息能够按照受众的需求更为准确地提供给受众，是一种精准性的传播。因而，搜索引擎的信息传播是一种以需求为导向的传播，即先有需求，根据需求的意向产生传播过程。与传统大众传播的被动性接收相比，受众的信息需求明确而强烈，信息的传播效果因而变得更好。

通常情况下，用户在输入搜索的关键词后，搜索引擎会将与关键词相关的网页都推送到用户面前，供用户从中选择，这要比用户从海量的信息中逐一挑选要方便得多。即使用户的搜索技巧不高，在信息的准确性上也要比不使用搜索引擎高。随着用户对搜索技巧的逐渐熟练，了解了更多的筛选信息的窍门，就会将大量与自己的实际需求无关的信息排除，而让真正符合自己需要的信息呈现在自己面前。例如，缩小搜索范围可以大大提高信息搜索的效率和效果，而缩小搜索范围的方法有很多，如根据用户的实际需求添加搜索词以减少大量超出需要范围的信息的出现；可以通过在避免出现的词语前加上减号（“－”）的方式减除那些无关的资料；还可以通过指定网络的方法，只让那些在特定的网络中存在的信息出现等。

利用搜索引擎获得信息的准确性不仅取决于用户对搜索技巧的掌握程度，选择那些有更高智能的搜索引擎工具，提高搜索引擎对用户实际需求的了解程度，也能够使搜索到的信息更精准。例如，2004 年 8 月，搜狐公司推出完全自主技术开发的“搜狗”互动式中文搜索引擎，能给予用户多个主题的搜索提示，帮助用户在查询过程中实行有效的人机交互，引导用户更快速准确定位自己所关注与寻找的内容。随着智能搜索技术尤其是语义网技术的发展，可以利用语义分析技术通过“智能代理”从网络中筛选出与用户需求最相关、匹配度最高的信息，提高信息传播的有效性。同时，更多人工力量的加入会不断优化机器搜索的结果，从而提高推送给用户的信息的质量。

三、搜索引擎工具的价值开发

使用搜索引擎已经成为网络用户上网的主要动机之一，大量用户通过搜索引擎提交各种各样的搜索请求，每一个请求都代表着用户的需求，对这些需求进行分析，从中可以透视出大量的有价值的规律，因此有人称搜索引擎为“人类欲望的窗口”。在了解需求、洞悉欲望的基础上，可以对其价值进行深层次的开发，主要包括两方面的内容。

1. 数据挖掘价值

通过对搜索引擎数据进行深层的挖掘和研究，可以为媒体、企业和相关机构提供有价值的信息，为这些机构的市场开发提供依据。

在媒体受众分析上，搜索引擎数据可以直观地反映人们的信息需求与服务需求，也可以反映人们对热点事件的关注程度，这对于传统媒体、新兴媒体而言，都是非常有价值的受众研究资源。

在消费者市场分析上，针对特定的消费品市场，通过对相关搜索数据的分析来研究人们的消费倾向与偏好，了解不同品牌的影响力水平，有利于企业对市场的准确把握。

在社会发展动态分析上，搜索引擎作为“人类欲望的窗口”，能够反映社会的发展动向，并有可能把社会深层的本质状态透视出来，如在美国金融危机爆发时通过对“萧条”(Depress)这一关键词的分析，可以看到人们对于这一词汇的搜索量一直居高不下，在一定程度上反映了人们的普遍心态。百度公司每隔一段时间都会发布相关热点信息的“指数”，在一定程度上揭示某个时期内政治、经济、文化等方面的发展特点。

总之，搜索引擎既是信息的导航者，又是受众信息消费行为的记录者，它所提供的数据确实能给人们提供丰富的研究资源，从信息的生产角度和消费角度综合考察是搜索引擎数据挖掘工作的基本着眼点。

2. 产品、品牌营销价值

搜索引擎除了能满足一般用户查询信息的需求外，还能满足企业等特殊用户向一般用户推送产品或品牌信息的需求，搜索引擎的营销价值越来越引起企业的重视，其价值开发的规模也越来越大。

搜索引擎营销主要有两种方式：一是搜索引擎优化(Search Engineer Optimization)，二是搜索引擎广告。

搜索引擎优化就是对企业网站的网页设计等方面进行优化，以使网页更容易被搜索引擎检索到，这样网页在用户搜索排名的页面中会占有更好的位置，从而提高被用户选择点击的几率。目前已有专业的公司为企业提供这样的服务,这种营销形式因对用户的干扰度小、不易引起用户的反感而显示出一定的优势。

搜索引擎广告就是当用户通过搜索引擎提交关键词进行搜索时,与关键词有一定相关性的企业产品或品牌的网站也会呈现在搜索结果页上,以吸引用户的关注和点击。这种广告主要有以下几种方式:

一是关键词排名广告,即企业通过向网络运营商付费以使产品或品牌名称出现在关键词搜索结果页面的优先位置,具体又可以分为竞价排名广告和固定排名广告。竞价排名广告是指希望在同一个关键词搜索结果页面上出现产品或品牌名称的企业以有竞争力的费用来获得有利的广告位,在确定单次点击价格的基础上,根据用户点击该广告的次数或给企业网站带来的实际点击量来付费。固定排名广告是指企业产品或品牌名称出现在关键词搜索结果页面的固定位置(由企业自己选择),不受其他竞争者的干扰。

二是关键词赞助广告。与竞价排名这种企业广告会出现在搜索结果中的广告形式不同的是,关键词赞助广告卖的是关注度较高的搜索结果页面的广告位,一般出现在页面的上部或右侧的显著位置。这种广告的有效性在于广告与用户的关键词有很高的关联性,与用户需求的匹配程度较高。如用户的搜索关键词为“手机”时,很有可能是该用户想了解有关手机品牌的信息,这个时候手机厂商提供的广告信息就可能是该用户想看到的,营销效果自然会有保证。关键词赞助广告除了纯文字信息的提示性广告外,还可以在广告中加入链接,用户点击后就会进入企业的相关网站。不仅如此,还可以呈现产品或品牌的图片,这让用户能够一目了然地浏览关键性的信息,比如百度公司提供的品牌专区广告服务就是这种广告形式。

奥迪 A4L 新车在上市之际,在百度网页投放品牌专区广告,当用户输入“奥迪”进行搜索时,该款车型就会以图文并茂的形式在页面右侧的品牌展示区占据 2/3 的位置,将该品牌最核心的商业信息展示出来,这对于提升用户对该品牌的体验很有好处。(见图 5—4)

图 5－4　奥迪 A4L 在百度网品牌专区上的展示页面

三是地址栏搜索广告，这是基于网络实名服务的广告形式，企业将公司名、产品名或品牌名注册为网络实名，用户输入实名后就可以直达相关网站，实现营销目的。

总之，搜索引擎营销与其他营销形式相比，营销的内容与受众需求的匹配度更高，定向性更强，与用户搜索的内容有更为紧密的关联，营销效果相对来说更好。

第三节　即时通讯工具

一、即时通讯工具简介

按照《新媒体百科全书》的定义，“以最简单的形态，即时通讯（IM）完成两个目标：监视在场与否的状态和发送信息。它依靠一个中央服务器或多个服务器来监测用户的在场状态。当一个用户登录了一个即时通信系统，它的登录行为通过系统的通知，被加入他为‘好友’或朋友的其他用户所察觉。即时通讯软件建立起用户间的直接联系渠道，因而他们能实时同步地交谈。”[①]即时通讯工具(IM，Instant Messenger)是指在与网络媒介平台联通的情况下，网络终端用户借助网络媒介软件可以随时沟通交流的用户端程序，典型的即时通讯工具有MSN Messenger、QQ、Skype以及雅虎通等。

ICQ(原意是I Seek You)是第一款即时通讯软件，于1996年11月由四位以色列企业家成立的公司成功开发出来，最初的想法是让在线个人实时交流成为可能。ICQ软件推出仅6个月，注册用户就达到85万，形成了当时世界上最大的互联网在线沟通网络。到2002年5月，ICQ软件在CNET.com网站上被下载的总次数已经超过2亿次，到2004年注册用户已经达到了1.5亿。即时通讯工具成为使用频率最高的软件之一，各国都在开发适合本地用户使用的即时通讯工具。即时通讯的特点是，只要处于联机状态，两个使用网络媒介终端计算机的用户可以随时发送和接收信息，这些信息包括文字、图片、音频、视频等一切以数字格式存在的文件(文件的大小会受到网络带宽的限制)。随着手机功能的逐渐增强，基于手机终端的即时通讯工具也已经出现，比如中国移动公司的飞信、中国网通公司的超信等。这一工具对于网络传播的意义在于，它可以打破不同媒介终端的界限，实现有线互联网和无线互联网之间的互通，即用户在个人电脑上安装了即时通讯软件后，不但可以在电脑用户之间发送和接收信息，而且还可以在电脑和手机之间互传信息，这对于同时拥有电脑和手机的用户来说，就可以实现永不掉线的沟通，只要电脑和手机都处于联网工作状态，任何两个网络媒介用户之间就可以无障碍地进行信息沟通。当然，相比于互联网来说，手机在信息传播上还存在一定的局限，而且要花费更多的信息费用，目前所探讨的即时通讯的信息传播还主要集中在互联网上。由于这一工具方便、快捷而又廉价，绝大多数网络用户都拥有即时通讯账号，有的用户会同时拥有多个即时通讯账号，有可能既是QQ的用户，又是MSN的用户，还可能是雅虎通的用户。为了方便不同即时通讯用户之间更好地交流，近来出现了不同即时通讯工具互通的趋势，拥有不同即时通讯工具的用户也能够互相沟通和交

① 〔美〕琼斯主编：《新媒体百科全书》，清华大学出版社2007年版，第232页。

流，例如，MSN Messenger 和雅虎通的用户已经可以用不同的账号登录后进行实时聊天。

二、即时通讯工具的产品功能

即时通讯工具作为辅助网民进行人际沟通的一款产品，其核心功能就是用于相互接受对方为交流对象的用户之间传播即时性的信息。以此为基础，在即时通讯工具的界面上还可以做相关功能的开发，如信息共享、个人状态呈现等。以下是对即时通讯工具具体功能的介绍。

1. 点对点的实时交流

点对点地以相对私密的方式与好友进行交流是即时通讯工具用户使用产品的最基本的动机，通过用户间的实时互动将在线交流推向深入，在用户之间实现深度沟通，这是即时通讯工具最为核心的功能。只要交流双方都处于联机状态，用户间就可以随时进行交流。正是这种便捷性让用户对其产生很强的依赖心理，对于许多用户来说，一上网就开通即时通讯工具已经变成了一种习惯。这种点对点的交流，随着支持语音、视频聊天等功能的完善，最大程度地复制了现实生活中的人际交流的过程，因此会给用户一种亲切感。以这种方式进行人际交流的质量要比依赖其他工具高得多。

2. 有价值信息的共享

即时通讯工具最初的界面设计只是简单的支持即时交流的面板，当用户对这款产品的依赖度越来越高时，为满足用户更多需求，相关功能也被开发出来。以往通过邮箱才能传输的信息量大、媒介形式丰富的文件，通过即时通讯工具界面可以直接传输。为便于交流双方随时共享有价值的信息，或因文件难以在线传送，需要将文件存于双方共享的空间中以备随时取用，即时通讯工具又提供文件共享功能以解决上述问题。这是这一产品核心功能的有效延伸，符合互联网的基本精神，在双方共同认可的共享空间里，可以拓展出更多的应用，如上传照片、发表日志等，这又会进一步加强用户对于产品的依赖度。这是对实时交流功能的深化，让点对点的交流有了更多共通的意义空间。

3. 个人状态的公众展示

用户通常会在个性化签名的位置上标明自己的状态，如心情、对某件事的看法、正在做的事情甚至正在听什么歌曲等，一旦登录后就会显示给好友，其他用户可根据这些信息来判断该用户的大概状况。这些附加功能的设置就像日常生活中每个人的非语言符号一样，尽管在人际交流过程中并没有实际的意义，却是一种辅助性的“语言”，是为别人更好地认知自己所打开的一扇窗，是个人有控制地披露个人信息与情绪的渠道。在一定程度上这也起到了面向所有可能关注自己的用户留言的作用，如用户在某个时间段出差在外，如果在签名位置说明自己出差不方便接听电话，“有事请发邮件或短信”，看到这一信息的用户就会明白该用户不想被电话打扰，自然会选择合适的方式与其联系。

通常人们面向所有好友通过这一窗口传达的信息是深思熟虑的结果，因此是人们进行个人形象管理和印象整饬的重要手段。

随着用户对即时通讯工具依赖程度的增加，网络服务商将更多功能集成到这一产品上，如新闻信息发布、在线娱乐、博客等，即时通讯工具与网络产品和服务的结合也越来越紧密了。

三、即时通讯工具的传播特点

依托即时通讯工具所进行的传播，主要特点表现为：

1. 点对点的交流结构

从技术上看，即时通讯工具通常所采用的是点对点的技术，也就是说，个体间的信息传播不需要通过中心服务器，而是直接在交流者的电脑终端之间进行。由于用户通过即时通讯工具进行的交流不需要通过其他中介，交流过程中受到的外来干扰、影响与控制相对较小。

点对点的交流结构意味着即时通讯工具辅助下的传播以一对一的交流为主，信息传受双方在技术结构上是平等的，这有助于保持传受双方间即时的信息互动的稳定性与持续性。正是这种点对点的结构，让一个用户可以同时与多人交流，以至于交流的对象无法察觉，这构成了即时通讯交流相对于通过电话、实际生活中的面对面交流的独特优势。之所以允许这种交流形式的存在，是因为即时通讯工具提供的点对点信息传播可以是“多线程”、“并行”的点对点交流，而不是“单线程”或“串行”的交流，这就保证了这些并发的“线程”之间，在正常的情况下通过即时通讯工具传播的内容各行其道，互不干扰。这种交流结构确保了信息传播的相对私密性，尤其是一些加密手段的出现，能够有效地防止信息的外泄，交流双方的在线交流内容也不容易被截获。

尽管基于即时通讯工具的传播也有一对多、多对多的形式，但在交流上的基本结构依然是以点对点交流结构为基础的，用户在交流对象与规模的控制上拥有更大的主动权。

2. 传受同步的时效性

使用即时通讯工具交流的用户可以同步进行信息传播，这保证了信息交流的时效性，一方在发出一条信息后，对方会迅速做出应答，这种交流与现实生活中面对面的交流方式非常近似，双方交流的流畅程度很大程度上取决于网络条件和用户生成信息（打字等）的速度，有时因生成时间造成的时滞可能成为一种优势，比如可以有更多的思考时间以使回复的信息更有质量。

而即时通讯工具所支持的脱机留言会产生延时性的信息，这些延时呈现的信息相对于那些脱机之后无法传播的信息而言也是即时的：当用户重新登录了即时通讯工具后，延时信息会在第一时间呈现在用户面前。这类信息在很大程度上相当于给信息接收者发送电子邮件，但从时效性而言，即时通讯工具更有保证。

即时通讯工具保证了远程信息传播的实时性和同步性，同时又有相对于电话通讯而言更低廉的成本，因而赢得了越来越多的用户，并让用户心甘情愿地在上面花费越来越多的时间。

3. 交流过程的可控性

用户借助即时通讯工具的信息互动具有更强的可控性，具体表现在以下几个方面：

一是用户对交流对象的选择上有很大的主动性。用户愿意与之交流的对象才可能添加为好友，对于那些不熟悉或不愿意进行交流的对象，用户可以用直接或委婉的方式拒绝。

二是对交流状态的控制。用户可以通过对在线状态的人为设定来选择对自己有利的状态，如显示“脱机”状态或“离开”状态或明确说明不想被打扰的状态，以避免其他用户对自己的干扰，而在需要与其他用户进行交流时，则可以主动发起会话。

三是对交流手段的多样化选择。用户既可以用最直白的文字，也可以用简单的表情，还可以用幽默的动漫来传情，这取决于用户的心态和习惯，而不同的手段往往会决定交流的层次与深度。

四是对交流时间与节奏的控制。由于彼此并非面对面地进行交流，当用户不想继续交流时，就可以找合适的借口中止会话，对传播节奏的控制比较容易。

4. 交流手段的丰富性

在即时通讯工具界面上，最初的信息载体是文字。随着技术的发展和带宽的增加，图片、动画、声音、视频等都成为信息传播的有效载体，用户在线互动交流的手段丰富了，趣味也增强了。从某种意义上说，在即时通讯工具上所使用的交流手段更为多样，所选择的空间更大，用户可以在文字、图片、动画、语音、视频等多种媒体里不断切换，多种辅助手段的综合使用往往能获得更好的传播效果。

四、即时通讯工具产品的价值开发

即时通讯工具在人际沟通上所具有的优势和特点，赢得了网络用户的普遍欢迎，它已经成为网民日常使用的基本网络产品之一，并成为最具黏性的一款产品，即普通用户使用即时通讯工具所占用的时间要比其他产品长。据统计，在中国普及最广的即时通讯工具QQ，注册用户已经超过5亿，庞大的用户基数保证了该产品的活跃度。据报道，2010年3月5日晚上19点52分58秒，腾讯公司宣布QQ同时在线用户数首次突破1亿，一款产品有如此高的同时在线使用率，这在全世界范围内都是罕见的。对于大部分网络用户而言，即时通讯工具已经成为他们进入互联网的入口：一方面，用户往往会在联网后以自动登录或主动登录的方式首先运行这一软件产品，然后才会进行其他操作，比如收发邮件、浏览新闻等；另一方面，通过即时通讯工具界面所提供的辅助功能，可直接链接进入Web浏览器使用其他的产品或服务，如浏览新闻、搜索信息等。也就是说，一个小小的即时通讯工具界面成为吸引用户享用更多网络产品或服务的入口，将更多的服务内容嵌入即时通讯工具界面就成了一种趋势，一个小小的窗口现在已经变得五彩斑斓、功能齐全，上面有多个可供用户选择的功能按钮，每一个都会将用户带离即时通讯工具界面，进入更为丰富的空间。这也构成了用户对即时通讯工具高度依赖的理由，因为在这个界面上集成了许多其他有价值的产品或服务。

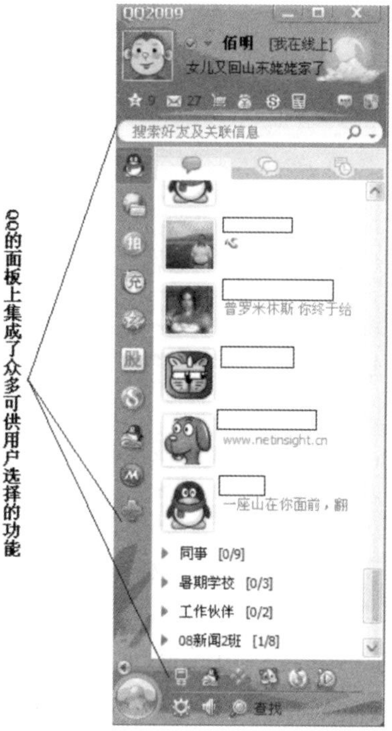

图5-5　QQ面板功能集成示意图

即时通讯工具不但为众多的普通网络用户所喜爱，同时也受到企业用户的认可。与数量巨大、信息庞杂的网页相比，企业更看重的是即时通讯工具界面简洁、内容呈现清晰且干扰较少的优势，将其作为品牌或产品营销的载体。在即时通讯工具界面上进行营销，不能破坏网络产品带给用户的既有的好感，因此，广告信息应尽可能地简洁并与即时通讯工具贴合。目前利用即时通讯工具

图 5－6　MSN Messenger 简洁的广告位

界面的营销形式主要有三种类型：

一是直接的广告文字链接或产品、品牌标志链接，用户如果感兴趣点击后就会进入广告展示页面。（见图 5—6）

二是将产品或品牌信息与用户沟通交流行为产生关联，让用户在发送信息的时候将携带广告信息的内容发送出去。典型的做法就是将产品或品牌做成传情动漫，当用户厌倦了简单的文字而想用更有创意、更具趣味性的表达方式时，就可能会选择传情动漫来传播信息，比如芬必得就曾尝试借用动漫形象小旺狗来演绎感冒药的疗效，当用户将这则 Flash 动画发送给好友，Flash 视频就会在好友的界面上展示，幽默风趣的内容传达了好友之间的问候，能够吸引用户间的传播，以此可以达到传播品牌形象的目的。（见图 5—7）

图 5－7　通过 MSN Messenger 的传情动漫传播产品信息

三是将品牌形象植入到即时通讯工具的面板上作为界面的背景，品牌元素便会出现在背景上，当用户与好友聊天时，必然会接触到品牌的相关元素，从而潜移默化地传播品牌形象。如东风日产骐达品牌就与 MSN 的即时通讯工具合作，用户下载并安装表情数据包，动态效果的背景就会呈现在界面上，精致的画面和柔和的色调很好地装饰了即时通讯工具的界面，吸引了大量用户使用，骐达品牌也得以有效地传播。

第四节　网络微博

一、微博产品介绍

微博即微型博客（Micro-blogging），是基于有线和无线互联网终端发布短信息供其他网友共享的即时信息网络，用户每次用于更新的信息通常限定于140个字符以内，因此得名。从信息发送的便捷性而言，微博又可称为即时博客。

微博创始于美国，最早的微博网站是美国的Twitter，于2006年7月面向公众开放，2007年4月开始独立运营，目前的独立访问用户已达3200万，美国总统奥巴马、美国白宫、FBI、Google、HTC、DELL、福布斯、通用汽车等很多国际知名人士和组织都在Twitter上与用户进行交流。

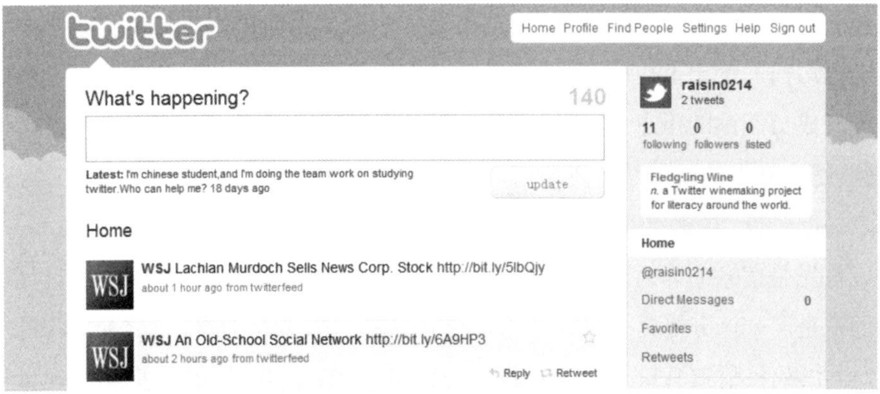

图5-8　Twitter首页

微博产品独特的理念和Twitter的良好发展态势，不但让Twitter赢得了来自世界各地的用户，而且引来了众多的模仿者。除了美国本土的identi. ca、Jaiku、Qaiku、MySay、Emotionr等直接模仿者外，世界各地类似的网站纷纷涌现。中国的微博网站创始于2007年，饭否网、随心微博、叽歪网、嘀咕网等带动了一股微博浪潮，同学网、9911网、139说客紧随其后。2009年以来，门户网站和媒体网站也纷纷开展微博业务，除了起步较早的腾讯网推出腾讯滔滔外，新浪、网易、搜狐都推出了微博产品。2010年年初，分别隶属于《人民日报》和大众报业集团的人民网和大众网也都推出了各自的微博产品——人民微博和众众微博。

尽管微博即时传播、便捷发布、用户进入门槛低的特点为用户带来了巨大的沟通价值，进入微博领域的网站络绎不绝，但包括Twitter在内的诸多网站不但尚未盈利，而且盈利模式也都不明朗，目前还处于积累用户、探索盈利途径的成长阶段。

二、微博的本质：节点共享的即时信息网络

微博是由Twitter率先提出产品构想并成功实践的，微博的想法最初始于美国的一个由广播公司Odeo的董事会成员组织的“全日智囊团”，这个小组试图打破公司创造力低下的现状，于是提出了一个个人使用手机短信来与小组进行交流沟通的设想。也就是说，每个小组成员以便捷的设备向一个平台上发送供所有成员阅读的讯息，这是微博最为核心的理念。随着Twitter产品的不断完善，越来越多的功能整合进微博之中，但所有的功能都是基于这一核心理念：信息的即时性、共享性以及基于即时、共享信息形成的动态信息传播网络。

首先是信息的即时性。这在微博的产品诉求上得到突出的体现，最具代表性的就是Twitter首页上的口号。无论是它在2009年7月29日之前所用的问句“你在做什么？”(What are you doing?)，还是之后的祈使句“分享和发现世界各处正在发生的事”。(Share and discover what's happening right now, anywhere in the world.)，都在强调信息的即时状态。互联网上存在着各类信息，

包括 Web1.0 的结构化、完整性的信息和 Web2.0 的众多碎片化、零散化的信息。在以海量信息为特征的互联网上，最不缺少的就是信息，各类信息几乎都可以在网络上找到，但这些信息基本上都与当前时间有一定距离，而且越是结构化、越是完整的信息，这种距离就越远。相比之下，即时信息却是微博所能提供的最为独特的信息类型，微博用户以最短的字符随时随地发送自己的所见、所闻、所感，而发送的设备除了手机这种随身媒体外，互联网上的诸多客户端如即时通讯工具、电脑桌面、邮件、博客等都可以成为上传微博内容的端口，内容和媒体形式的便捷性能最大程度保证微博用户页面上信息的即时性。在这个意义上说，微博可以被称为“随时、随地、随性”的媒体，而微博用户所吸引的关注者也因为微博内容的即时性而持续关注。对于关注者来说，只要订阅了关注的对象，被关注对象更新的信息就会同步刷新，关注者可以在第一时间获得最新信息，这比任何媒体都更为高效、便捷。

其次是信息的共享性。微博是一个开放的信息平台，微博用户在个人页面上发布的任何信息都可以随时查阅，对于互联网用户而言，没有任何信息接入的门槛。不但用户在微博上的信息是完全开放的，用户与其他用户之间的互动也能够方便地看到。不但如此，借助一定的网络工具，一个用户被其他用户关注的程度、微博用户普遍关注的热点话题、对于同一社会事件的倾向性态度等，都可以通过相关渠道获得。借助微博的技术支持，每一个有表达欲或暴露欲的用户都可以成为扩大某一信息传播范围的媒体，以个人化的角度呈现大千世界的某个侧面。对于想获取更多信息的用户来说，进入微博这个共享的世界，就可以获得若干有价值的信息源，在最短的时间内减少自己所关注事物的不确定性。对于信息索取型的用户而言，经过不断筛选之后确定下来的重点关注用户，就成为该用户获取信息的固定而便捷的渠道，通过“加关注”的设置，这些被关注的用户会源源不断地将共享信息随时推送给该用户，成为稳定而高效的信源。

再次是动态信息传播网络。微博作为开放平台的最大优势，就是允许用户将任一用户添加为自己的好友，通过“加关注”功能的简单设置，这些被关注的用户（微博主）就变成了寻找信息用户的固定信源。每一个关注其他微博用户的网民都有自己的信息选择偏好和标准，以此为筛选依据，每一个用户都会形成一个以自己为中心的信息网络，每一个微博主都是这张网络上的一个节点，只要节点上的信息有更新，信息网络就会改变原来的状态，作为网络中心的用户则会根据信息的变化情况做出相应的回应，从而改变信息传播网络的状态。同样，微博主因被其他用户关注，也会以其为中心形成信息网络，影响着微博主对自己所发布信息的价值的认知，其他用户的行为和态度也会引起微博主的反应，在与其他节点的互动中改变着微博主信息网络的状态。正是这种关注者与被关注者之间互为节点的互动，让微博平台上信息的流动状态变得复杂起来。也就是说，这个信息网络是根据信息节点的变化而实时地发生变化，正是这些由不同用户所编织的信息网络的动态变化，加速了互联网上的信息流动状态，突显出微博的独特价值。

总之，在微博的平台上，每一个用户都是既可以发布信息，同时又可以接收其他用户信息的节点，他们之间的互动又会增加新的信息，改变信息的传播路径和状态，所有这些信息都是全面开放共享的，每一个用户都会以自己为中心形成规模各异的信息传播网络。也就是说，微博用户使用微博的最直接动机是发布和获取信息以及基于这些即时信息引发的人际互动，这就决定了微博既不同于传统的 Web1.0 产品，也不同于Web2.0的诸多产品，如博客、SNS。用户之所以信赖微博，是因为用户对为自己提供信息的微博主以某种方式做了筛选，确定这些微博主能够为自己提供有价值的、值得关注的信息，并且这些信息是以稳定、即时的方式自动推送给自己的。微博改变了人类信息传播和获取的方式，是一种独特的信息渠道，这是微博强大的生命力所在。美国现任总统奥巴马正是因为认识到了 Twitter 的独特价值并大胆尝试，使得 Twitter 成为让广大选民实时跟踪奥巴马行踪和言论的最佳渠道。他的胜出让全世界认识到了微博的独特价值，微博也因此扮演了网络世界的“黑马”角色，就像奥巴马在政坛上的出色表现一样。这只是 Twitter 在政治领域的一种极端表现，它在其他领域的价值也在一点点展示出来。

三、微博产品的功能

互联网上有许多产品在设计之初是围绕某一核心功能推出的，随着产品的发展，一些以核心功能为基础的延伸功能以及某些附加功能也被开发出来，使得网络产品的功能越来越完善，这样的产品往往都有较强的生命力，其巨大的张力往往超出设计者当初的构想。微博就是这样的产品，尽管出现的时间很短，但目前呈现的发展态势已经证明了这一产品的无限张力。

1. 核心功能：即时信息的发布与获取

对于微博来说，其最为核心的功能就是信息的发布与获取，这两种应用分别对应的是微博信息的发布者(微博主)和索取者。在网络上发布信息，微博客绝不是唯一的渠道，BBS、论坛、博客等都可以发布信息，但微博客对于微博主的好处在于其便捷性和交互性。只要有发布的终端设备，微博主可以将日常生活中的所见、所闻、所思和所感随时记录、上传到自己的微博页面上。这些内容可能是日常生活的点滴记录，也可能是满足粉丝的沟通愿望，这种率性而为的信息呈现形式非常适合现代都市人群碎片化的情感表达方式和奔波忙碌的生活状态。一些微博主上传的文字或者照片就是在当事人参加某次会议或聚会的空闲时间完成的，亦或是在等车或登机、转机的无聊时间发布的，比如李开复就经常利用候机时间上传微博文章。尽管都是生活中的一些小插曲，但对于关注他的人来说，总会从他的简短的陈述中了解他的行程、生活状态以及他对某些事情的真实评价。对于那些不太喜欢发布信息的信息索取者而言，微博上总有与自己的兴趣或关注点吻合的信息提供者，也就是说，无限丰富的信息总会对信息的传、受者形成聚类，用户总会从某个或某些微博主那里找到自己需要的信息。而目前微博产品使用的准实名的规则又在一定程度上保证了信息本身的可信性，如果信息索取者对某个或某些微博主感兴趣，经过一段时间的筛选和比较，总会对微博主提供的信息价值有大致的判断，在此基础上决定是继续关注还是放弃关注。一旦某个微博主得到信任，就会成为用户锁定的信息提供源，免费为用户选择某类信息。如果用户能够科学合理地找到满足自己不同类型需求的微博主，将会大大提高该用户的信息处理和利用效率。这种借助即时信息构筑起来的信息系统，要比其他的信息渠道更有价值。这就是公众一方面批评微博信息的碎片化程度太高，另一方面却依然对此投以较大热情的原因。当传统的信息渠道无法有效满足用户的需求，而微博却能在一定程度上给以满足，微博的渠道价值便自然显现出来。在微博平台上，一方能够提供有价值的即时信息，另一方能从这些信息中筛选出对自己有价值的内容，这是微博得以发展的最重要的原因。

2. 延伸功能：人际网络的构建与维护

微博上人际网络的构建来自于两个方面：一方面是既有的人际网络在微博网站上的延续，即网络用户之间的好友关系是在使用微博之前就存在的，微博只是提供了好友之间继续交流和沟通的空间，微博的即时信息共享的特色功能进一步满足了好友交往的需求；另一方面是基于共享信息形成的比较稳定的“关注一被关注”关系，即微博主和自己的粉丝之间以信息为纽带建立了一种比较松散的契约关系，一方有展示信息的欲望，另一方有索取信息的需求，双方会有不同程度的互动，并都能在这种“关注一被关注”的状态下获得一定程度的满足，当微博主展示的信息有较高的质量并形成一定的风格后，很可能会以微博主为中心形成一个松散的网络。由于这个网络内的成员有相对同质化的兴趣，微博主的“粉丝”之间也会产生一定程度的互动，于是会形成以微博主命名的某个圈子，比如喜欢演员姚晨的粉丝会形成姚晨的微博圈子，2010 年初其粉丝人数已超过 74 万人。但这类以名人为中心、以追星为动机的圈子只是少数，绝大多数圈子还很难形成一定的规模。微博用户关注的核心内容是微博主的信息（前提是对微博主身份的认同），“粉丝”之间的互动也是以信息为中介的。

3. 附加功能：多样化的网络应用

随着被接受程度的加深，微博对用户的黏性越来越大。为满足用户对网络应用的多层次需求，更多的附加功能被开发出来，从而不断提升用户的体验。

比如，Twitter 随着产品的逐步完善，利用各类插件开发了以下几种特色功能：一是 Twitter Badges，用户可以通过它将自己的“心情”放在自己的博客中；二是 Twitteroo，允许用户在不登录 Twitter 的情况下向自己的账号发送信息；三是 Twitter Map，用户可以用这个软件进行地理位置的搜索，并显示出用户公开的 Twitter 留言以及地理位置等相关信息；四是 Twitter Bar，能将当前浏览的网站地址收藏到自己的 Twitter 账号中，这样好友就可以看到用户当前访问网站的相关信息。

更为重要的是为便于用户查找有用信息而不断完善的搜索功能，这主要体现在 Twitter search 上。这是 Twitter 所提供的官方搜索服务，通过它，网站能实时显示最新的 Twitter 信息，用户可以通过输入关键词进行搜索，该关键词会在用户发布的信息里突出显示。对即时信息的汇总是 Twitter 发挥更大价值的

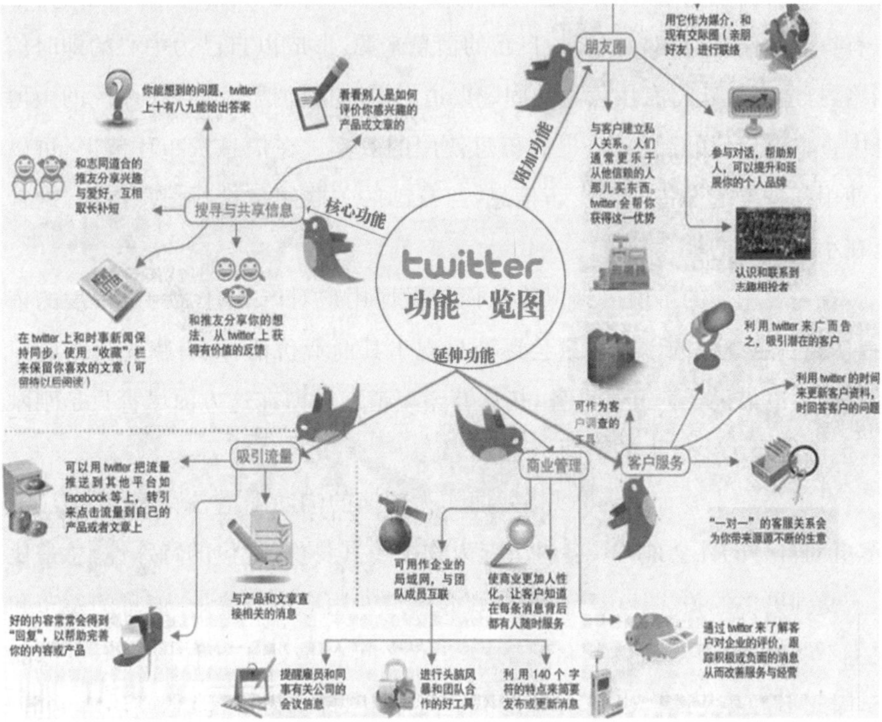

图 5－9　Twitter 功能汇总图

真正力量所在，能够将更多信息有效激活。Twitter search 不仅能够搜索到那些发布在 Twitter 上的内容，未来还将搜索到那些发布在 Twitter 上的所有链接内容。微博产品诸多功能的开发在很大程度上得益于其备受称道的开放 API 的做法，这会吸引大量第三方应用软件的开发和接入，许多功能软件已经受到用户的追捧。以开放平台为基础，在第三方力量的共同推动下，以协同生产的方式让用户来增加附加功能是必然的，也是符合互联网发展趋势的。而微博的基础性技术功能结合不同应用主体的需求，会延伸出更多的应用形式。

四、微博产品的价值开发

微博产品在信息传播上的独特优势吸引了众多不同类型用户的关注和尝试。一般的网络用户可以通过一定时间的比较和筛选，将那些有可能为自己提供有价值的信息的用户固定为自己的信息来源，形成以自己为中心的即时信息网络，打造有效获得有用信息的固定渠道。同时借助搜索软件在广泛的微博信息中查找有价值的微内容，提高信息使用的效率。在信息发布环节上，可以广泛使用各种终端设备即时发布信息，与自己的关联用户进行信息沟通，维护自己在小圈子中的社会地位。

在一般用户的价值得到保障从而使微博用户对产品有了一定程度的依赖后，达到一定规模的用户数量会逐渐显现出其商业价值，即有曝光需求的组织或机构可以借助微博开拓业务，拓展营销渠道。微博在这方面尽管只是刚刚起步，但已经显示出巨大的空间。

对于公众人物而言，可以将微博作为便捷的沟通渠道，满足公众关注的愿望，巩固自身的社会地位。各种公众人物由于其身份、地位的特殊性，总是比普通人受到更多的关注。由于传统的媒介渠道使用成本较高，在信息的发布和接收上不够便捷，公众人物与自己的“粉丝”之间总是处于一种信息不对称的状态，因此不可避免地会出现因曝光不足而产生的被“粉丝”淡忘或误解的情况。在拥有了微博用户的身份后，公众人物可以随时将自己需要与“粉丝”沟通的信息发布出去，让那些对其感兴趣的公众随时了解自己的行踪和思想状态，从而最大程度地降低隔阂，使得公众人物获得更多的支持和关注。比如影视明星姚晨就很好地利用了微博的即时沟通功能，她将自己的生活琐事和生活感悟通过微博与自己的“粉丝”进行沟通，将微博建成有效曝光的在线阵地，轻松收获“粉丝”的注意力和口碑，让自己的人气通过微博持续增长。2010 年年初，她的关注者已经超过 74 万人，这些“粉丝”如果通过传统渠道获得不但成本高，而且有效性也会大打折扣。相对于网络博客而言，微博随时随地沟通的媒介特征更有利于普遍忙碌的公众人物的使用和维护。正是意识到了微博在关系维护上的独特作用，越来越多的公众人物开通自己的微博。在微博的总体用户中他们的数量虽然很小，但吸引的关注人群却是庞大的，他们扮演的正是核心节点的作用。

对于新闻媒体而言，微博拓展了媒体的采编渠道和营销渠道。媒介组织可以借助微博广泛收集各类有价值的信息。在网络海量的信息世界中，不管多大规模的媒体，都是众多节点中的一个节点，区别只在于媒体的品牌认知度。当新闻媒体以微博用户身份出现在网络上，会给其他用户以亲近感，让用户在与该媒体的沟通中以更为平和的心态面对，会在一定程度上提高用户对该媒体的认知度。同时，便捷的信息传受方式会让用户将有价值的信息和观点即时呈现给媒体，从而拓宽媒体的信息来源。一些媒体通过机构注册或知名编辑、记者、主持人代言的方式建立微博，就是为了加强与媒体受众的沟通，并使信息渠道变得更畅通。

对于商业组织而言，微博是廉价、便捷、有效的营销渠道。商业组织要销售自己的产品或服务，就要千方百计拓展自己的营销渠道，让更多的消费者了解自己，微博为其提供了免费的营销渠道（目前商业组织发布的信息基本上无须缴纳费用）。尽管微博用户的身份极为庞杂，难以有效筛选出对于商业组织有价值的用户，但商业组织在微博上建立电子身份后，一旦用户主动搜寻有关该商业组织或其提供的产品、服务的信息，就会增加一个独特的、可即时沟通的渠道，而不仅仅是单纯的信息展示。对于用户而言，将有潜在消费需求的商业组织的微博加到自己的关注对象仅仅是点击一次鼠标而已，但添加了以后就会持续获得有关该商业组织的相关信息。如果商业组织能够以诚信为本、以客户为中心建设这一渠道，不对用户的信息接收形成干扰，当用户发现微博上呈现的信息是有价值的、有助于消费决策时，就会增加商业组织被选择的几率。例如，戴尔电脑在 Twitter 上注册为用户后与客户进行沟通，2009 年就使 Dell Outlet 的网上销售收入突破 300 万美元。

图 5－10　Dell Outlet 以 Twitter 作为独特的沟通渠道

在 Twitter 上已经出现了大量商业组织，一些善于使用微博渠道的商业组织已经从中获利，并证明了微博作为沟通渠道的独特价值。正是看到了这一点，在未来盈利计划中，Twitter 公司已经开始考虑向这些商业组织收费。但在没有正式出台收费措施前，商业组织仍可以大胆尝试微博营销。

【思考题】

1. 根据网站建设主体的不同，网站可以分为哪几种类型？
2. 什么是门户网站？门户网站的发展现状如何？
3. 搜索引擎信息传播的特点是什么？
4. 搜索引擎的营销价值是如何体现的？

5. 即时通讯工具的产品功能有哪些?
6. 即时通讯工具的传播特点是什么?
7. 什么是网络微博? 在中国的本土化发展情况如何?
8. 如何认识网络微博产品的本质?
9. 网络微博的产品功能有哪些? 对于微博产品的开发空间有哪些?

第六章 网络广告传播

第一节 网络广告定义及要素

一、网络广告概述

当媒体吸引到一定数量的可能成为商品的潜在消费群体的受众，原本只是传播公众信息给一般受众的媒体，就开始变身为同时为广告主传播广告信息给目标消费者的广告媒体。这是所有媒体嬗变的轨迹，互联网也不例外。在互联网诞生后不久，一些与 IT 直接相关的企业率先将广告搬到互联网上来，开始大胆尝试这一全新的媒体，在互联网应用发展史上具有里程碑意义的时刻终于到来：1994 年 10 月 27 日，美国著名的先锋杂志《连线》（*Wired*）在其网站"热连线"（www.hotwired.com）上率先为包括 AT&T、IBM 在内的 14 家企业提供品牌展示服务，开启了网络广告的新时代。

"网络广告"的英文为 Internet AD 或 Online AD，在最宽泛的意义上是指一切基于互联网这一技术媒介的广告形式（Internet-mediated Advertisement），即"网络"（Internet）＋"广告"（AD），就像在广播里播出的广告都叫广播广告、通过电视屏幕展现的广告都叫电视广告一样。这是广义的网络广告的含义。但这种命名方式在突出渠道的同时却忽略了媒体特性，为了将互联网上传播的广告与其他媒体的广告区别开来，就需要对这种广告形式进一步加以限定，这就是狭义的网络广告的定义，即“广告主利用一些受众密集或有特征的网站发布商业信息，并设置链接到某目的地网页的过程”。随着互联网技术的发展，新的广告形式不断被开发出来，互联网在广告传播上的多种可能性充分显现出来，网络广告的内涵也在不断地深化和丰富。

网络广告在中国发端于1997年4月，IBM公司在“中国比特”(Chinabyte)网站上发布的产品宣传广告揭开了中国网络广告发展的序幕，这一持久稳定的盈利模式支撑着中国互联网行业稳步向前发展。关于“网络广告”的定义，2001年5月1日开始实行的《北京市网络广告管理暂行办法》所做的规定广受引用，《办法》第二条规定：本办法所称网络广告，是指互联网信息服务提供者通过互联网在网站或网页上以旗帜、按钮、文字链接、电子邮件等形式发布的广告。这明显是狭义的网络广告定义，随后的网络广告监管、测评、效果评估等大多以此为依据。

二、网络广告的要素

网络广告是一种传播特定信息的传播行为和传播过程，为了方便描述，我们需要把网络广告按照一定的传播模式将构成网络广告的要素进行拆分，并对每一个要素进行分析。作为经典的传播模式，拉斯维尔的“5W”是最为简洁、实用的传播模式，他将传播过程分解为“谁”、“说什么”、“通过什么渠道”、“对谁说”、“有什么效果”这五个要素或环节，后来又有研究者将这一模式不断丰富，最为后人称道的就是布雷多克(Braddock)于1958年提出的“7W”模式，这一模式在原有基础上增加了“在什么情况下”和“为了什么目的”两个环节，即传递信息的具体环境和传播者发送讯息的意图。把握住这七个要素——传播主体、传播内容、传播渠道、传播受众、传播情境、传播目的、传播效果，有利于我们全面理解网络广告。

1. 广告主

广告主即广告信息传播的主体，是借助互联网传播广告信息的发布者，既可以是企业或其他组织，也可以是个人。网络广告相对低廉的成本让许多小型企业和发布个人信息的个体成为广告主，这是网络广告相对于其他大众传播媒体广告的不同之处。但目前占主导的广告主依然是规模较大、有实力的企业，它们将互联网看做是传统媒体广告传播的补充和延伸，在经过初期的尝试后逐渐认可了网络广告的独特价值，并一点点扩大广告投放额度。选择互联网作为广告投放媒体的企业大多数是与互联网相关的软硬件企业，在美国和中国，IBM都是最早触网的公司，互联网的普及无疑会促进用户对电脑软硬件产品的需求。随着网络用户数量的扩大和网民结构的优化，更多希望通过互联网获得潜在消费者的企业纷纷搭载网络，目前在中国，网络广告投放量较大的行业是消费电子、汽车、房地产及快速消费品。

作为广告信息的发布者，广告主既可以自己建立网站发布信息，也可以购买那些网络用户数量大或目标受众群体多的门户网站或垂直类网站，即使是后者，为了获得更好的广告效果，有经验的广告主也往往不会忽略建立自己的网站，这样通过其他网站吸引的用户就会链接到自己的网站上来，从而更多地了解广告主的信息，更好地与广告主互动。建立企业网站作为广告营销的网络大本营，越来越成为广告主的共识，这也是网络广告取得实效的重要步骤。

2. 广告讯息

广告讯息就是完整传达广告主传播意图的广告内容，包括促进产品销售和提升品牌形象两种类型的广告。之所以叫做“讯息”(Message)，意在强调除了广告具体传播的内容外，还包括能采用的广告形式。就广告形式而言，网络广告的丰富程度超过了以往任何一种媒体，既有文字广告、图片广告，也有视频广告、Flash广告，更有混合了多种媒介形式、需要用户互动参与的广告。而在体现用户对信息的控制权上，既有纯展示性的类似于传统媒体的曝光性广告，又有用户可以控制其展示形式、时长的广告。而在所有的广告形式中，那些充分发挥网络媒体特性的互动性广告，能够让网民在参与互动的过程中更多地与广告主交流和沟通，往往会取得更好的广告效果。能实现广告在内容和形式上完美统一的广告，是真正体现网络广告优势的广告，也是广告讯息发展和提升的方向。

3. 广告媒体

广告媒体是广告讯息的承载媒介，对于网络用户而言，网络广告最直观的媒介就是联机电脑的屏幕，专业术语叫做“图形用户界面”（Graphical User Interface）或多媒体用户界面，用户正是通过这个界面，借助鼠标或其他输入设备接触广告讯息。尽管电视也有一个用户收看电视节目的界面，但电脑界面的优势在于用户可以通过这个界面与媒体进行互动，从而实现双向沟通与交流，利用互联网进行人际互动、人机互动和人信互动。

作为广告媒体的互联网，在其价值的认知度普遍不高的情况下，需要不断优化用户界面，给网民以更好的体验，这就要不断提高广告媒体的质量。在这方面重点关注的内容主要有：一是便捷性，就是广告受众在需要与广告讯息发生关联时，在任何地点和时间都能容易并且方便地接触到页面；二是直观性，在广告所涉及的任何一个页面上与互动有关的程序都是简单而直观的，不再需要下载各种烦琐的程序、按照各种指令来展开内容；三是艺术性，广告所在的页面给用户带来的是愉快、有吸引力甚至是惊叹的效果；四是个性化，广告会根据不同消费者或消费群体在不同场合的不同需求，提供个性化服务；五是平衡感，页面所提供的内容不但要有广告产品的功能性介绍，而且要发挥技术手段以增强产品或品牌的吸引力，为互动提供最优化的空间，避免因过于炫耀技巧而喧宾夺主。

广告媒体是广告主的广告讯息与受众之间沟通的桥梁，是网络广告的核心环节，对它的优化与提高永无止境。

4. 广告受众

网络广告的受众是网络广告讯息的目标群体，笼统地说，是接触网络广告的网民。由于广告是网络媒体盈利的主导模式，绝大多数网站都会在页面上刊登广告，因此，网民上网几乎都会看到各种类型的广告。但网络广告与传统媒体广告的不同之处在于受众对于广告接触一定程度上的控制权，可以避开或有选择地接触广告内容。网民可以选择广告屏蔽工具，过滤掉干扰正常浏览的广告；可以手动关闭弹出的广告画面；对于那些需要鼠标控制的广告，网民拥有更大的主动权。总之，相对于其他大众传播媒介的受众，网络广告的受众所受到的强制性广告的干扰要小得多，在健康的网络环境下，广告受众的主动权会越来越大，所接触到的广告与自身的关联性也会越来越高。

5. 广告情境

广告情境是指网络广告与网民接触的具体环境，即广告在什么情况下展示给网民。这一要素是为确保网络广告的有效性而设置的。任何广告传播行为都是为了达到一定的效果，以满足广告主的营销需求。由于网站建设的门槛较低，各种资质的个人或组织在理论上说都可以建立网站，在聚拢一定的人气后就可能吸引广告主的广告投放。因为网站的内容是动态变化的，不同网络媒体的服务质量良莠不齐，网络页面能够吸引到什么样的受众很难得到保证。如果广告投放不关注媒体内容和媒体主体受众构成，往往会造成网络媒体的浏览人群与广告产品的目标群体不同程度的错位，虽然广告投放的网站或页面流量大，但大都不是产品的有效目标，广告传播的效果就会大打折扣。不但如此，如果广告投放到的页面刊载的内容质量低下，不但不会对产品宣传起到积极作用，反而会产生负面效果。在互联网内容良莠不齐、相关的检测手段缺乏的情况下，关注广告情境会大大提高网络广告宣传的有效性。

6. 广告目的

对于广告投放有效性的评估，只有结合广告投放的目的才能做出合理的判断。为了向广告主提供满意的服务，广告服务人员应该明确广告主的广告投放目标，根据目标来制定合理的广告投放策略，以到位的执行来确保广告效果。在目前网络广告的价值尚未得到广泛认可的情况下，结合广告投放目的提供更为有效的广告服务从而让更多的广告主选择性地进行投放，显得更为重要。

广告主选择互联网进行广告传播，不外乎两个目的：一是提升品牌，二是促进销售。两种不同的广告目的决定了二者在广告策略上的侧重点各有不同。通过互联网提升品牌，往往是让企业的品牌获得更大的知名度，因此在广告曝光量上有明确的要求，为达到这一目的，广告需要面向一般受众，这就需要选择流量比较大的网站，比如大型门户网站的首页、一级频道的首页等等，这也意味着需要花费更大的费用。如果将互联网作为产品促销渠道，就要选择那些网络内容符合企业产品消费群体口味的网站或页面，以匹配的内容来提高关联性，为产品带来更多的有效消费群体。两种不同的目的决定了不同的广告营销路径，路径选择错误必然意味着高投入、低产出。

7. 广告效果

广告效果是指广告主在投放一定数量的广告后所带来的产品销售的促进或企业品牌形象的提升。广告传播活动是为了达到一定的效果，而对效果的满意程度取决于网络广告行为结束后带来的结果与广告主期望值之间的比较：低于预期则满意度低，超过预期则满意度高。对于广告效果的评估，既可以通过广告主和广告服务提供商共同认可的网站（网页）流量、点击数来认定，也可以通过针对特定群体所做的抽样调查结果来衡量。因此，权威的第三方数据监测机构和调查机构对于广告效果认定的作用非常明显，直接关系到网络广告行业被认知和认可的程度。

第二节　网络广告特点及类型

一、网络广告的特点

1. 信息传受的交互性

互联网最大的特点和优势就是信息的传播者和接受者之间可以进行互动，通过用户界面实现交互传播。这一特点对于广告主来说尤其重要，因为其他媒体渠道很难让广告主获得及时的反馈。广告主通过互联网发布的广告信息是互动传播的，用户可以主动获得有用的信息，可以通过在线或发送邮件的方式，向厂商请求特殊的咨询服务，厂商可以据此做出反馈，并可以随时得到宝贵的用户反馈信息，这对于广告主及时调整产品和营销策略很有帮助。同时，交互传播大大提高了网民在传播过程中的主动性，对于自己感兴趣的广告，网民可以点击广告信息和广告主互动，参与广告传播过程，这会让网民深入广告情境之中，对其心智产生更大影响，有利于广告效力的发挥。让网民的参与成为广告传播过程的重要因素，在交互传播中提高广告效果，这是互联网带给广告的最大变化。

2. 传播范围的广泛性

互联网全球互联的特点决定了网络广告一旦发布，理论上就可以实现不受时间和地域的限制，在整个网络世界里传播，网络用户可以在世界的任何角落浏览广告信息。与其他广告形式相比，网络广告是真正可以实现全球传播的广告形式。其他媒体要让广告实现全球传播，需要花费大得多的代价。这对致力于拓展全球市场的品牌来说，有更大的现实意义。

3. 信息提供的连续性

广告的最终目的是要劝服受众接受广告所传播的观念，这就需要受众全面了解广告产品或品牌的信息。传统媒体所提供的都是片段式的、碎片化的信息，受众想全面了解，必须花费大量的精力查找。但网络广告却可以方便地提供各种链接，围绕产品或品牌信息，会有更多的背景或补充资料供受众去查找或核实，而有经验的广告主也会有步骤、有计划地为受众提供连续性的组合信息，便于受众更好地认知。网络广告相比于其他媒介的广告形式，更有可能实现广告信息的全面性、有机化、平衡性的传递，便于受众更好地甄别和判断。

4. 媒介形式的多样性

互联网在技术上实现了对以往各种传播媒介的融合，文字、图像、音频、视频等各种媒介形式都可以在网络上展示，尤其是随着网络宽带的普及和广告制作技术的提高，广告主的各种需求在理论上说都能得到满足，并不断创造出许多全新的广告展示方式，如鼠标触发广告，就是充分发挥网络用户的主动性，在用户的参与中完成广告的呈现过程。

5. 传播目标的指向性

网络广告不仅可以面对所有的互联网用户做大范围、全方位的传播，也可以向特定用户定向发送广告信息，实现一对一的信息传播，提高信息传播的有效性。网络技术可以根据用户的网络浏览行为和关键词搜索行为，大致判断用户所属的类型和对产品的兴趣点，然后将匹配的广告投放到用户所在的页面上，让不同的用户看到与个体需求相关的不同的广告，为广告找到指向明确的目标用户。另外，互联网服务提供商还可以根据广告主开发特定区域目标消费群体的需要，针对用户 IP 地址定向传播广告信息，还可以根据目标消费群体的上网习惯定时展示信息，这都是网络广告对计算机智能的有效利用。

6. 管理手段的灵活性

网络信息发布可以由后台灵活控制的特点让网络广告管理起来非常方便。广告主可以根据网络广告的反馈情况，及时调整广告投放策略，广告服务提供商很容易帮助广告主实现，这相对于传统媒体的广告来说，可控性、灵活性要大得多，在成本上则要小得多。有的广告形式还可以将广告投放行为完全控制在广告主手中，比如搜索引擎广告，只要广告主预交一定的费用就可以得到广告展示的后台代码，广告主根据广告投放情况自行决定投放的频次和广告展示的页面，真正可以做到实时管理。

7. 用户体验的丰富性

让用户感兴趣的广告或者是那种与用户需求匹配的广告，或者是能给用户带来不一样的感觉的广告，用户通过与广告信息的互动获得与众不同的体验和感受。互联网作为技术媒体，可以为广告创造各种各样的展示和呈现形式，那些互动性强的能吸引用户参与的广告形式，往往能给用户以不同的体验，并在用户体验过程中增加用户对于产品或品牌的认知度和好感度。为在广告多得让人眼花缭乱的互联网上实现更有效的宣传效果，广告主会在广告形式的开发上翻新花样，不断提高广告的互动性和参与度，这无疑会让用户获得更为丰富的在线体验。

二、网络广告类型

根据不同的标准，网络广告可以划分为多种类型。根据广告面积的大小，可以分为按钮式广告、条幅式广告、大屏幕式广告；根据广告相对位置的不同，可以分为弹出式广告、浮动式广告和内嵌式广告；根据广告展示方式的不同，可以分为点击/观看式广告、观看/点击式广告和观看式广告；根据传播方式的不同，可以分为基于网络媒介的网络广告、发布在企业自己的 Web 站点的网络广告、基于 E-mail 的网络广告和基于桌面及聊天工具的网络广告等。但通常人们在谈论网络广告时，主要还是从广告表现形式着眼。从广告表现形式而言，网络广告主要包括以下几大类，每个大类下面还有许多小类。

1. 文字类广告

(1)文字链接式广告(Text - link Ads)

文字链接式广告简称为文字链广告，是采用文字超级链接的形式以一行字来描述广告信息的广告，当鼠标移到广告上面时一般会变成手形，在点击后会进入相应的广告页面。这种广告尺寸很小，对浏览者的干扰最小，但不容易引起用户的注意。

(2)关键字广告

这是随着搜索引擎的发展而出现的广告形式。当用户在搜索引擎如百度或谷歌的搜索框提交关键词进行搜索后，计算机程序会在搜索结果呈现页面上推出与关键词有关的文字广告，点击后会链接到广告主指定的网址，看到更多广告产品的信息。这些广告由于与用户搜索的关键词相匹配，因而容易接近用户的搜索意图，广告的关联度较高。由于这种广告形式在计费方式上以点击付费为主，只有用户对该广告感兴趣并产生点击行为才收费，注重的是实际的广告效果，因此，关键字广告是一种更为精准的广告形式。

2. 图片类广告

(1)旗帜广告(Banner)

旗帜广告也称横幅广告或网幅广告，是最常见的网络广告形式。它是以GIF、JPG等格式建立的图像文件，尺寸多为468×60像素、234×60像素、88×31像素等，文件小于15kb，常位于页面主要位置，多用于发布提示性信息，点击后能够展开更为详细的信息。

(2)图标广告(Button)

图标广告又叫按钮式广告，因尺寸大小与按钮相近而得名，类似于旗帜广告但尺寸较小，常规尺寸为125×125像素、120×90像素。这种广告形式尺寸偏小，因而在广告呈现上更为简单，常常只显示产品或品牌的标志性图案，没有标语和文字。

(3)游动浮标广告

游动浮标广告在广告形式上与旗帜广告相似，唯一的区别就是它的游动性，其位置不固定，在整个页面上按照一定的线路浮动游走，以吸引用户的注意力。

(4)弹出式广告

弹出式广告也叫做背后弹出式广告或插播式广告，是在用户正式进入主页之前弹出的广告，以引起浏览者的注意。在短时间曝光后，广告会自动消失，用户开始接触页面内容。这种广告的尺寸可大可小，大的可以铺满电脑屏幕。由于这种广告常常会干扰用户正常进入网站或频道，为减少对用户的干扰，通常这种广告尺寸较小，比如会做成 1/8 屏幕大小，这样就不会影响用户的正常浏览。

(5)巨幅广告

相对于普通的旗帜广告而言，巨幅广告占用更大的空间面积，广告篇幅较大，信息含量丰富，巨幅广告的尺寸一般为 120×100 像素、750×100 像素、160×600 像素，文件大小在 15～20kb 之间。巨幅广告也叫“对联广告”、“摩天楼”或“疯狂广告”，常常置于页面的左右两侧，因此广告的干扰度较低，信息的传达面广，广告被识记的几率较大，视觉冲击明显。尽管这种广告传递的信息比较丰富，但用户仍可以点击进入链接页面获得更多的广告信息。

3. 声音类广告

用声音传达信息的广告。2001 年 7 月 1 日 16 时，互联网上第一个自动声音广告亮相，登录新浪网、搜狐网、中华网、人民网、千龙网等 10 家网站的网民就会听到“热烈庆祝中国共产党成立 80 周年”的声音，这则公益广告首次采用网络自动声音广告的全新方式播出，只要一打开网页，广告就会自动播放。

4. 富媒体广告

富媒体广告是指能达到 2D 及 3D 的 Video、Audio、JAVA 等具有复杂视觉效果和交互功能效果的网络广告形式，属于宽带广告的一种，除了提供在线视频的即时播放之外，内容本身还可以包括网页、图片、超链接等其他资源，与影音同步播出。因为这种网络媒体播放的广告与呈现的效果极为丰富，因此称为富媒体广告。

(1)视频类广告，即广告中含有视频文件的网络广告形式。视频类广告在用户打开页面时，自页面右下角浮出基本无损伤压缩的原视频内容。同时视频中添加了一些互动元素，促使更多的用户观看。其主要表现形式有标准的视频形式、画中画形式、产品外形形式、焦点视频形式等。

(2)扩展类广告，即在现有页面的广告位置上，当鼠标滑过或触发后，广告显示面积发生变化的 Flash 文件。扩展类广告能给人深刻的印象。当用户将鼠标滑过或点击广告时，扩展广告即被触发，广告基于原广告位进行扩展，不会离开原广告位。当鼠标移开后，扩展部分自动消失。由于广告由用户主动触发，对用户的干扰性较小。其主要表现形式有下拉扩展、上升扩展、撕页扩展、扩展视频以及自定义扩展等。

(3)浮层类广告，即在一定时间里，网页的部分显示区域分层，广告内容在这些分层中显示或播放。当用户打开网页时，浮层广告以不规则动画形式突然出现在网页上，动态的形式很容易吸引人们的注意，并且可以融入与用户的互动，更好地表现广告内容。动画播放完毕后将自动消失。浮层类广告有消失型（包含全屏尺寸）、重播型等形式。

(4)游戏广告。游戏广告是利用互动游戏技术将嵌入其中的广告信息传达给受众的广告形式，可以将产品实物形象和品牌信息有机结合在游戏的场景或情境之中，达到有效曝光的目的。

(5)三维广告。三维广告是利用先进的视觉技术，将广告产品全面立体地展现出来，给用户带来全新的真实感和现场感，在与用户的交互中赢得关注，如在线楼盘展示、虚拟汽车展示等。这种广告采用鱼眼镜头拍摄的照片，视觉可以达到 183 度，在 1 米距离以上，景深可达无限远，可使被摄体在画面中显示出鲜明的纵深透视效果，经过合成处理后广告就成为 3D 全景文件。这种广告便于用户控制，用户体验良好。

三、网络广告定价模式

网络广告是互联网产业最重要的盈利模式，是网络服务提供商最重要的经济命脉之一，不同的服务提供商采用不同的定价方式。目前主流的网络广告定价模式主要有以下几种。

1. CPM(Cost Per Thousand and Impressions，每千人印象成本)

每千人印象成本是指网络广告所产生 1000 个广告印象的成本，通常以广告所在页面的曝光次数为依据，其计算公式为：CPM＝总成本/广告曝光次数×1000。例如，一个广告横幅的单价是1元/CPM的话，意味着每一千个人次看到这个Banner广告的话就收1元，以此类推，10000人次访问的主页就是10元。至于每CPM的收费究竟是多少，要根据主页的热门程度（即浏览人数）划分价格等级，采取固定费率，国际惯例是每CPM收费从5美元至200美元不等。这是美国搜信（InfoSeek）和网景（Netscape）公司于1995年7月制定的广告计价模式，是基于网络广告显示次数的评价方法。

2. CPC（Cost Per Click、Cost Per Thousand Click-Through，每点击成本）

这是指受众点击某网络广告1次广告主所付出的成本。其计算公式为：CPC＝总成本/广告点击次数。点击率是反映网络广告最直接、最有说服力的量化指标，因为一旦浏览者点击了某个网络广告，说明他已经对广告中的产品产生了兴趣，与曝光次数相比，这个指标对广告主的意义更大。这是雅虎与宝洁公司于1996年4月首创的广告销售模式。

3. CPA（Cost Per Action，每行动成本）

这是指将广告以弹窗、图片等各类广告模式投放到目标受众群集中的站点，按广告投放实际效果，即回应的有效注册数或购买数等来计费，而不限广告投放量的广告模式，通俗来说，就是按交易付费，其计算公式为：CPA＝总成本/转化次数。因其投放的显示量和点击量都不给广告主计费，所以对广告主而言占有较大的优势。这种计价方式对于网站有一定的风险，但若广告投放成功，其收益也比CPM的计价方式要大得多，双方的诚信是保障这样的方式成功运行的关键，主要适用于一些在线交易型的网站。

4. CPT（Cost Per Time，每广告位时间成本）

这是指一个广告位在一定时间内需要广告主交付的费用，如一个广告在一个页面上保留一天或一周、一个月要支付多少费用。很多国内的网站是按照“一个月多少钱”这种固定收费模式来收费的，这种类似于传统媒体卖版位的做法是传统广告定价模式在网络媒体领域的延伸。

其他定价模式还包括：CPL(Cost Per Leads)，以搜集潜在客户名单多少来收费；CPS(Cost Per Sales)，以实际销售产品数量来换算广告刊登金额；CPR(Cost Per Response)，以浏览者的每一个回应计费；CPP(Cost Per Purchase)，以销售次数付给广告站点费用；PFP(Pay-For-Performance)，按业绩付费；CPO(Cost Per Order)，根据每个订单来收费。

第三节　网络广告创意

一、网络广告创意的定义及特点

1. 网络广告创意的定义

网络广告创意是介于广告策划与广告表现制作之间的艺术构思活动，即根据广告所要表现的主题，经过精心思考和策划，运用艺术手段和网络工具将所掌握的材料进行创造性的组合以塑造具体的、可感知的形象的过程。

2. 网络广告与其他广告在创意上的异同点

作为广告，本质和目的都是相同的，区别只在载体形式上。网络广告载体为网页、弹出窗口等以网络为依托的形式，而传统广告主要以电视、报纸、杂志、广播等传统媒体为载体。

美国著名广告专家罗伊·格雷斯认为评判一个创意好坏的标准主要有：

- 创意是否与产品相关

- 创意本身在该类别产品中是否属于首创
- 创意是否具有延展性，即是否可延伸为系列广告或可以使用多年
- 创意是否不落俗套且具有娱乐性
- 广告的信息是否动人、有冲击力、有激发性
- 广告是否引人思考、具有劝服力
- 人们是否喜欢它，第一眼看到它时，是否感到兴奋或紧张

一句话，好的广告创意应该是与众不同的，无论是发布在网络、报纸、杂志、电视、户外等哪种载体上，创意优秀的广告通常都具备相同特性，可以归纳总结为以下几个特征：共鸣性、关联性、独创性、延展性、趣味性。

(1)共鸣性

即杰出的广告不仅会让受众注意到，还会让受众展开想象的翅膀并驻足流连，引发受众的思考，让受众感同身受。

(2)关联性

广告作品必须与广告主的战略相关联，否则就是失败的，即使它能引起受众的共鸣。广告策略在所有的创意与表现上都起着指挥方向的作用，它是产生杰出创意作品的关键。

(3)独创性

广告创意富有想象力，作品巧妙、新颖、独具匠心，会赋予商品与服务以新的价值和意义。广告创意有新意，有与众不同的整体艺术品格，能吸引消费者，具有较高的受众到达率，可以为广告客户带来较高的回报，这就是独创性的价值所在。

(4)延展性

好的创意有着明确的策略支持，而广告创意的核心策略在横向和纵向上都应该具有延展性。

图 6－1　美国 Folger 咖啡广告

窨井盖里散发出的热气，很好地表现了咖啡的特性

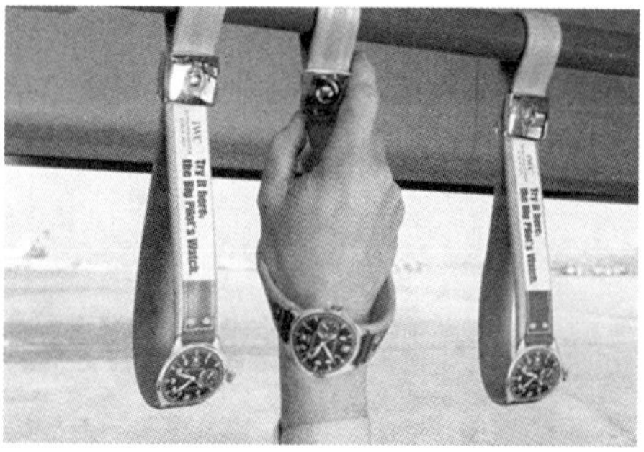

图 6－2　公交车拉环广告

IWC 手表被巧妙地戴在了乘客的腕部

(5)趣味性

趣味性在广告创意表现方法中如得到有效运用，能够充分发挥广告表现的题材，强化广告的主题，并能提高受众的感知兴趣，延长感知时间，增加感知深度，还会使人们的无意注意转化成有意注意，从而达到广告的预期目的。趣味性广告创意的表现方法一般有展示法、对比法、拟人法、幽默法、夸张法与变形法、倒置法、利用名人法和 3B 运用法等。

通过欣赏一组不同载体的优秀广告，我们来共同感受一下优秀的广告创意如何将不同载体的特性与产品完美结合以展现其独到之处。

图 6－3　汽车户外广告

广告与环境完美结合，车速之快连树都为之倾斜，视觉冲击力很强

图 6-4　阿迪达斯户外广告 OneShow 金奖作品

在日本著名的涩谷区，阿迪达斯推出了立体足球赛场，两名球员被绳索悬挂在墙壁上并进行小型足球比赛，其效果令人印象深刻，许多路人忍不住停下来欣赏这一独特的游戏

图 6-5　大众广告警察篇 OneShow 金奖作品

该作品用简单的照片形式把大众车的安全性能完美体现出来，让人印象深刻：连警察都放弃警车寻求大众汽车的保护，更何况一般的消费者？

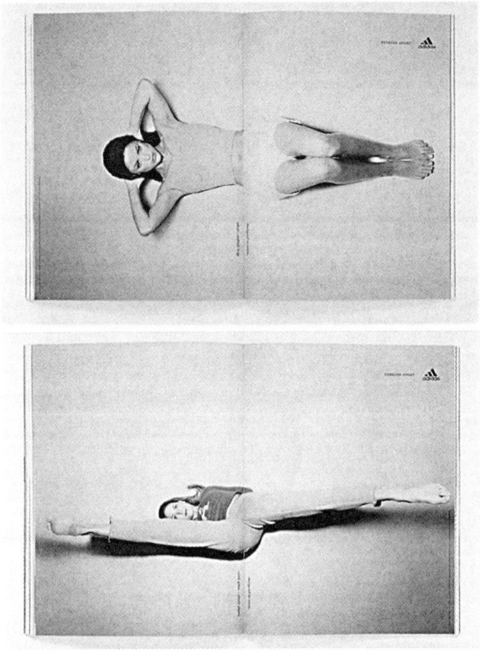

图 6-6　阿迪达斯杂志广告 OneShow 金奖作品

杂志中缝是否挡住了广告创意呢？阿迪达斯巧妙地利用杂志中缝以及读者的翻阅习惯，将普通平面图片通过翻书动作让画面中的人物运动起来，突出了产品的舒展性

这些广告作品巧妙地发挥了载体的特征，将品牌加以最大化的展现。从受众群体的角度看，户外广告、报纸的覆盖面比电视、网络的覆盖面窄，需在特定的地点(户外或发行地区)被特定的人群看到，虽广告创意突出，但受到载体的限制，很难产生较大规模的轰动效应，若想取得更好的效果，则需要花费大量的经费才能实现。同时，在展示篇幅上，这些广告也受到限制，有时无法完全将创意表达出来，而有的广告则需要购买更多的媒体才能更好地展示、说明产品的特性。

相比之下，网络广告则不受时间和空间的限制，能突破传统广告局限于一时、一地的弱点。互联网把广告信息 24 小时不间断地传播到世界各地，可以说，覆盖了全球，令其他广告媒介望尘莫及。网络广告在创意上的优势可以通过下表得到展现。(见表 6—1)

表 6-1 传统媒体与互联网在广告创意空间上的对比

	纸媒	电视	互联网
互动性	无	无	丰富的互动形式
制作周期	制作周期长，呈现时间受到限制	制作周期长，播放时间限制大	制作周期短，24 小时无间断接受网民的浏览，可以突破时间限制
空间	版面限制大	画面限制大	突破空间限制，自由度大
反馈效果	即时反馈能力弱	即时反馈能力弱	交互式服务，反馈手段即时便利，可提供细致的追踪报告
检索能力	差	无	独特而丰富的检索手段，保证资源多次利用
广告形式	文字、画面	画面、声音	文字、画面、声音、Flash 多媒体形式结合，实现动态、有趣的宣传
受众素质	普通	泛而杂	层次较高，大专以上学历受众近 80%
受众投入度	一般	一般	高度集中
可追踪性	不强	不强	强，统计结果及时、准确
价格	中	高	低

根据网络媒体在广告展现上的优势，网络广告在创意上应突出以下几个方面：

(1)强化实效性

网络广告创意载体基本是多媒体、超文本格式的文件，受众可以对感兴趣的产品进一步了解更为详细的信息，使消费者能亲身体验产品、服务与品牌。这种以图、文、声、像的形式传送的多感官的信息，让顾客如身临其境般感受商品或服务，并能在网上进行预订、交易与结算等操作，将大大增强网络广告的实效性。既然网络广告能够达到这样的效果，在广告创意上就应该突出这一优势，通过广告尽可能地使消费者更为深入地与广告主发生关联，最大程度地强化实效性。

(2)突出丰富多彩的表现手段

网络广告采用融文字、声音、影像、图像等于一体的丰富表现手段，集报纸、杂志、电视等多种广告形式于一身，更加吸引受众。

(3)强调交互性与参与性

网络广告可以做到一对一的发布以及一对一的信息回馈。对网络广告感兴趣的网民不再被动地接受广告，而是可以及时地做出反应。这种优势使网络广告可以与电子商务紧密结合，使受众在线完成交易过程。

对于创意人而言，要充分认识到互联网界面的优势，尤其是要调动用户手中的鼠标来参与广告作品的展示过程，通过互动性来优化用户的体验。通过网络广告可以直接进行品牌体验，这是其他任何媒介方式都无法企及的。以搜狐创意部所创作的公益广告——车祸之灾难篇为例，用户使用鼠标体验了整个广告的展示过程。通过文字提示，用户用鼠标选择了自己心目中最大的灾难，画面即刻切换至那场灾难的画面以及具体的数据，而在画面中有另外一组车祸数据与此形成强烈的对比，巨大的反差突出了车祸现场的惨烈和冲击力，更令人深思，很好地突出了公益广告所要传达的主题。

你心目中人类最大的灾难是什么？是“二战”、“9·11”、海啸还是汶川地震……？在网友加以选择的同时，一个隐匿在我们身边，更加恐怖的灾难会展现在网友面前：车祸！

“二战”、“9·11”等灾难的悲剧主角将身处灾难现场，以真实而富有震撼力的数据帮网友解读灾难。我们相信，在这些令人惊悚的事实面前，每个网友都会有所感悟。与此同时，“小心驾驶，不要让这场灾难继续蔓延”的广告语会更深入人心。

你认为人类最大的灾难是什么？

美国2001年“9·11”攻击事件中丧生2751人

图6-7 搜狐网公益广告——车祸篇

二、不同类型网络广告的创意侧重点

不同类型的网络广告在创意上有所不同，下面分别从常规广告、特殊广告和营销互动类广告三个方面来说明创意的不同之处。

1. 常规广告的创意

常规广告通常在页面上有固定位置，采用的是 JPG、Gif、Flash 等表现形式。由于页面广告承载有限，门户网站在推荐自身产品时多采用静态广告以控制页面的总 K 数容量以及 CPU 占用情况。在尺寸 K 数限制下，常规广告需要进行有效的规范控制。这类广告在创意上应把更多的关注点放在广告内容及视觉表现上，以凸显广告品牌和广告所传达的主题，如能合理地应用互动手段进行创意，效果会更好。

下面是一则投放在搜狐娱乐播报栏目页面上的一则常规广告，广告形式很简单，但在创意上很好地调动了用户的好奇心理，用户只要动动鼠标，广告的效果就达到了。

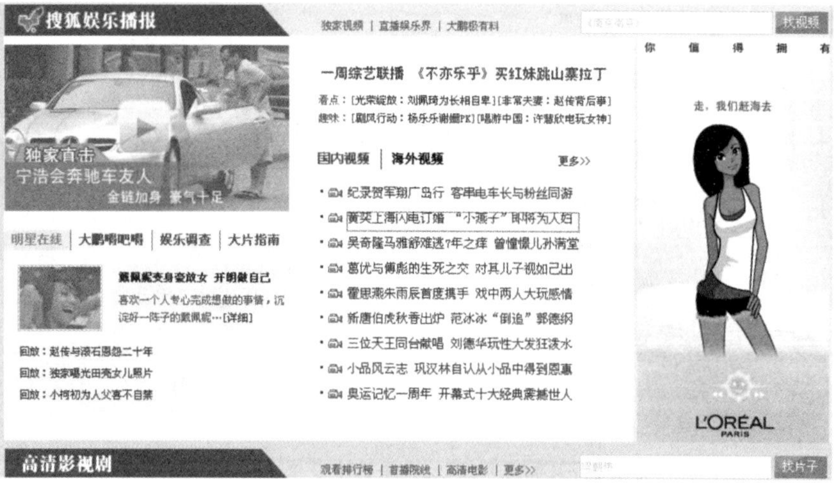

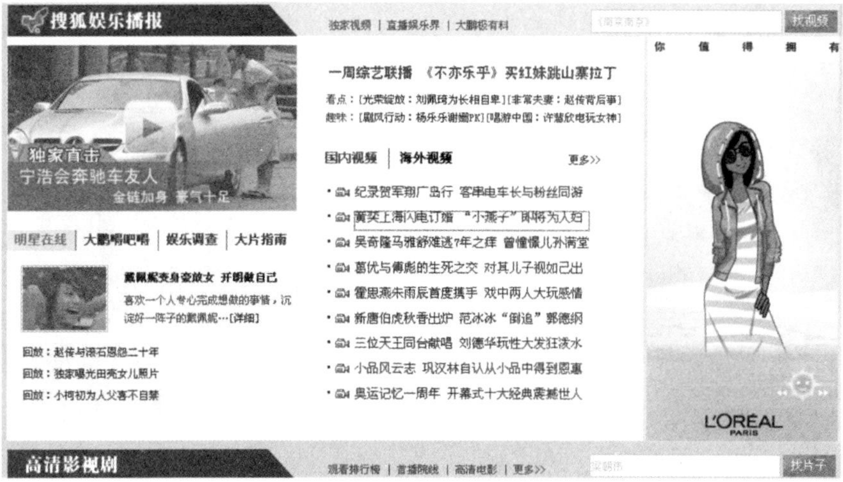

是选择传统的防晒方式，把自己裹得严严实实

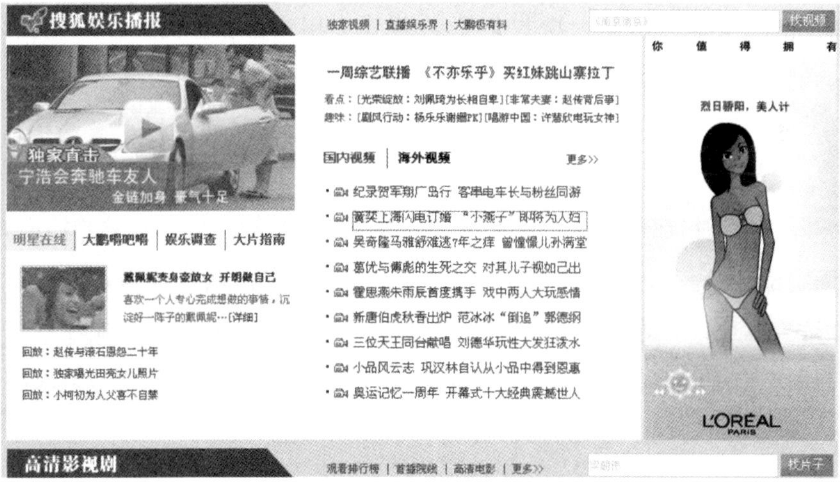

还是选择欧莱雅防晒霜，变身比基尼性感美女？

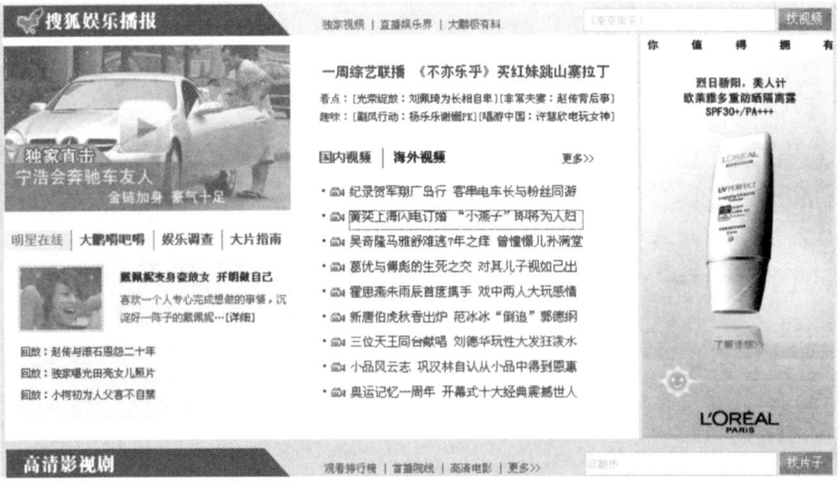

图6-8　搜狐网欧莱雅广告——烈日骄阳美人计篇

网友可以用鼠标控制人物的穿着，在操作中用户自然会找到答案，欧莱雅也就达到了品牌宣传的目的。

2. 特殊广告的创意

特殊广告是指那些非固定位置的广告，它们通常浮在页面上，或遮挡内容，或与固定位置广告产生联动。这类广告包括富媒体、互动视频、多媒体视窗等广告形式，强调的是页面载体与广告间的关系。这类广告在创意上应注重广告与页面内容板块间的巧妙结合，创意重点在于视觉效果的冲击和广告诉求的精妙传达。为避免对用户干扰过大，特殊广告在制作上有较为严格的时间、容量等限制。

下面是搜狐网上阿迪达斯的品牌广告。

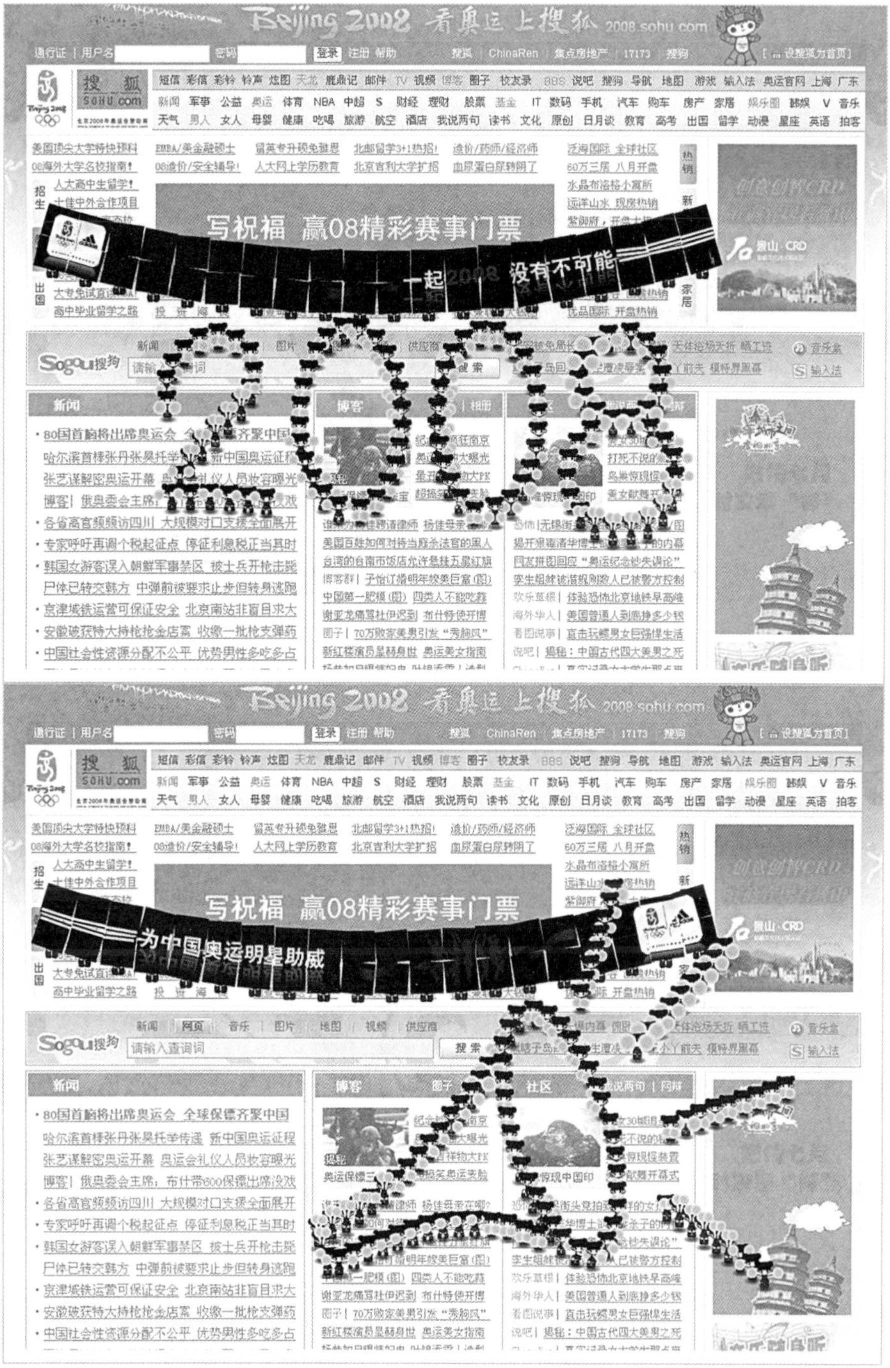
Beijing 2008 看奥运 上搜狐 2008.sohu.com
写祝福 赢08精彩赛事门票
一起2008 没有不可能
为中国奥运明星助威

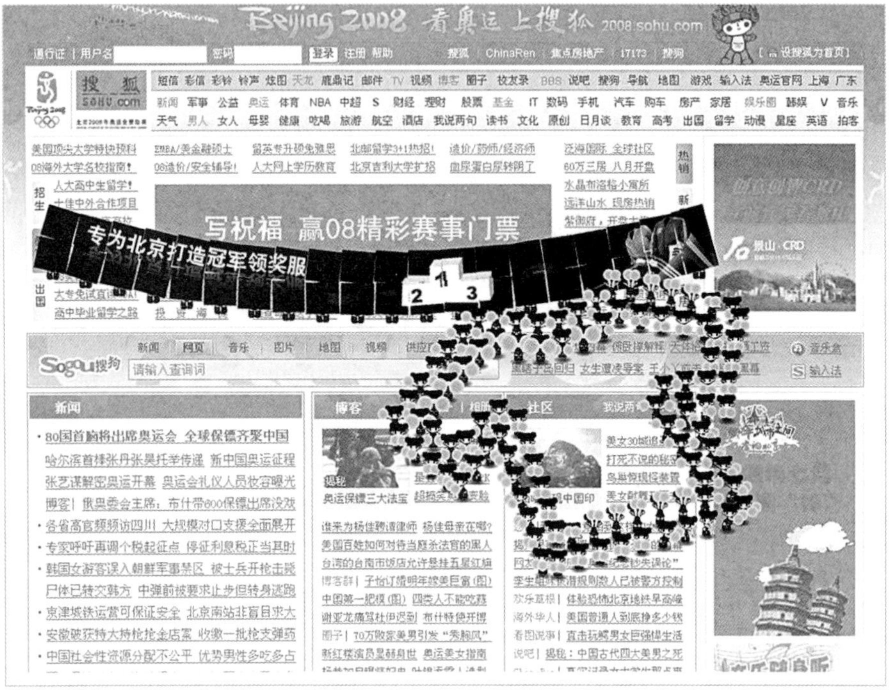

图 6－9　搜狐网广告“一起 2008，没有什么不可能”

创意说明：拉拉队的女生托起广告牌，一起组成象征奥运的“2008”、呐喊助威的喇叭和“祝福好运”的领奖服，寓意奥运的成功凝聚着每个人的力量，很好地诠释了“一起2008，没有什么不可能”的理念。

3. 营销互动类广告

这类广告创意的重点在于突出广告与用户之间的互动性和营销活动所具有的传播性，也就是能够激发用户主动传播广告信息的兴趣。这类创意主要关注新技术的应用及互动产品在整个营销活动中起到的作用、效果。营销互动类广告主要以产品推广网站作为投放的基础平台。

搜狐自主开发的“立体涂鸦”广告就是营销互动广告的代表。这是为适应广告主普遍对广告创意提出新的需求而在创意上所进行的一种尝试，这种广告能够让包含广告主产品或品牌元素的内容在用户间口口相传，这种创意能帮助广告主实现与用户之间的互动，其表现形式体现出更多的互动性。

“立体涂鸦”是搜狐开发的网络营销产品，兼具新鲜感、趣味性与互动性。如制作个性化的车模，用户可在“刀板”上任意写字、作画、着色，如果对自己涂鸦的效果满意，就可以下载打印，经过剪裁拼贴个性化的纸模实物便会出现在用户的面前。将客户品牌元素融于个性化的产品中间，会增加品牌与用户的接触几率。（见图6—10、6—11、6—12、6—13、6—14）这种营销产品广泛适用于各类产品品牌，如汽车品牌车模涂鸦、饮料品牌“罐罐涂鸦”、手机品牌手机涂鸦等，并可借助用户间的互传，达到病毒营销的目的。将立体涂鸦产品应用于广告主的主题网站中，会给广告传播带来意想不到的效果。

图6－10　立体涂鸦步骤1——选择一个车模

图6－11　立体涂鸦步骤2——可在“刀板”上任意涂抹（写字、作画、着色）

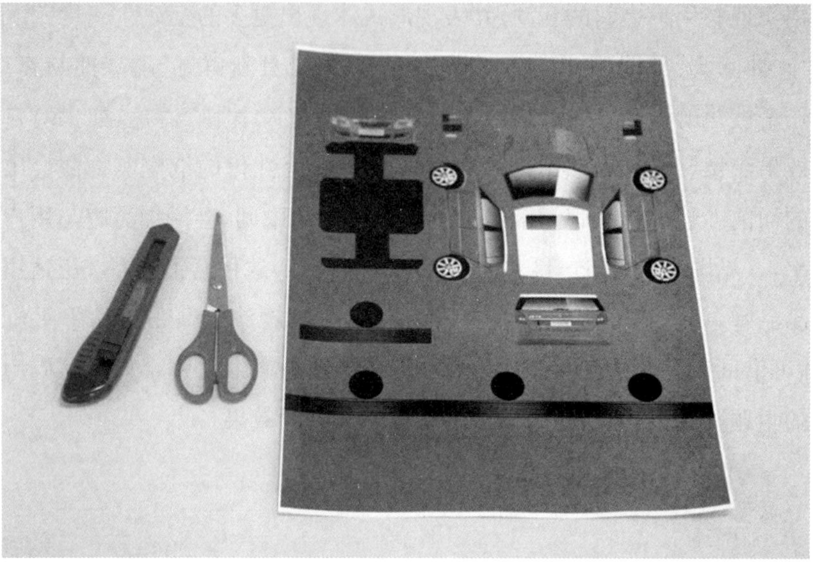

图 6－12　立体涂鸦步骤 3——下载打印个性化涂鸦“刀板”

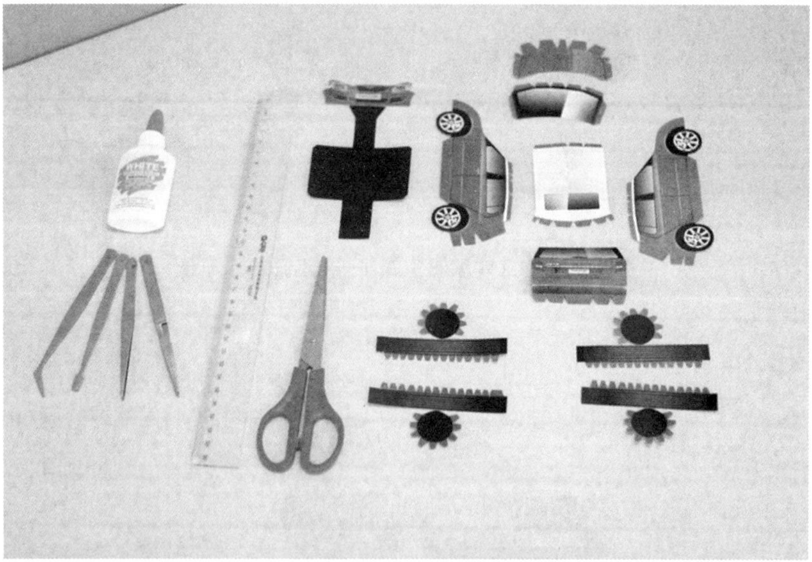

图 6－13　立体涂鸦步骤 4——准备工具制作车模

图 6－14　立体涂鸦步骤 5——制作出个性化纸模

三、网络广告创意的误区和方向

1. 网络广告创意误区

从表面上看，以富媒体广告为代表的以“酷炫”为追求目标的广告，确实能以形式的丰富性和信息的多层面传达造成强烈的视觉冲击，让网络广告越来越热闹，“炫”成为此类广告的代名词。事实上，这有可能陷入网络广告创意的误区。就目前网络广告创意的整体现状而言，创意误区主要表现在以下几个方面：

第一，过分追求技术，缺乏必要的产品信息，缺乏广告元素，这种广告看起来很炫，很好看，但没有创意可言，让用户不知产品的卖点是什么；

第二，单纯为“动”而动，想方设法让广告产生动态效果，单纯追求曝光和视觉冲击，其结果可能带来相反的效果；

第三，文字过多，广告不以画面取胜，而是通过文字说明来传达意图，引起用户的反感；

第四，为了追求更好的效果，广告文件太大，用户点击后等待的时间太长，往往选择放弃，这样，广告有再好的效果也出不来；

第五，对新技术尤其是富媒体、宽频技术一味追捧，以为这些是广告发展的唯一方向，不可避免地走向技术主义的误区。

其他创意误区还包括照搬平面或视频创意，只是在媒体之间的简单平移，在借鉴传统广告创意时没有在原有媒体的基础上进行二次创意，没有抓住网络媒体的根本。这事实上是网络广告还不成熟的表现，只能在以后的创作中逐渐解决和完善。

2. 网络广告创意的方向

互联网是典型的技术媒介，因为不同的传播目的和传播对象可以承载不同的广告创意，同时互联网是电脑科技和网络科技的结合，注定了这个媒介的高科技特性，也带来了更加多变的表现方法，强大的技术为创意插上了“飞翔的翅膀”。

网络广告是建立在网络技术基础上的广告形式，技术的发展为新奇创意的实现提供了可能，网络广告的创意确实要强化互联网本身的媒介特性，最重要的就是交互性和实时互动性。技术与创意之间相辅相成，但归根究底技术是体现创意的手段，而不会成为广告创意的目的。创意的内容、视觉呈现以及品牌个性的充分展现，这些才是创意的本质。

从这个意义上说，在页面中漫天飞舞、不着边际或应用很多高端技术哗众取宠的广告，不一定是好的广告创意作品，因为这些广告往往只是让用户感受到太多的外在的形式，而无助于品牌形象的提升。相比之下，那些能很好地将广告主的品牌理念、发布媒介的特性及用户特点几方面有效结合的创意，即使用最简单、最原始的固定广告位置呈现，也能成为成功的创意作品。

作为一种全新的媒介平台下全新的广告形式，在市场需求多元化、网络媒体继续高速发展的趋势下，随着技术水平的不断提高和客户个性化需求的增加，网络广告还会出现更科学、更能满足客户需求的新形式，网络广告的优势也将得到越来越多的广告主的认可。也只有不断采用新技术和新理念，开发出更切合网络媒体发展、更适合受众和市场需求的广告形式，才能使网络广告的优势长久保持下去。

国外同行将好的创意理念与互动相结合的经验值得我们学习，但要尽量避免为互动而互动的倾向。当广告创意足够出色时，才有可能摆脱广告主强加的意愿，改变国内网络广告创意领域受制于广告主的现状，获得更大的创意空间。同时，在与国外广告创意做对比时，要正视这样的现实，即国内网络带宽技术尚未发展到可以让创意随心所欲的地步，带宽的限制很大程度上影响了创意的表现，在创意的可能性和现实的物质基础之间寻找平衡是网络广告创意永恒的主题。

在网站页面信息量大，各种图片、动态影片等闪烁飘浮的情况下，想要吸引用户眼球，增强广告的冲击力是很重要的。这种冲击力可以来自独特的创意概念、创意题材、表现手法或者是技术性创新。前三者和传统广告是一样的，而技术性创新在网络广告里的冲击性则具有很独特的意义，网络技术日新月异，如一些非常规的广告，都可以为观众留下深刻印象。

同时，要注重用户体验的友好性，用户体验是否友好是判断创意作品成败的标准之一。好的网络广告收获的不仅是用户的体验，更能唤起该用户发动身边好友去共同感受并产生共鸣。用户体验在广告创意上的重要性日益突显，能否从用户终端的角度设身处地地进行创意，是检验用户意识的重要标尺。举例来说，如果一则广告所占空间达到 1 兆或更高，这说明创意广告作品之初就没有考虑到用户的带宽承受力，以及广告占用户机器资源过多而影响广告的最终呈现问题。事实上，网络媒介对用户页面下载承受时长是有严格规定的，在创意时从各方面细节来考虑实现问题非常重要。

第四节　网络广告规范管理

中国的网络发展非常迅速，无论是网民的数量还是网络广告的收入都呈明显增长的趋势。据 CNNIC 报告，截至 2009 年 12 月 31 日，中国网民规模达到 3.84 亿人，普及率达到 28.9%。网民规模较 2008 年底增长 8600 万人，年增长率为 28.9%。在广告收入方面，据艾瑞资讯发布的报告显示，2009 年中国网络广告市场规模相比 2008 年增长 21.2%，达 206.1 亿元，预计到 2010 年，在世博会、世界杯等大型活动的刺激下，网络广告整体收入规模将达 300 亿元。

网络用户及网络广告收入的快速增长，带来的是网络广告形式的百花齐放以及网络广告内容的混乱。各个网站为了适应自身页面的规格，采用了多种多样的广告尺寸，而在广告内容方面，虚假、夸大、误导消费者的现象也随之发生。加强网络广告管理已是当务之急。

但规范网络广告市场并非易事。互联网在飞速发展过程中暴露了许多有待规范的问题，许多问题没有先例可循，管理难度加大。从大的方面看，网络广告的规范化管理大致可以从广告内容和广告形式两方面来进行。

一、广告内容方面的管理

网络上的信息传播和在线交易有时在没有监控的状况下进行，存在着许多虚假广告、色情广告和其他未经有关部门审核的、法律法规禁止的广告。网络上的信息满天飞，信息的真伪却难以判断。网络广告不同于其他媒体广告，有时网络广告本身的文字、图片等信息没有什么问题，但它的链接却有可能出现问题，又或者链接没有问题，但它所指向的站点却可能存在问题。问题之多可谓防不胜防。因此，要有效地防止虚假广告的侵害，就必须建立起安全有效的网络发布、管理制度，做到规则健全、发布有序，从流程上控制好广告的内容。

在美国，网络广告的管理包括政府管理和非政府管理两部分。美国联邦贸易委员会是管理广告并对业内虚假或欺骗指控进行调查的政府机构，联邦贸易委员会运用一套“不正当方针”对受到指控的广告展开调查，“不正当方针”包含五方面的内容：

- 广告是否合于道德？
- 广告是否有悖伦理？

- 广告是否令人压抑？
- 广告是否肆无忌惮？
- 广告是否会给消费者或竞争对手造成严重的伤害？

在国内，包括网络广告在内的所有广告在制作上都要严格遵守相关规定，主要内容如下：

1. 广告内容应当有利于人民的身心健康，促进商品和服务质量的提高，保护消费者的合法权益，遵守社会公德和职业道德，维护国家的尊严和利益。

2. 广告不得有下列情形：

使用中华人民共和国国旗、国徽、国歌；

使用国家机关和国家机关工作人员的名义；

使用国家级、最高级、最佳等用语；

妨碍社会安定和危害人身、财产安全，损害社会公共利益；

妨碍社会公共秩序和违背社会良好风尚；

含有淫秽、迷信、恐怖、暴力、丑恶的内容；

含有民族、种族、宗教、性别歧视的内容；

破坏环境和自然资源保护；

法律、行政法规规定禁止的其他情形。

3. 广告不得损害未成年人和残疾人的身心健康。

4. 广告中对商品的性能、产地、用途、质量、价格、生产者、有效期限、允诺或者对服务的内容、形式、质量、价格、允诺有标示的，应当清楚、明白。

5. 广告中标明推销商品、提供服务附带赠送礼品的，应当标明赠送的品种和数量。

6. 广告使用数据、统计资料、调查结果、文摘、引用语应当真实、准确并标明出处。

7. 广告中涉及专利产品或者专利方法的，应当标明专利号和专利种类。未取得专利权的，不得在广告中谎称取得专利权。禁止使用未授予专利权的专利申请和已经终止、撤销、无效的专利做广告。

8. 广告不得贬低其他生产经营者的商品或者服务。

9. 广告应当具有可识别性，能够使消费者辨明其为广告。

10. 大众传播媒介不得以新闻报道形式发布广告。通过大众传播媒介发布的广告应当有广告标记，与其他非广告信息相区别，不得使消费者产生误解。

11. 药品、医疗器械广告不得有下列内容：

含有不科学的表示功效的断言或者保证的；

说明治愈率或者有效率的；

与其他药品、医疗器械的功效和安全性相比较的；

利用医药科研单位、学术机构、医疗机构或者专家、医生、患者的名义和形象作证明的。

12. 药品广告的内容必须以国务院卫生行政部门或者省、自治区、直辖市卫生行政部门批准的说明书为准。国家规定的应当在医生指导下使用的治疗性药品广告中，必须注明“按医生处方购买和使用”。

13. 麻醉药品、精神药品、毒性药品、放射性药品等特殊药品，不得做广告。

14. 禁止利用广播、电影、电视、报纸、期刊发布烟草广告；禁止在各类等候室、影剧院、会议厅堂、体育比赛场馆等公共场所设置烟草广告；烟草广告中必须标明“吸烟有害健康”。

15. 食品、酒类、化妆品广告的内容必须符合卫生许可的事项，并不得使用医疗用语或者易与药品混淆的用语。

二、广告形式方面的管理

几年前，类似CNNIC这样的数据公司较少关注网络广告形式的分析。在CNNIC第8～10次的统计报告中，关于网络广告部分有一项调查——“哪一种网络广告形式最能吸引用户点击”，其中将网络广告的形式主要分为：横幅式广告、按钮式广告 、游动式广告、插页式广告、文字式广告、电子邮件式广告等。对网络广告的这种分类方法显然无法包括主要的网络广告形式，并且存在一定的交叉，因而很容易造成混乱。在CNNIC第11次统计报告中，已经取消了该项调查，这与网络广告的具体形式比较多及定义不清晰有关。

即使美国交互广告署(IAB)对网络广告形式的分类,同样有很多问题。按照IAB的分类办法,网络广告的形式主要有:Banner广告、赞助式广告、分类广告、推荐式广告、插播式广告、E-mail广告、Rich Media广告等几种,其中某些分类同样很容易引起歧义,如赞助式广告和Rich Media广告本身可以有多种表现形式,如何归类就成为一个很大的问题。

中国的互联网广告形式过于繁杂,据2008年的统计,当时正在使用的广告尺寸多达17万种,给互联网广告的普及、发展造成了很大困难。为此,中国广告协会互动网络分会在2009年针对目前互联网广告的使用尺寸、技术标准和容量大小进行了筛查,初步选出各网站经常使用的广告标准199种,这些尺寸标准能够覆盖目前互联网广告投放量的80%以上,面向全行业进行推荐,以规范广告制作主体和发布主体的行为,得到了网络广告行业的积极响应。

为进一步规范网络广告的制作和传播行为,中国广告协会互动网络分会随后又出台了《中国互联网广告推荐使用标准(试行)修订版》,明确规定各种类型的网络广告的定义及尺寸(时长)标准,以便相关的制作方和发布方能够参照执行。这一使用标准将目前的网络广告划分为文字类、图形类、富媒体类、视频广告类、电子邮件类和植入式广告六大类别,每一个大类下面又划分出若干小类,如类型最为丰富的图形类广告,下面就具体划分为通栏广告、半通栏广告、按钮广告、对联广告、浮动图标广告、焦点图广告、矩形广告、摩天楼广告、全屏广告、前弹窗广告、后弹窗广告、背景广告、拉幕广告等13种,每一种都作出了明确的界定。这是业界推荐使用的第一个互联网行业广告标准,此举旨在采取循序渐进的方式逐步统一互联网广告标准,便于网络广告的销售和代理销售,从而降低制作和销售成本,促进网络广告乃至整个互联网行业的整体发展。

总之,网络广告的快速发展,对规范和监管部门提出了新要求,需要根据行业发展的实际适时对新产生的广告形式进行规范式管理。

第五节　网络广告经营

一、网络广告对于媒体经营的重要性

网络广告对于互联网的发展起着重要的作用，尤其是在互联网发展初期各个网站盈利模式不清晰的情况下，品牌网络广告模式至今仍是网站的重要盈利点，它几乎占据整体收入的60%甚至更高，对于网络媒体的稳定发展做出了重大贡献。

我们看一下来自艾瑞的数据情况。2008年中国网络广告市场规模达到170亿，相比2007年增长60.4%。总体来看，1999～2008年，中国互联网广告市场以惊人的速度迅猛发展，年复合增长率达到88.51%，市场规模扩大了约567倍。

2008年中国人均网络广告费用仅为8.2美元/年，虽然快速增长18.8%，但仍然远低于全球平均水平34.3美元/年。而日本和美国的人均网络广告费用分别达到72.6美元/年和117.3美元/年，分别是中国的8.9倍和14.3倍。

虽然近年来中国互联网广告市场发展迅速，但和庞大的人口基数和快速增长的网民数量相比，这一市场规模仍远远偏小。这意味着，网络广告市场仍将呈现快速增长的趋势。而广告收入在门户类网站所占据的比例如何呢？它的发展是否一定程度上影响媒体的经营呢？

我们通过搜狐、新浪2009年第三季度的财报来看一下广告经营在门户网站总体经营中的位置：

搜狐公司总收入1.366亿美元，较上年同期增长13%，品牌广告收入4850万美元，在线游戏业务收入6870万美元。广告收入占整个收入的35.5%。

新浪净营收9640万美元，较上季度增长7%，广告营收6380万美元，非广告营收3260万美元，广告收入占整体收入的66.2%。

由以上数据可以看出，尽管在线游戏是门户网站新增收入的主要来源，但广告业务依然占据了重要的地位。

二、针对不同行业的广告开发

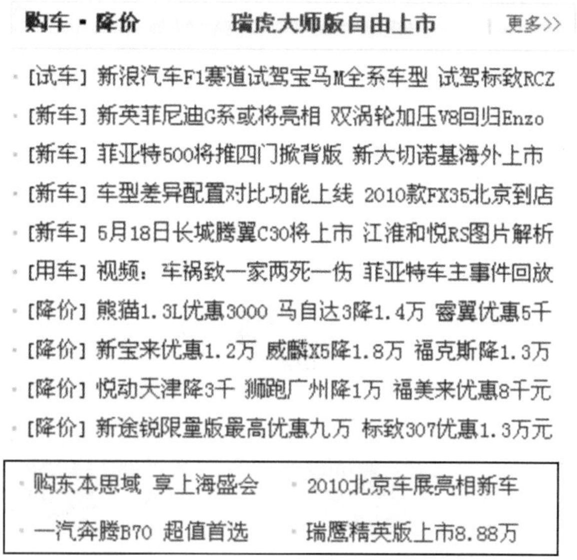

图6－15　汽车频道中效果良好的文字链广告

在购车板块中，线框部分的文字链是否与上面新闻内容很相似呢？相同点就是：它们均是降价信息。在产业类频道中，文字链广告的效果特别好，因为它本身就是有价值的资讯内容。

互联网媒体提供IT、汽车、财经、体育等信息服务，而在网络上投放广告比较集中的有IT、快速消费、交通、房产等行业，针对不同行业的广告形式开发，既要考虑广告主的产品特性，同时也要结合相关频道的特征，综合考虑这两个因素，才能创造出合理的广告形式。

以在互联网上投放量靠前的汽车广告为例，可以看到将汽车厂商与媒体特性有效结合，能够开发出更具效果的广告形式。

在互联网上，汽车、财经等产业类频道的共同特点是网络内容与广告资讯的区分度较小，有时内容就是广告，广告也是有价值的内容信息。针对这样的特点，在结合广告主的需求进行广告开发时，就可以采用多种手段进行，比如可以开发出与内容高度相关的广告，也可以开发固定广告位置以及进行特殊广告的开发。

在进行广告形式开发时，不能忽略形式简单的广告，因为这类广告依然有效。事实上，并非炫动的、互动的广告才能带来最佳的广告效果，在汽车产业类的频道中，有一种一直都扮演重要角色的广告形式，这就是文字链广告。这种广告资源的占有率全年能达到90%左右，可见广告主对这种广告的认可程度。

在硬广告方面，万瑞数据在2010年北京车展前期发布了一系列的报告，其中一份是针对汽车行业广告投放效果的监测数据。报告中指出，汽车广告中投放最多的广告形式仍是通栏的形式，比例占到40%。（见图6－16）这一数据体现了汽车广告主对通栏形式的偏爱。

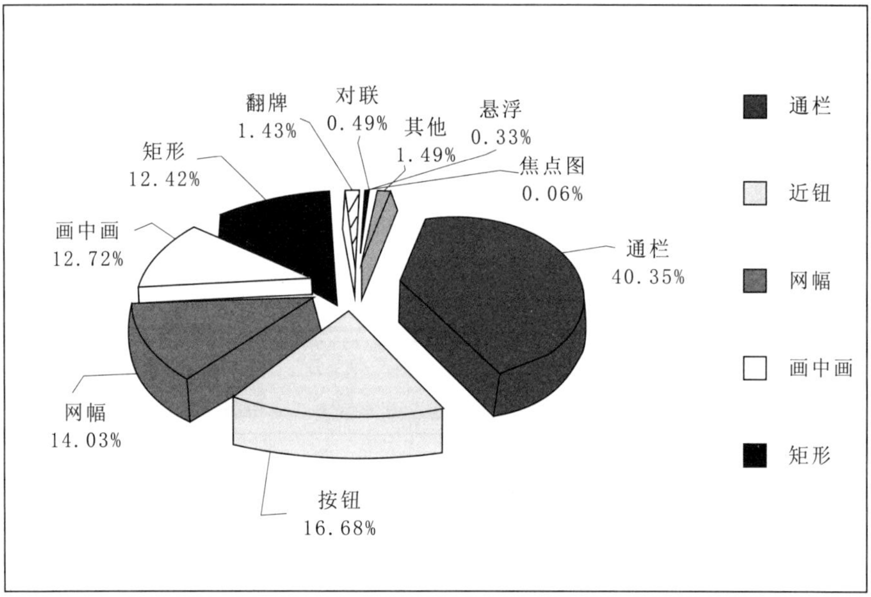

图6－16　互联网汽车广告的投放形式饼状图（来源：万瑞数据）

通栏比率较高的原因除了价格、广告发布位置、流量等因素外，这种广告以横版、大面积全面体现车身外观的因素，也是汽车广告主更愿意选择这种广告形式的重要原因。因此，广告经营者需要了解行业特点才能制定开发出符合行业特征的新广告形式。

三、网络广告的产品化经营趋势

随着广告屏蔽手段的增加，一些常规的广告越来越难对用户产生效果，广告主对网络广告提出了更高的要求，即要求广告除了能承载广告的最基本信息外，还应该与内容有更好的结合，使其能够成为网络产品的一部分，这就是网络广告的产品化经营趋势。换句话说，在网络广告经营上，既按照广告的形式来操作，同时把这些承载广告信息的内容作为提供给用户的产品供用户消费。许多网站和专业的广告公司都在积极进行产品化的广告经营。比如，搜狐网站的创意部在长期经验总结的基础上，研发出将单一的广告形式扩展成为营销活动、媒介内容服务的产品，其中的“慧眼大比拼”比较有代表性。

用户每天要接收众多的广告信息，他们往往只沉浸于精美的广告画面，无暇对其中的品牌信息予以更多的关注，而这部分恰恰是广告主最想向受众传达的内容。将广告做成“慧眼大比拼”的互动游戏，将重要的画面信息、品牌元素组建成“目标画面”，让受众在 TVR 中寻找，在限定时间内全部找齐者获胜。利用网友喜欢参与、乐于挑战的特性，让网友在游戏中获得快乐的同时加深对广告主产品的印象。（见图 6－17）

“慧眼大比拼”属于“视频互动类游戏”，网友在猎奇心理驱动下，会对这种新鲜的互动形式产生兴趣，从而达到吸引网友关注的目的。

据美国权威机构调查：在线互动式视频广告的点击率，比那些非互动式视频的点击率要高出 35%，可见网友对互动视频广告更为热衷。这种形式既能有效规避网友对硬性广告的反感，又让网友乐在其中，可谓两全其美。

利用多媒体视窗，将一般广告变成特殊的互动广告，让用户找到目标画面并参与游戏；通过第一关后，让用户做出选择：注册还是继续玩？点击进入网站画面后，继续参与活动。通过在广告中设置游戏互动，让用户对产品 TVR 的关键信息有了比较深入的了解，点击进入网站就会了解更多信息。同一产品在页面广告和广告主的网站上同时体现，会让用户产生深刻的印象。

蒙牛为维护与消费者之间的良好关系，就在搜狐网上尝试了“慧眼大比拼”

图 6－17 “慧眼大比拼”的表现形式

这一形式，取得了很好的传播效果。

“三聚氰胺”事件发生后，消费者对牛奶产生了极度的恐惧。为重建消费者对于牛奶产品的信心，蒙牛特别举办了“慧眼大比拼”活动，将“饲料的选择”、“奶牛喂养”、“质量管理”等牛奶生产的关键环节组成“目标画面”，网友在观看

图 6－18　蒙牛“慧眼大比拼”活动的“游戏规则”页面

TVR 视频过程中可以用鼠标选择正确的画面，全部 6 个画面找寻完成后，网友提交个人信息即可参与抽奖活动。在这一过程中，事关牛奶生产的每一个关键环节都有详尽的文字介绍，这让网友通过与 TVR 视频的互动，对蒙牛的生产工艺有了全方位的了解，从而让消费者对蒙牛牛奶品质有了更多的认可。通过这种互动形式，把原本枯燥的广告片变成有意思的找茬游戏，提升了传统电视广告中对于关键品牌信息和细节的持久关注，在娱乐的同时强化了产品理念。(活动网址：http://www.mngy.com.cn/pinzhi.html)

图 6－19　蒙牛“慧眼大比拼”活动的“游戏开始”页面

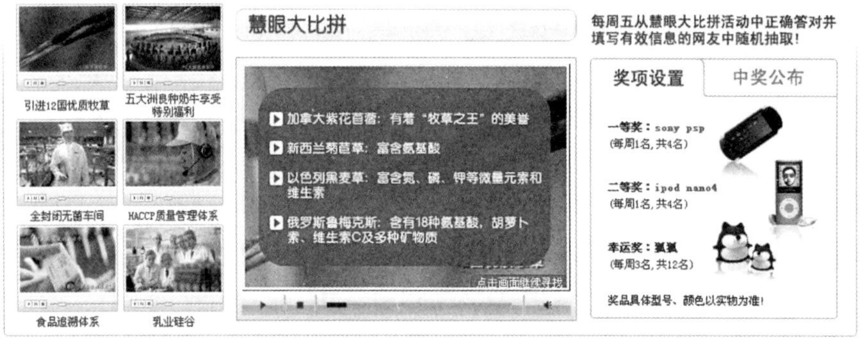

图 6－20　蒙牛“慧眼大比拼”活动的“找到目标”页面

活动自 2009 年 3 月 5 日上线，于 4 月 3 日截止，参与游戏并完成注册的用户为 60 万人次。因为活动设置与客户需要高度吻合，网友参与热烈，这一活动得到了客户的高度认可。

“慧眼大比拼”这种广告形式可以广泛应用于多种媒介产品中，比如，可以应用于影视节目中，让用户在看视频的时候“找不同”——提前设置好一组与影片人物或情景略有不同的图片，边看视频，边游戏，增强观看的趣味性和参与性。还可以与品牌营销相结合，用户在看影片如《非诚勿扰》或《疯狂的赛车》时，可以给用户设置任务，如找出电影中植入的笔记本、手机品牌。在用户用鼠标点击完成任务的同时，在视频播放框周围即以流媒体广告的形式强化该产品优势。当用户完成所有任务后并提交个人信息，就可参与抽奖活动。这种形式规避了以往广告的硬性灌输，使受众在游戏中与品牌进行互动，在娱乐中加深对产品的印象。

第六节　网络广告传播趋势

一、体现互动性的创意广告将成为主流

互联网最大的特性就是互动性，即通过计算机界面实现的互动传播，主要包括人际互动（信息的传播者和受众之间的双向沟通）和人信互动（信息的传播者和信息之间的交流）。随着网络广告数量的增多和用户对于互联网新鲜感的丧失，那些常规的纯展示性的广告越来越难以吸引用户的注意力。由于计算机屏幕的尺寸较小，尺寸太小的广告难以引起用户的注意，尺寸太大又会干扰用户的正常浏览行为，只有那些有创意的能吸引用户主动参与的广告才可能突破限制，获得更多的关注，实现预期效果。近年来旗帜广告、图标广告等广告形式的吸引力和点击率持续下降，其广告效果普遍受到质疑，而那些创意性的互动广告对于广告主有更大的吸引力，这类广告才是真正体现互联网特性的广告，如果不突破互动性差、创意平庸的瓶颈，网络广告将很难有更大的突破。

二、植入式广告将获得更大的发展空间

广告产生效力的重要前提是不干扰用户的正常浏览行为，否则会让用户产生厌烦心理，反而起到负面作用。让广告融入用户关注的内容之中，让用户在潜移默化中接触到广告的相关信息，往往会获得更好的效果。广告与网络游戏结合是最巧妙的融入方式，目前已有多个广告主在游戏中做了尝试，效果普遍较好。这种广告一般把产品或品牌信息作为游戏中必要的或重要的环节或工具，让广告信息与游戏高度融合。比如 QQ 休闲游戏就曾经尝试过将巧克力品牌 M&M's 的相关元素做成棋牌游戏的桌面或皮肤，这种嵌入不会对用户有任

何干扰,用户游戏的时间越长,对品牌的印象就越深刻。还有的品牌在大型真人扮演的互动游戏中将产品设定为游戏道具,比如游戏中的角色需要补充营养,就为角色提供百事可乐产品或麦当劳快餐等,这都会对游戏玩家在现实生活中的实际选择产生影响。目前已有多家专业公司为广告主提供植入式广告服务,腾讯公司也有专门的部门负责植入广告的开发。除了游戏之外,其他可以植入广告信息的载体也不断得到开发,如即时通讯工具的面板、输入法的面板、图片和新闻的内容等,只要做到巧妙表现并不干扰用户的正常浏览,这些载体都有可能成为负载广告信息的媒介。

三、广告的匹配度增加,精准性增强

有效的广告是那些与用户的潜在需求相匹配的广告,随着网络技术的发展,相关的用户行为分析软件会对用户的网上浏览行为做出更精确的分析,而用户主动搜索信息会更多地暴露其搜索意图,这都为广告服务商向特定用户推送匹配度高的广告创造了条件,“关联广告”也将成为广告的主流。现在已有服务商推出上下文广告(Contextual Ads),它是根据用户浏览的文字内容及浏览习惯提供关联度高的广告并呈现在文字内容的页面上,这类广告很容易引起用户的兴趣,广告效果会得到提升,并节约了网络媒体的页面资源。与这种内文关键词定向类似的定向方法还有个人信息定向、地理位置定向、行为习惯定向、时间定向等,随着计算机智能的提高必然会提高网络广告投放的精准性。

如何让广告投放更为精准是业界谈论较多的话题。在经历十多年发展之后,中国网络广告也从最初粗放型的大面积曝光逐渐转变为追求精准和实效层面。搜索营销、视频广告、SNS广告等网络营销形式不断出现,广告主在被这些新颖的广告形式吸引的同时也日益关注网络广告给他们所带来的ROI(投资回报率)。网络广告投放由于有信息技术的支撑,在受众互动性和广告投放数据的跟踪收集方面大大超越了传统广告,使提高广告的匹配度有着很大的发展空间。

分析认为,与以往的网络广告相比,分类信息网络广告具有便捷、精准和海量等特点，更注重市场细分，这是分类信息网络广告受市场追捧的原因。以58同城网为例，已经先后在208个城市建立了分站，而且还将这些城市的行政区进行了划分，其精确度甚至可以到达每一个商圈甚至社区，比如细化到某一个小社区的"小区频道"，每个小区频道只收集本小区内的信息，这种方式将网站信息与现实的社区相结合，实现了服务和现实生活应用的无缝对接，这是一般网络媒体难以做到的。未来网络媒体一定会在"精"、"准"、"专"的广告投放上有更大作为。

四、广告从单一媒体形式向多媒体形式发展

广告主营销活动由单一的产品推广逐渐向品牌推广、企业文化传播等多元化发展，单一的传播形式难以满足广告主的需求，网络广告的传播方向也随之发生了改变，逐渐向多元化的方向发展。

当宽带的普及使网络视频广告成为主流媒体广告形式之一时，许多广告客户尝试将电视广告和网络视频广告融合在一起以产生合力，这方面的尝试已经产生了效果。视频广告通过网络视频和电视视频双向延伸，一前一后互为补充，从而产生累计效应，达到更好的传播效果。搜狐在品牌营销方面就做了这样的尝试，搜狐拥有国内门户网站首档娱乐脱口秀节目《大鹏嘚吧嘚》，节目的娱乐性很强，在网络上拥有数量众多的观众，并成功地将节目输入福建东南电视台在每周的固定时段播放。节目中的植入广告随之输出到电视媒体，借助其他媒介形式实现了广告的二次传播，提高了广告的曝光率。随着网络、电视、广播、纸媒的互相渗透，未来的广告传播在多媒体形式的拓展上将走得更远。

五、网络广告将成为广告主整合营销传播的重要环节

随着网民数量的增加和互联网在社会生活中影响力的增强，互联网步入主流媒体行列，网民独特的营销价值有助于实现广告主的整合营销传播效果。网民群体的社会行动力强，商品购买力强，对其他群体的影响力大，对于IT、汽车、

金融等领域的广告主来说更是优质的潜在客户。经过多年的尝试，互联网在媒介营销中的价值得到了普遍的认可。事实证明，互联网不仅仅只是广告主媒介营销的补充媒体，在一定程度上还是主导媒体，是整合营销传播非常重要的环节。

六、网络运营商从单纯提供投放媒体到提供解决方案

网络运营商从早期为广告主提供投放媒体、执行广告投放的角色，逐渐发展到参与广告策划和创意环节，一些优秀的广告运营商通过大量产生实效的案例，证明了为客户提供广告营销解决方案的可能性。网络媒体发展至今愈加成熟且规范，在用户体验、产品功能、广告卖点、广告效果等方面的建议更为专业。从广告主投放的实际需求看，广告主很难做到对每个网站的深度了解和充分利用，他们需要网络运营商参与其中，提供一整套的网络解决方案。

七、网络广告的传播和监测趋于规范化

由于网络广告的发展尚处于起步阶段，网络广告市场的特点是创新多于规范，无论是网络广告的形式、发布方式还是广告投放监测方式、广告效果评估方式等，都存在很大的随意性和粗放性，这在中国网络广告市场尤其明显。据中国广告协会 2008 年下半年所做的统计，市场上正在使用的网络广告尺寸就达 17 万种之多，标准的不统一让广告主、广告服务提供商无所适从，大大提高了制作、交易、监测和管理成本，严重阻碍了网络广告的普及和发展。在中国广告协会互动网络分会的统一协调和组织下，对互联网广告的使用尺寸、技术标准和容量大小进行了筛查，初步筛选出各主流网站经常使用的 199 种广告标准，这些尺寸标准能够覆盖目前互联网广告投放量的 80%以上。广告协会推荐这些标准作为通用标准，从 2009 年 1 月 1 日起在中国互联网行业内试行，并根据运行情况逐渐调整，目的就是加强网络广告传播和监测的规范化。这是中国网络广告发展史上第一次大规模的规范整治行为，必将带动网络广告行业的大发展。

【思考题】

1. 网络广告的要素有哪些?
2. 网络广告的特点是什么?
3. 网络广告有哪些主要类型?
4. 不同类型网络广告在创意上应各自突出哪些方面的内容?
5. 网络广告有哪些创意上的误区?
6. 如何理解网络广告的产品化经营趋势?
7. 网络广告传播趋势是什么?

第七章 网络营销传播

第一节 关于营销及网络营销

一、营销及网络营销概念界定

在正确认识什么是网络营销之前，首先要对传统意义上的"营销"概念有足够的了解，并在这个基础上考察新的传播手段在哪些方面实现了对传统营销的超越，这样对网络营销做出界定会比较科学。

对于"营销"的界定，美国营销协会的定义言简意赅且被广泛引用：

> 营销是对概念、产品和服务的构思、定价、促销和分销进行规划和执行，以创造达成个人和组织目标的交换过程。

对于这一定义，可以从以下几个方面理解：

A 营销是一个包括市场分析、营销规划、营销实施和营销控制四个重要步骤的过程，它描述的是营销者经过分析搜寻到市场中的机会，然后进行市场细分、选择目标市场并加以定位，围绕4P（定价、产品、促销、渠道/分销）设计出有效的营销组合，在将营销规划付诸实施后通过一整套机制有效地加以控制，这就是一个完整的营销过程。

B 营销是产品、定价、促销和分销各个环节的有效组合，成功的营销规划需要对这四项要素进行组合，从而为客户提供满足其某方面需求的价值，核心就是围绕 4P 的相关要素以合适的数量、在合适的时间、按合适的次序、向合适的人群提供合适的内容。

C 营销的目的是要达成某项交易，即买方和卖方之间要在互利的基础上交换有价值的东西，买方在付出一定的货币、时间、服务、机会等成本后，从卖方那里获得相应的价值。

D 营销是在买卖双方同时得到满足的基础上建立和维护客户关系，只有双方都能够在交换中获得满足，这种营销规划实施的结果才是双赢的、可持续的和有吸引力的，双方在这一过程中建立关系并让这一关系得到维护。

当互联网成长为一种值得企业关注并据此进行市场营销活动的工具后，首先要了解传统营销的基本规则，然后才是利用新型营销工具寻找创新的手段。也就是说，上述四个方面的内容在互联网营销上依然存在，但由于载体的不同而出现了一些新的变化，对照起来加以说明，便于我们更好地理解。

A 网络营销在市场分析、营销规划、营销实施和营销控制的基本步骤上依然构成营销的主线，但在网络环境下实施的营销，因网络媒体的特质而具有不同的规定性：首先，互联网是体验型媒体，因用户选择权的增加和个性化需求的满足而使用户更加注重体验的方式和质量，因此，对于客户体验的精心设计是网络营销必须认真对待的环节。其次，信息在互联网上的传播依托于独特的界面，掌握在用户手中的鼠标和键盘让用户牢牢掌握了沟通的主动权，这与传统媒体环境下受众被动接受营销信息的局面截然不同。因此，客户界面的设计就成为影响客户与企业产品或品牌产生关联的关键因素，精心构思、设计客户界面是企业在进行网络营销时首先要解决的问题。第三，基于客户信息随时调整营销策略使营销过程更为复杂并增加了控制的难度，同时也增加了营销的有效性。由于互联网是一种可追踪定位媒体，这使得营销者可以借助技术手段对用户行为做出更多有价值的判断，大大增加了企业与客户之间互动沟通的机会，企业不但可以实现广播式的群体传播，还可以实现窄播式的个体沟通，这使营销进一步复杂化，但精确性也随之增加。这三方面情况的变化拉长了传统的营销过程并使其复杂化,因此对营销者提出了更高的要求。

B 网络营销依然是产品、定价、促销和分销各个环节的有效组合,但互联网技术却对这几个环节都产生了影响。在产品环节上,互联网催生出各种各样具有创新意义的产品和服务(如反向拍卖、B2B 交易、互动游戏等),它们往往能在不同程度上让消费者了解到有关信息,因为网络技术为消费者提供了多种多样的在线途径。在定价环节上,互联网彻底颠覆了传统的定价策略,在线比价、竞价、讨价还价、动态定价等不一而足,一人一价也已成为司空见惯的事情。在渠道上,企业能更好地进行供应链管理,利用互联网进行电子化销售,甚至在某些数字产品(如新闻、音乐、实况转播等)上可以实现直接传递和交易。在促销环节上,企业可以利用互联网上各种双向沟通和交流工具进行整合营销沟通,比如个性化网页、电子邮件交流、网页广告等,甚至可以把电子优惠券和数字产品的样品直接递送给消费者。这意味着网络营销在把握传统营销基本原则的基础上,还要根据网络媒体的特点丰富营销手段,而互联网的在线沟通的特点大大增加了整合营销沟通的可行性和有效性。

C 网络营销依然要以达成交易为目的,但这种交易实现的前提是获得用户的许可,在此基础上才能更好地实现企业营销的目标,这是与借助传统媒体所实施的营销最大的区别,后者往往以卖方为中心作为营销的出发点,因为消费者在这种营销模式下是处于被动地位的。在互联网上,消费者与企业之间往往是一只鼠标的距离,只有赢得消费者的认可,才可能得到消费者的主动关注和参与,在充分满足消费者利益诉求的基础上为企业贡献有价值的东西。

D 网络营销为客户关系提供了最佳的途径,企业只需要投入很低的成本就会建立一个长效的客户关系渠道,而且可以在多种方式中做出选择,如可以采取面向所有消费者发布统一信息的广播模式,也可以采用针对某类群体进行沟通的社区模式,甚至还可以针对某一个消费者进行一对一的形式,中间环节的缩短大大提高了客户关系维护的有效性和持续性,这是传统营销方式所无法比拟的。

根据上面所做的分析,我们为网络营销做如下界定:

> 网络营销是依托网络工具和网上资源，通过满足消费者需求、构建与消费者间的稳定关系，以实现价值交换而开展的市场营销活动，是将传统的营销原理和互联网特有的互动能力相结合的营销方式。它既包括在网上针对网络虚拟市场开展的营销活动，也包括在网上开展的服务于传统有形市场的营销活动，还包括在网下以传统手段开展的服务于网络虚拟市场的营销活动。

在互联网上，营销主体的行为归根结底都是将信息按照一定的流程和规律面向目标消费群体所做的传播活动。相对于一般的传播主体而言，营销主体在信息传播上的目的更为明显，就是要唤起消费群体的注意，为营销主体售卖相关产品或服务而服务。因此，对于营销主体而言，传播是营销的手段，营销也是一种传播方式，从这个意义上说，营销和传播是一体的。通常人们将营销传播作为一个复合词来组合使用，其核心内容与营销是一致的。为方便起见，我们用“营销”来指代“营销传播”。

二、网络营销平台

借助网络进行产品或品牌营销，首先要对营销所依赖的载体有科学的认识。对于产品和品牌而言，作为营销载体的互联网与其他媒介相比有很大的不同，它不单是一种传播媒介，更是适合产品和品牌进行深入、持续沟通的平台。确立网络营销的平台观，有利于我们更好地把握营销传播现象，更好地利用这一平台实施营销活动。

1. 网络营销平台界定

“平台”(Platform)这个源于计算机领域的词汇，其最重要的特点是可以兼容其他设备和产品，并要求那些被兼容的设备或产品都遵守平台原有的标准和规则。例如，作为全球使用率最高的微软视窗(Windows)，不管那些提供与视窗系统相关的软件、芯片、服务器等出自哪个厂商，都必须与微软视窗相匹配，都要以微软的标准为标准。所以，一个成熟的平台很大程度上就是相关领域的标准制定者，而这种标准的存在为运行于其上的各种内容提供了基本的运行规则，并通过规则的力量实现有效管理。

平台不但有统一的标准，而且有聚合的能力。一般来说，平台为与其相关的各种活动提供了基础的条件，并因为能够满足特定的功能需求而具有广泛的适用性，可以聚合相关的力量利用平台提供的条件满足自身需求，与其他力量进行各种形式的交换活动，吸引它们参与平台的建设，促进平台的更大发展。随着平台的发展和壮大以及吸引到平台上的相关利益群体的增多，往往会形成以经济活动为主的规模化市场，并形成以平台为核心的“生态圈”，即从事经济活动的平台各个组成部分之间是一种相互依存的关系，它们之间的良性互动建立起生生不息的生态系统。平台在经济生活中变得越来越重要，这要求我们用动态的、发展的、系统的观点来理解和对待作为经济领域的平台的功能和价值。

平台的实质简而言之就是交易空间或场所，这也是探讨网络营销传播平台的基点。尽管这个平台最终是为现实世界服务的，但在营销传播意义上的平台，却是存在于虚拟的网络空间里，也就是说，交易的“双方或多方客户”，并不是直接地面对面地进行，而是通过网络媒介的中介作用来完成的。

网络营销传播平台就是以互联网技术为基础建立起来的以互联网络为载体的虚拟交易平台，企业可以通过这个平台与一般用户进行价值交换，达成营销目标。在网络营销传播平台上，网络平台运营方、企业和消费者三方互动，共同形成基于平台的营销传播链条。网络平台作为物质中介为营销传播提供载体，企业和消费者在平台上发生交易行为，实现价值交换。这一过程可用下图表示：(见图7—1)

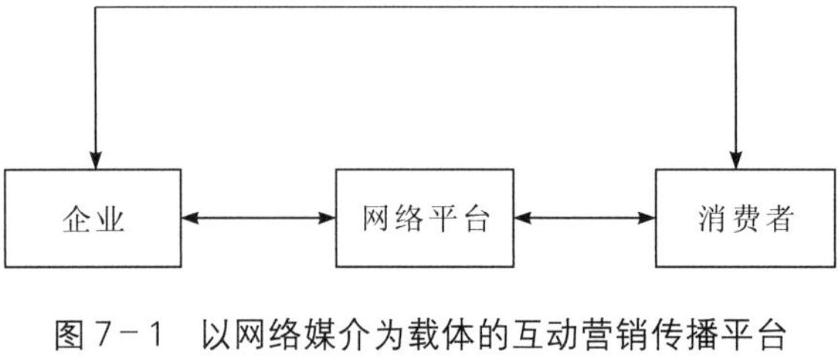

图7－1　以网络媒介为载体的互动营销传播平台

以平台的视点看企业与消费者之间的关系，营销传播平台在本质上为二者建立起一个价值交换的空间。企业为消费者用户提供有价值的、能满足用户需求的信息或服务(包括积分奖励和其他物质奖励)，消费者为企业提供稀缺的、有可能被竞争对手吸引的注意力资源以及时间和货币成本。双方各取所需，正是这种互惠价值的存在，才使得双方以平台为载体的关系得以维系和发展，这正是营销传播平台最核心的功能。

2. 网络营销平台分类

营销是一种具有很强依赖性的市场行为，从根本上说，就是通过一系列手段找到合适的目标消费人群。通过网络平台实现营销目的，前提就是了解不同平台在作为营销工具上所具有的特点和优势。总体而言，目前的网络营销平台主要有以下几种类型：

(1)沟通交流平台。互联网作为沟通交流平台，满足的是企业借助互联网渠道与消费者沟通的需求，这类工具有电子公告牌(BBS)、即时通讯(IM)、博客(Blog)、微博(Micro-blogging)等，企业通过这些渠道可以便捷地与消费者进行沟通，吸引消费者与企业互动。

(2)信息传播平台。营销的主要功能就是将关于企业产品或品牌的信息有效地传播给消费者，以吸引消费者的注意和兴趣。互联网的信息容量大、传播范围广、技术门槛低的特点，适合于企业将各种信息向消费者传播。只要信息发布在互联网上，消费者随时都能接触到这些信息。对于企业而言，既可以依托企业自建的网站刊登通用信息，又可以委托专业的服务公司有针对性地面向目标消费群体进行更有效的信息传播，如在大型门户网站上投放广告等。这是目前企业进行网络营销的主要平台。

(3)在线交易平台。在线交易平台是为买家和卖家提供直接交易的平台，是达成产品交易的重要渠道。随着交易平台的日益发展，越来越多的买家和卖家聚集于平台之上，使得交易平台成为巨大的在线交易社区。比如国内著名的C2C网站淘宝网，在多年经营之下已经培养了大量忠实的用户，由于网站有论坛、社区、博客和交流工具，有关商品的信息、时尚潮流观点、品牌使用后的个人经验等信息无时无刻不在这里流动。由于企业有可能在这类平台上直接交易，达成最终目标，因此，这一平台也越来越受重视。

从上述对网络营销传播平台的分类介绍中可以看出，无论是哪一种类型的平台，参与平台活动的主体都可以依托平台所提供的空间，与其他用户进行互动。平台是一个“互动空间”的概念，在这一空间中，营销主体可以根据不同平台的特点选择不同的营销方式传播营销信息：既可以选择信息的简单展示方式，也可以选择在线沟通的形式，还可以与用户实时互动。总之，网络营销平台为营销者提供了广泛的选择，这与其他媒体无法与目标消费群体进行简单互动直白的相比，是巨大的进步，也是众多营销者逐渐认可这一平台并加大营销资金投放的重要原因。

第二节　网络营销职能

借助互联网进行营销，通常能达到什么目的呢？网络营销的基本职能有哪些呢？根据目前的营销实践，网络在营销职能上主要包括九个方面：信息发布、网络品牌营销、网站推广、销售促进、网上销售、在线服务、客户关系管理、公共关系、网上调研。

一、信息发布

信息发布是媒体最基本的职能，通过互联网来发布信息是各类营销主体最主要的行为，也是所有营销活动的基础。信息发布是指营销主体面向目标消费者发布旨在实现消费者认知目的的有效信息。

信息发布的载体主要有两种类型：一种是营销者自建网站，将信息发布于网站上，消费者登录网站后即可接触到相关信息。为扩大此类信息的传播范围，营销者往往通过优化网站的方式，将信息的关键词提交给搜索引擎以供消费者搜索,将消费者引导到自建的网站上来。另一种是依托其他网站或相关的网络产品(如即时通讯工具、电子邮件等)来传播信息,这往往要通过付费或合作的方式实现。

发布的信息内容,既可以是促销的信息,也可以是关于品牌的信息、致力于公共关系维护的信息。

根据营销者对信息的控制能力不同,发布的信息又可以分为计划内信息和计划外信息。计划内信息是营销者按照既定计划主动传播的便于掌控的信息,是正向的信息。计划外信息是指营销者为应对那些由外界发布在网络上的与营销者相关的信息而发布的计划外的信息,这类信息往往超出营销者的控制范围,是被动发布的信息,它常常在BBS、论坛、社区中出现。由于这类信息往往是负面的或营销者不愿意看到的,有可能对营销者的利益造成影响,营销者往往要花更大的精力去发布信息以消弭其不利的影响。

二、网络品牌营销

因为互联网用户与众多企业产品的目标消费者有很高的重合度,所以互联网成为企业推广品牌的重要渠道。从互联网广告投放的总体情况看,目前企业将绝大多数的营销费用都投入到品牌的营销和传播上,以品牌推广为目的的营销成为网络营销的主体。关于这方面的内容详见本教材第八章,这里不再赘述。

三、网站推广

网站推广的目的在于让尽可能多的潜在用户了解并访问网站,从而利用网站实现向用户传递营销信息的目的,用户通过网站获得有关产品和服务的信息,从而为消费者的决策提供支持。

网站是营销者推广其产品或服务的在线根据地,让更多消费者了解到网站的存在甚至登录网站是网站推广的基本目的。不同的网站由于所处的阶段不同(建设期、增长期、稳定期),其推广目标也存在差异,因此要根据不同阶段的任务而采用不同的形式。对于一般网站而言,常用的网站推广方法主要包括以下形式:(见表7—1)

表7-1 借助不同网络手段和资源进行网站推广方法列表

网站推广方法	推广手段和资源
搜索引擎推广	搜索引擎和分类目录
电子邮件推广	目标用户的邮件地址
资源合作推广	合作伙伴的网络资源
信息发布推广	行业信息网站、电子商务网站、论坛、博客、社区等
快捷网址推广	网络实名、通用网址等
网络广告推广	在线黄页、网络广告载体、Wap网站

四、销售促进

通过网络渠道促进产品或服务的销售是网络营销的基本职能,也是企业通过网络获得直接收益的重要手段。网络营销是否能够以及能在多大程度上促进销售,取决于多方面的因素。要想通过网络营销手段更好地促进销售,需要在以下环节上综合考虑:

1. 产品宣传网站功能完善、导航清晰、网页响应速度快、用户操作简洁明了,整体界面给用户带来舒服的观感;
2. 产品丰富,信息全面,便于查询、搜索和比价;
3. 商家自荐和顾客推荐信息令人信服;
4. 产品价格具有优势;
5. 促销活动有吸引力,如提供优惠券、有奖销售、折扣信息等;
6. 对用户个人信息的有效保护;
7. 在线服务和支持程度高,有较为快捷的互动沟通渠道等。

网上促销的手段多种多样,通常使用的营销手段主要有:

1. 内部列表E-mail营销(邮件列表营销):就是将促销信息附在面向非公

开用户发送的电子刊物、新闻邮件、注册会员通讯、新产品通知、顾客服务邮件以及顾客定制信息等邮件里，由于这些信息对于内部用户而言是有价值的，因此，用户有可能接触到邮件里有关于产品的营销信息。这种营销方式的关键之处在于要使营销信息与有价值的内容之间具有一定的相关性，以便尽可能地降低用户的反感，从而提高信息的有效性。

2. 搜索引擎营销：用户在使用搜索引擎查找信息时，让促销信息出现在搜索引擎提供的结果页面上，当用户在浏览搜索结果的信息时，促销信息也会在一定程度上被浏览，从而提高信息被进一步关注的可能性，达到促销目的。通过竞价排名的方式使促销信息呈现在页面较为突出的位置，从而提高促销信息被选择的几率，是目前最受一般营销者重视的方法。

3. 网络会员制营销：利用各种实行会员制网站的用户资源进行营销。

4. 在线购物网站营销：消费者登录在线购物网站时，一般有较强的购物意愿。在这类网站上发布信息，很容易促成产品的销售。

5. 弹出式广告：在用户浏览网站信息的路径上设置弹出式广告，能大幅度提高产品曝光量。

6. 在线优惠券促销：为消费者提供产品优惠券，消费者在下载后打印或凭优惠券号码购物，能享受一定的优惠。

7. 比较购物网站推荐：企业如果对自己产品的价格有足够的信心，将信息提交给比较购物网站后，消费者会主动选择与企业联系，从而达到促销的目的。

五、网上销售渠道

随着网络用户数量的迅速增加和消费者购物习惯的改变，通过互联网实现商品销售越来越得到认可。尤其是随着 B2C、C2C 领域多个知名品牌网站的成熟和网络支付体系的完善，在线购物逐渐成为消费者购买商品的重要渠道，在消费者、在线购物服务商和在线商户的共同努力下，网络销售已达到一定规模，并呈稳步增长的发展态势。

开展网络销售的个人或机构拓展在线销售的渠道主要有三种方式：为网上

零售商供货、开设网上商店、自行建设网上销售网站。

为网上零售商供货是最简单的网上销售方式，根据在线零售商的需求提供相应的商品，这与传统的销售模式基本相同，网络在很大程度上成为顾客下订单的渠道。

开设网上商店是借用现成的在线销售服务平台所进行的商品销售行为，商家在缴纳一定数量的注册费和管理费后就可以开业，这样可以减少不必要的资金投入，不必进行技术开发，风险也比较小，是一种快捷的在线销售方式。只要商家具备一定的经营能力，辅以一定的营销手段，再选择有实力的在线销售平台并按照平台的基本运行规则运行，成功进行网上销售是可以实现的。阿里巴巴、淘宝网、当当网、卓越网等知名电子商务网站上聚集了众多的在线销售商，其业务模式已经得到了广泛认可，每年的商品在线销售额数以亿计，说明这一渠道已经逐渐进入成熟期。

自行建设网上销售网站对于商家的实力要求较高，商家需要建立一个功能完备的电子商务网站，完成从订单管理、网上支付、网络安全、商品配送到售后服务的全部过程。比如全球知名的电脑生产企业戴尔公司就建有这样的网站，主要通过直销的方式进行电脑销售，庞大的线上线下支持系统是其获得成功的保障。

六、在线服务

在线服务作为企业利用网络提高服务有效性的一种营销策略，在协调顾客与企业之间的利益、了解并满足顾客需求、实现产品差异化、提升产品价值、提高顾客满意度与忠诚度、挖掘新的市场机会、增强企业竞争力等方面，都发挥了重要的作用。利用互联网的特性，可以满足顾客的多方面需求：

一是便于顾客了解企业和产品信息，通过互联网这一即时发布的渠道，可以让顾客及时了解有关企业发展和产品更新、售卖的相关信息。

二是帮助顾客解决问题。企业不但可以将常见问题以固定形式公布在网站上供顾客随时浏览、查询和下载，如常见问题解答系统(Frequently Asked Questions，FAQ)，还可以以即时通讯工具、E-mail、在线问答等形式设置灵活的沟通渠道。同样，企业还可以在网上建立网络社区，鼓励顾客以自组织的形式在社区中进行交流和讨论，自行解决一般性的、共性的问题。

三是增加顾客与企业员工联络的通道。对于一些个性化的问题或难于通过常规途径解决的问题，企业可以为顾客开通直接与企业员工接触的在线通道，以即时通讯的方式实现顾客与员工间的直接交流，这会大大提高顾客的满意度。另外，企业也可以以组织或个人的名义通过在博客网站上开设博客、在微博网站上注册账号的形式，为顾客提供一条便捷的联络和交流渠道，拓展服务途径，也会增加顾客的好感。

四是为顾客提供个性化服务。互联网为企业提供了与顾客一对一交流的独特而有效的途径，以满足顾客个性服务的需求。顾客可以从通用服务信息菜单中作出选择，这样企业定期发送的产品或服务信息就可以实现个性化，每个顾客得到的信息都是与众不同的。对于那些本身就是为顾客提供数字化产品的企业而言，这种个性化服务甚至可以实现产品的个性化，如传媒企业提供的媒体产品。一些提供数字报刊服务的媒体定期发送给顾客的内容就是顾客想看到的，那些顾客没有兴趣的内容不会出现在顾客面前，从而大大提高了服务的有效性。有些媒体网站提供的网页内容也实现了个性化，呈现在用户面前的网页是按照用户的需求生成的，是独一无二的。

七、客户关系管理

在卖方市场环境下，企业与顾客之间的关系不但影响到企业当前的经营情况，更涉及企业的长远发展，客户关系已经成为企业管理的核心环节，直接关系到企业能否有效识别、获取和保持那些“可获利客户”并开发顾客的长期价值。借助互联网渠道以建立客户关系、提高顾客满意度、提升顾客忠诚度，通过交互手段和沟通机制增进客户关系，这是在线客户关系管理的重要内容。

对于在线客户关系管理而言，核心内容就是完成三大基本任务——对潜在客户的开发、对现有客户的维护和对即将流失顾客的挽救，这些任务都可以通过网络手段在一定程度上得以实现。在客户开发上，可以根据顾客通过网络与企业沟通的行为对其接触点进行管理，有效识别顾客；在客户维护上，企业能够通过与顾客的互动和个性化服务减少或消除顾客的抱怨，增进与顾客的关系；在挽留即将流失顾客环节上，可以通过流失预警系统的建立和改进，延缓顾客流失的时间，延长顾客双方的关系。总之，充分利用互联网的沟通手段，发挥互联网及时、快捷、互动的特性，企业能够以更低的成本和更高的效率有效管理客户关系。

八、网络公共关系

网络公共关系是利用互联网上的工具和资源开展的公关活动，是传统公共关系的有效延伸。随着互联网对社会生活影响的日益加深，网络公关已经引起了广泛的关注和重视。这种变化源于几方面的原因：互联网可以在极短的时间内将公关信息传播到网络所及的任何一个角落；网络媒体在降低传播成本的同时大大提高了公共关系的效率；网络公关在一定程度上实现了传播者和接受者之间的信息平衡和对称。

网络公共关系所涉及的利益相关方非常广泛，包括企业与传播公关信息的媒体的关系、与顾客的关系、与投资人的关系以及与企业员工的关系。无论是对内关系还是对外关系，互联网都是一个发布公关信息的有效渠道，合理、科学地使用互联网，有利于内外部环境的改善。

九、网上调研

利用互联网针对消费者进行的调研活动，以其成本低、效果好、便于执行和统计的特点受到欢迎，已经成为许多企业营销信息系统建设的重要环节。从调研实施的手段上看，通常有两种方式：一种是通过 E-mail 邮寄调查问卷的方式发送给用户，感兴趣的用户在填好问卷后再按要求返回来；另一种是以在线调查的方式进行，用户在进入到问卷所在的页面后直接参与调查。如果问卷设计科学、问题设计合理、激励手段有效，网上调研将获得有价值的用户反馈信息，在产品、消费者行为及品牌形象调查等方面都会为企业积累起第一手有价值的市场资料。

第三节　网络营销传播的基本原则

网络营销的有效实施需要把握好传播过程中的四个重要环节:传播的主体、传播的内容、传播的渠道和传播信息所作用的受众即消费者。网络营销传播的基本观念,就是如何利用互联网这一渠道,将传播主体所要传播的内容以合适的方式在合适的时间传播给合适的受众。要实现营销目的,需要综合考虑各种因素以便达到预期效果。根据网络营销传播的实践,结合业界在网络营销观念上的探索,以下这七个方面是在进行网络营销时需要综合考虑的基本原则。为便于记忆,将这些原则对应为7个以"I"开头的英文单词或词组,因此,网络营销传播的基本原则可以简单概括为"7I",这就是网络营销传播的"7I"原则。每个原则的内涵详见表7—2:

表7-2　网络营销传播的七项基本原则

原则	英文	内涵解释
互动性	Interactivity	以互动的方式提高营销信息传播的有效性
个人化	Individualization	发挥网络媒体的技术特点,有效识别不同用户的信息需求,从而满足其个性化的要求
定向性	Intended target	根据互联网能够有效筛选用户群体的技术优势,将营销信息以较为准确的方式作用于目标用户,确保营销信息的精准传播
影响力	Influence	发挥媒介的影响力,以提高媒介对消费者的作用力度
整合性	Integration	找到目标消费者与媒介间的接触点,将营销信息有效传播到这些接触点上,以整合的手段将营销信息作用于消费者,发挥综合效应;打通有线和无线互联网之间的界限,进一步扩大整合的范围
人际化	Interpersonal	打通人际渠道,利用人与人之间的信任通道实现传播的有效性
界面化	Interface	把握网络媒介的特性,发挥互联网界面的特点吸引用户的广泛参与

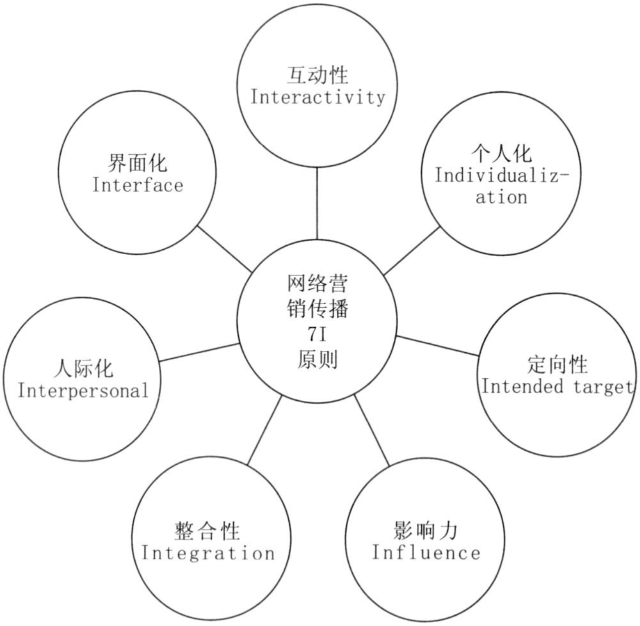

图7－2　网络营销传播的“7I”原则示意图

一、互动性原则

网络营销要求营销者把握网络媒介的特点，以互动方式提高营销信息传播的有效性。

互动性是网络媒体的本质特点，也是网络媒体的优势所在。营销者在设计营销传播路径时，要充分考虑到网络用户在接收信息时的行为，让自己所传播的信息能够最大程度地与用户互动。对于营销者而言，互动思维是最基本的思维方式，如果没有把握好互动性，营销传播的有效性是值得怀疑的。

营销传播过程中的互动是多层次的，需要全方位把握。这种互动包括人机互动、人信互动以及人际互动，任何一种互动形式利用得当的话，都有可能促进营销传播。

人机互动是指用户与网络中的系统或程序之间的互动，例如针对消费者的问卷调查就属于人机互动的形式。当用户参与调查并提交问卷后，系统往往会即时生成统计结果，使用户一目了然，营销者对相关数据进行统计后，往往能得到想要的结果。

在众多广告形式中，由鼠标触发而响应的广告也属于人机互动的应用形式，这种广告是为增加广告的趣味性和提高用户接触广告的几率而设计的。当用户鼠标的光标在滑动过程中触碰到广告时，广告即被触发(相当于点击)展开或播放。用户可以用鼠标决定广告是被完整展现还是中断，如果感兴趣的话可以让广告重新展现。实际上，这样的广告就是按照完整的程序来设计的，因此这类营销形式属于人机互动的范畴。

那些在网站上吸引用户参与广告主发起的各种营销活动，通常需要用户注册参与其中，这些活动往往有规范化的流程，用户要按照活动规则和要求参与某个环节，以此来获得积分或奖励，这也是人机互动的范畴。

人信互动是指用户与网络信息之间的互动，这是营销过程中体现互动性的主要形式。当用户对某一营销信息感兴趣，会主动去点击相关的内容，如网络广告或营销活动广告，更多的信息会呈现在用户面前，这在网络营销传播实践中应用较多。在贯彻互动性原则时，关键是确保那些包含营销信息的载体设计要巧妙，创意上要突破常规，活动规则要有吸引力，这样才能吸引用户有兴趣主动与营销信息进行互动。例如，中国广告协会主办的中国网络广告大赛2005年获得全场大奖的“支付宝·皮带篇”广告，就很好地利用了互联网的互动特性：当用户将鼠标移动到真品蛇皮腰带上时，“腰带”突然变成一条毒蛇并将鼠标紧紧咬住，用这种方式来提醒用户在网上购物时应该注意各种陷阱，最后告诉用户支付宝对安全购物的保障作用。(见图7—3)利用互动手段巧妙创意，往往能给人以深刻的印象。

图7-3　支付宝广告·皮带篇

人际互动可以通过人际传播的渠道让营销信息更大规模地传播，这对传播技巧的要求更高。“病毒营销”这种通过绝妙的创意让用户主动、自愿地将营销信息在用户之间持续传递的营销传播形式，是互动性在营销传播领域应用的高级形式。

互动性是网络营销区别于传统营销的最重要的特点，也是确保网络营销优势的核心内容。之所以网络营销能够得到一部分广告主的青睐并能够不断拓展其应用范围，在很大程度上得益于互动性带给广告主的不同于传统营销形式的营销效果。放弃互动性而在其他方面下工夫，其结果往往是事倍功半、得不偿失。

二、个人化原则

网络营销传播要发挥网络媒体的技术特点，有效识别不同用户的信息需求，从而满足其个性化的要求。

无论是企业为更好地满足消费者个体的需求而在营销过程中设置的适合监测消费者行为的程序设计，还是允许消费者来确定产品的部分功能以更好满足其需求和偏好的个人化工具的出现，其核心思想都是强调消费者个人对信息的控制权。

网络技术能够跟踪特定用户的点击流，如用户到达营销站点的什么位置，在每个页面停留的时间以及其他相关信息。跟踪点击流能使企业更多地了解用户对于营销信息的反应，从而能更好地调整营销信息和营销方式。对用户在线行为的监测会大大增强公司基于用户兴趣和偏好实施营销的能力。例如，用户如果对互动性强的营销信息的关注度远远高于一般性的信息，企业就应该及时调整营销行为，尽量以互动的方式来放大诉求点，从而提高营销的有效性。

如果企业所依托的营销站点有按照用户需求自行确定个人化内容的功能，这将会对用户形成很大的吸引力，用户重复光顾的几率将大大增加。有些站点提供了增加用户黏合力的功能，这形成了提高用户“回头率”的特色。例如，全球知名的 Yahoo 网站能根据用户个性需求定制个人主页“My Yahoo!”，允许个人选择自己喜爱的颜色、布局以及字体，还能添加更为个人化的日历和地址簿等。当用户已经花费了一定的时间和精力进行个性化的设置后，自然会花更多的时间再次光顾并持续投入以维系个人和网站之间的关系。这是门户网站自我营销的一种方式，它提供了基础的技术框架，然后将个性化设置的主动权交给用户。许多企业在利用博客空间进行营销时，也很好地把握了这一原则，用户可以利用包含企业营销信息的相关元素如色彩、页面背景等设计自己的博客页面，那些浏览了该博客空间的其他用户自然会接触到营销信息。这一营销方式发挥效力的前提是要满足用户个人化的需求，用户在获得价值后会主动成为企业营销信息的“推广大使”，从而进一步提高营销的效果。

三、定向性原则

根据互联网能够有效筛选用户群体的技术优势，将营销信息以较为准确的方式作用于目标用户，可以确保营销信息的精准传播。

互联网是典型的技术媒体，通过一定的技术手段辅以人工智能，对于使用不同互联网产品、消费不同内容的网络用户，可以在一定程度上实现对用户信息消费行为倾向的判断。互联网是以产品和内容来聚合同类受众的，根据产品和内容的性质，可以大致判断聚合于其上的用户属于哪类广告主产品或服务的目标对象。广告主的产品千差万别，针对大众群体的产品属于大众消费品，对于各类人群来说都广泛适用，如家电、快速消费品等；针对某一细分群体的产品属于特定人群消费品，如婴幼儿用品、高档消费品等。对于前者而言，那些聚集最广泛人群的商业门户网站更适合作为营销渠道；对于后者而言，那些专业频道或针对某一领域的垂直类网站更适合作为营销渠道。

目前的网络技术已经可以做到对某一个用户的网络行为进行追踪，根据该用户的网络浏览路径，可以大致判断其消费的兴趣范围。比如，如果一个用户登录了门户网站的汽车频道，然后又点击了某网站的汽车类专业文章，后又在某页面的汽车广告上停留了一段时间，甚至又通过搜索引擎查找某款汽车的信息，这样的用户很可能对购买汽车有一定兴趣，在他的浏览路径上设置与汽车相关的信息，就有可能让该用户感兴趣，营销则更有可能见效。在一系列相关信息的辅助下，互联网技术应该能够为广告主锁定较为精准的目标消费者，根据其网络浏览路径来进行有针对性的营销，能够确保营销信息的定向传播，网络营销自然会取得更好的效果。

在页面上提供与该页面内容信息高度相关的营销信息，也是一种定向传播的方式，这种信息之间的关联也能提高营销的准确性。例如，在一篇介绍如何育儿的文章页面上，提供与育儿产品相关的广告或在线调查问卷，在吸引用户关注甚至参与相关活动的可能性上要比在介绍汽车性能的文章页面上高得多。

因此，把握定向性原则的关键还是通过技术手段去判断网络产品、内容与广告主营销信息之间的关联性。关联性越强，则针对这部分用户的营销活动的定向性也就越好，营销也会更有效果。

四、影响力原则

营销信息应借助网络媒介的影响力向用户传播，以提高媒介对消费者的作用力度。

影响力是左右他人意志或行动的能力。不同媒体的影响力是有区别的，因此劝服他人接受信息的能力也是不一样的。通常情况下，一个经营时间长、用户规模大的网站要比经营时间短、用户规模小的网站更有影响力，因为前者在传播渠道上往往更值得用户信赖，因此，这类网站所传播的信息也更容易被用户所接受。同样，有更多好友聚集的网站要比那些陌生的、不了解的网站更容易获得用户的认可，因为这类网站已经成为用户及其好友相互间互动交流的重要渠道，用户已经对这类网站投入了情感，因此这类网站所传播的营销信息更容易为用户所信赖。

在网络世界里有数量众多、风格各异的网站，而用户所能接触到的范围相当有限。从安全性上看，那些运营规范、用户数量庞大的大型门户网站、脱胎于传统媒体的新闻网站，以及近几年发展起来的用户用以维护现实的社会关系的SNS网站，在用户中已经具备相当的影响力，因此，这类网站就成为广告主进行网络营销的首选。因为这类有一定影响力的网络媒介会对用户接收有关广告主的营销信息产生一定的正向影响。在用户看来,这些营销信息应该经过了该网站的信息把关,广告主的资质和广告主所传播的信息相对来说更为可靠。尤其是当这些营销信息与传统媒体所传播的信息有较高的重合度时,用户会更加信任,因为传统媒体的公信力更高,更值得信赖,网站只是广告主增加的另外一个营销渠道。因此,对于广告主而言,为保证营销效果,选择那些影响力更高的网络媒体更有可能实现营销目标。正是在这样的心理作用下,广告主往往集中在大型门户网站发布营销信息,即使这些网站比其他一些网站的营销费用高出许多,依然挡不住他们的脚步。从影响力发挥效力的角度看,这种多少有些"门户崇拜"意味的营销选择还是有道理的。

五、整合性原则

整合性原则主要指:找到目标消费者与媒介间的接触点,将营销信息有效传播到这些接触点上,以整合的手段将营销信息作用于消费者,发挥综合效应;打通有线和无线互联网之间的界限,进一步扩大整合的范围。

心理学研究表明,一条信息作用于人的感官达到一定频率后,人的记忆中才会有印象,这样的频率一般不能低于三次。也就是说,营销信息面向用户的传播应该至少达到这样的频率才能产生较好的效果,这就需要持续向同一用户发送相关信息。而要达到这样的目的,就需要了解同一用户的网上浏览路径,根据其路径决定信息展示的位置,这一环节就是确定用户与媒体之间的接触点。根据接触点确定营销方式,这就是接触点营销。按照整合营销传播的观点,营销者面向营销对象所传播的信息应该具有高度的统一性,即用户所接收到的关于同一营销主体的信息应该是一致的,信息的指向是统一的。当这些具有内在统一性的信息综合作用于用户时,能够产生累加效果,从而对用户产生影响。接触点营销就是将这些具有统一性的信息按照用户的网络浏览路径分布在用户与媒体的主要接触点上,根据其接触的不同媒介形式来确定营销信息的类型和方式。

整合营销传播观念传到中国后获得广泛的认可，传统媒体一直在探索如何能够更好地实施这一原则，但由于传统媒体"一对多"的传播特性很难了解受众的行踪，难以确定同一受众的媒体接触点，因此在实施整合营销传播时依然是"广撒网式"的大范围覆盖，很难将整合化的信息面向同一用户持续传播。但互联网却可以通过技术手段，根据用户登录互联网的IP地址、用户在不同网页上的跳转行为等多项指标，对同一用户的网上路径作出较为准确的勾勒，在此基础上确定营销信息的类型和信息呈现的方式。也就是说，在互联网上，用户与营销信息之间的接触点是很容易找到的，这就为整合营销传播的实施提供了基础条件。在传统媒体条件下实施整合营销传播要受到很大的限制，通常传统媒体要使用更多的资源和更大的成本才有可能实现同一信息面向同一受众的定向传播，其效果也是比较模糊的。但在互联网上实施整合营销传播，不但有强大的技术条件做支撑，使整合营销传播更有可能实现，而且在效果的评估上更为准确，如用户浏览营销信息的时间长度、浏览后的相关行为、是否参与相关的营销活动、是否到企业网站上注册个人信息等。

由于Web互联网和Wap互联网在传播机制上极为相似，在有线和无线互联网上传播的信息皆为比特(bit)形式，因此可以把基于Wap的无线互联网视为有线互联网的延伸。由于手机具有私密性的特点，每一个手机号码基本上对应的是唯一的用户，因此对于该用户的网络浏览行为以及消费取向更容易作出判断。因此，手机用户的网络路径也是整合营销传播的有效接触点，也应该纳入到整体的营销路径中来。打通有线和无线互联网之间的界限，整合的范围将得到很大的拓展。

总之，把握整合性的原则，不但能提高营销传播效果，而且能与传统媒体的营销传播形成比较优势。随着网民数量的逐步增加和用户行为监测技术的完善，互联网将成为全媒体营销传播的核心和枢纽，成为整合营销传播的基础平台。

知识链接

无线应用协议(WAP)是一种开放式的协议,它在移动通信网络和 Internet 之间架起了一座桥梁。WAP 主要为数字移动电话系统(GSM 系统)与其他的无线终端装置来传送并展示信息内容,例如通过手机或是寻呼机来传送股票信息或是简讯。

由于无线网络系统和固定网络系统不同,而且移动终端的屏幕和键盘都很小,所以它不适于采用普通网页所用的 HTML(超文本标识语言),而需采用专门的 WML(无线标记语言)。WML 是建立在现有的 XML(可扩充的标记语言)和 IP(Internet 协议)基础上的一种语言。WML 针对移动通信中容量的限制、终端显示模式的特点以及用户对链接和内容的需求,可把网页上的数据重新格式化与过滤,并能缩小图表,从而使手机具备了上网的功能。

WAP 业务的使用,需要运营公司安装 WAP 服务器,并在用户端提供 WAP 手机。WAP1.1 版本于 1999 年 6 月经 WAP 论坛会批准后,全球的 WAP 手机也于此后相继推出,使得几亿移动电话用户可以广泛地使用手机上网,在线获得各种数据和信息业务。

WAP 可以实现随时随地进行 Internet 浏览和个性化的信息服务。WAP 手机适用于那些无需膝上机、掌上机及电缆和红外线传输媒体的场合。WAP 可以把局域网通过移动通信网络和 Internet 延伸到异地的公司或内联网。

WAP 首先应用在电子邮件和信息浏览及短消息(SMS)业务等信息服务方面。WAP 进一步的应用将迈向广阔的商业领域,如信用卡和银行的交易处理、股票交易、电子商务、移动商务及访问公司、企业、内联网和数据库等。2000 年 4 月,香港四家移动业务经营者组成了行业论坛小组,由 M-cert 负责建立公用平台及部分行业标准。论坛小组将推动更多的移动 Internet 信息提供者、银行、商界和设备供应商等广泛加入及发展 WAP 用于电子商务。香港 Smart Tone 公司安装了爱立信(Ericsson)公司的 WAP 网关,并用 Nokia7110 手机与 CNN 公司合作推出 WAP 信息服务。

六、人际化原则

人际化原则是指，打通人际渠道，利用人与人之间的信任通道让营销信息的传播更为有效。

大众传播在短时间内实现信息的广域传播上效果明显，它往往以强迫式接受的方式让信息暴露于用户面前，但用户对于这类信息的接受是非情愿的，甚至还可能产生抵触情绪。相比之下，人际传播虽然在信息传播的范围上受到很大限制，但在信息传播的有效性上却有很大的优势。因为人际传播发生的前提是传播者和受传者之间已经建立起了信任关系，接受者对于信息的可靠性和真实性有了认可的基础。如果营销信息能够激起核心目标人群的兴趣，核心人群便很可能将自己变成信息进一步传播的中转站，让信息在更大范围内传播，而且能够在一定程度上保证信息传播的效果。

与传统媒介环境不同的是，在互联网环境下，当营销信息作用于某一用户后，该用户再次传播信息的渠道和手段是极为便利的，这是因为每一个用户都是互联网络中的一个节点，当信息作用于某一个节点后，该节点可以随时随地向其他节点转发信息，不但能够保持信息的本来面目，还能够增加新的信息附着于原信息之上，一起传播给下一个节点，这就是互联网媒体与传统媒体不同的节点传播模式。无论是对原有信息的转发还是增加了新信息后发送给下一个节点，用户之间的信任机制很容易发挥效力。通过人际渠道，营销信息不但能够影响到信息的直接接收用户，而且会影响到与该用户有关联的其他用户。因此，人际渠道所实现的信息传播，既可能是线性的传播链条，也可能是网状的传播网络。不管哪一种形式，都会让信息在更大范围内传播，大大拓展了信息传播的广度，而且还能确保信息传播的有效性。

“病毒式营销”是这种借助人际渠道实现营销信息大面积传播的高级形式，由于朋友或熟人之间的互相推荐和主动传播，营销信息的滚动式传播、膨胀式扩散仿佛病毒一般蔓延，因此被称为“病毒式营销”。Google 的邮件 Gmail 在中国的扩散，就是一个很好的例子。由于该产品功能比较先进，用户体验较好，

Gmail 用户愿意向好友主动推荐。Gmail 以邀请注册的方式实现邮箱用户的快速增长，通过用户之间的主动传播而达到广为人知的目的。尽管 Gmail 并没有投入多大力量对该产品进行营销，依然获得了大量的中国用户。据称在 2010 年 Google 退出中国内地市场时，其邮箱用户已经达到 2000 万。成功利用人际传播渠道达到营销目的的还有 MSN Messenger，在 2007 年年初席卷 MSN Messenger 用户的绿色“I’m”风潮，就很好地利用了即时通讯工具。“I’m”计划是指微软的 I’m Initiative 慈善计划，每位 Windows Live Messenger 8.1 版本用户只要在自己的昵称前输入指定的九家慈善组织的代码，如 * sierra（地球环境协会），自己的昵称前就会出现“I’m”绿色小旗帜。Windows Live Messenger 用户每次使用“I’m”进行交谈时，微软都会把广告收入的一部分捐赠给由这名客户自己选择的参与“I’m”活动的组织。由于这项活动具有明显的公益性质，同时又很容易操作，用户只需要下载相应的程序就可以实现，以至于参与这项活动一时成为以白领为主体的 MSN Messenger 用户的时尚，活动取得了非常好的效果。[①]

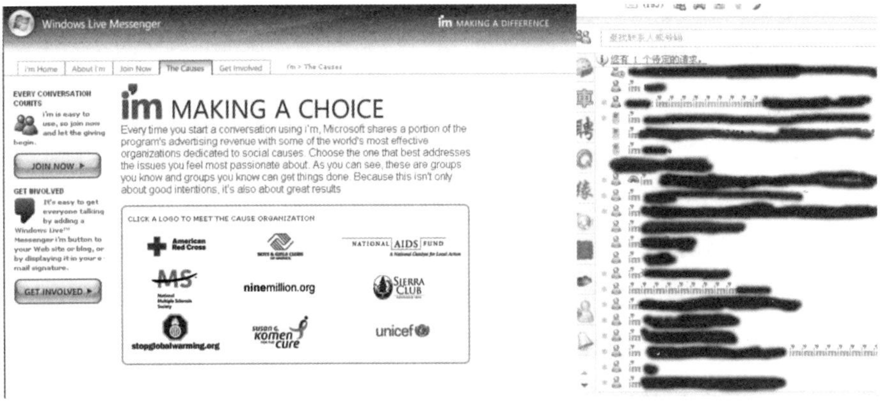

图 7－4　2007 年 MSN Messenger“I’M”风潮活动页面

① 石玉：《I’m 计划，微软病毒传播再塑经典》，《现代广告》2007 年第 5 期。

七、界面化原则

把握网络媒介的特性，发挥互联网界面的特点可以吸引用户的广泛参与。

互联网与其他媒体的最大区别是前者拥有互动界面。这一界面从根本上说是为用户设计的，因为用户可以通过这一界面有效控制互联网的内容，决定浏览什么、不浏览什么，决定是否参与互动、如何参与互动。界面化原则要求企业在面向用户传播营销信息时，所有信息都应该从用户出发，从方便用户浏览和参与的角度设计界面。

具体而言，在营销信息呈现的用户界面设计上应该把握以下基本原则：

一是便捷性，就是用户如果对营销信息感兴趣，能够容易、方便地接触到界面。

二是直观性，在营销信息所在的界面上，与互动有关的程序都是简单而直观的，不再需要下载各种烦琐的程序、按照各种指令来展开内容。

三是艺术性，营销信息所在的界面给用户感官带来的是令人愉快、有吸引力甚至是令人惊叹的效果。

四是个性化，营销信息会根据不同消费者或消费群体在不同场合的不同需求，提供个性化服务。

五是平衡感，界面所提供的内容不但要有营销信息的基本内容，而且要发挥技术手段以增强营销信息的吸引力，为用户参与互动提供最优化的场所，并要避免因过于炫耀技巧而喧宾夺主，让用户无所适从。

企业在展开网络营销时需要全面考虑以上所列的基本原则，把每一个方面都处理好。与传统媒体强迫式接收的信息传播方式不同，在互联网上用户对于界面的控制拥有绝对的主动权，这就要求每一个环节都要带给用户优质的体验，否则，营销信息将很难引起用户的兴趣，更不用说让用户点击鼠标参与其中了。

第四节　网络营销传播实施步骤

网络营销传播是个复杂的过程，成功的网络营销活动要克服各种不利因素才能达到预期的目的。在实施网络营销传播之前，需要全面了解一项完整的网络营销传播活动所包含的基本步骤，通常包括以下六个阶段：

1. 识别目标受众
2. 确定传播目标
3. 制订媒介计划
4. 创作在线广告
5. 执行营销活动
6. 评估营销效果

通常情况下，这六个阶段是网络营销传播循序渐进的基本步骤，但并不意味着所有的传播活动都要完全按照上述步骤按部就班地进行，有时可能需要打破常规，在某种情况下这种对基本规程的改变还是必须的，因为网络营销手段比较灵活，可以根据执行情况对某些环节作出调整，比如在执行阶段发现传播目标出现一定程度的偏差，这时就应该及时改变营销步骤，对传播计划、媒介计划、广告内容等作出调整。这在传统媒体环境下是难以做到的。能够根据情况的变化及时作出调整和补救，这也是网络营销传播的优势所在。

一、识别目标受众

在实施网络营销传播前，需要了解的内容包括：作为营销主体的企业的潜在客户是谁？企业生产的产品适合于哪部分客户？谁有意愿购买产品？等等。通过相关的研究可以更加明确营销目标，避免营销传播的浪费。

对于目标受众的识别通常有三个途径：一是根据人口统计学获得关于产品

所针对的群体的相关信息，如年龄、性别、收入水平、地理位置等。二是借助专业的监测公司对消费者行为进行跟踪所获得的有价值的数据，这种基于网络跟踪来确定目标受众的方法是比较有效的。通过跟踪客户访问的网页、在某一网页上停留的时间、点击的信息甚至在线购买行为等，这种汇集了众多客户在线行为并据此进行开发的数据库，是企业提高营销传播有效性的有价值的内容。三是通过用户在网站上注册时留下的信息来筛选有效的受众。当然，一些企业根据以往的经验也会对目标受众作出大概的判断。如能将几方面结合起来综合考察以圈定交集受众，无疑会大大提高受众识别的可靠性。

为帮助企业更有效地使用网络工具实施营销活动，目前已有多个专业的网络营销服务公司提供相关的服务，这些第三方公司能够借助专业的软件，在网络营销的各个环节上提供专业的服务。如在中国内地开展相关服务的第三方公司有华扬联众公司、好耶公司、AC尼尔森以及电通公司等。它们能够帮助企业更好地筛选目标客户，提高识别目标受众的准确性。

二、确定传播目标

在确定了合适的目标受众后，下一步就是要明确传播的意图。通常营销信息传播的重点集中在发展客户关系四个阶段的某一个阶段上，这四个阶段包括：认知阶段，让客户认识到企业产品或品牌的存在，这是客户关系建立的前提；探索一扩展阶段，客户知道自己是在和什么样的企业建立关联，通过不同的方式进一步了解关于该产品或品牌的信息，随着兴趣度的提高而进一步扩展这种关系；承诺阶段，客户和企业之间已经发生了交易，双方在价值交换的基础上使关系进一步深化；解体阶段，企业或客户某一方对已经形成的客户关系失去兴趣，彼此不再发生关系，双方的关系解体。营销传播针对的客户关系阶段不同，营销信息传播的方式自然会有差异。例如，如果企业营销的是全新的产品，营销信息应当以建立认知为核心目标。如果目标受众已经知道了该产品却又不完全熟悉的话，营销就应以培育探索一扩展阶段为重点，在此基础上，下一步的营销活动就应该以加深客户承诺为目标。

一旦确定了营销活动的总体目标，就应当明确更为具体的目标。通常网络营销传播的意图可以分为三种类型：建立品牌认知与品牌偏好；刺激客户购买；鼓励客户参与互动。不管怎样，广告主应该清楚地描述每一个具体目标的营销活动，以便在营销传播过程中能够对照传播目标统一所有参与该活动人员的意志，防止一些人因某些因素的干扰而偏离既定目标。一些营销活动不成功，主要原因就是缺乏对营销传播目标的清晰描述和坚决执行。因此，在这一阶段应特别注意营销活动的目标要充分体现企业所期望促进的客户关系阶段。除此之外，为确保整个营销活动的成功，该阶段所实施的内容应与接下来要实施的未来活动相协调。

三、制订媒介计划

这一阶段要解决的问题是为营销信息选择合适的网络媒介并决定如何加以使用，以下几个方面是制订媒介计划时必须严格遵守的基本原则：

1. 网络媒体的选择及使用必须与目标受众保持一致。例如，婴幼儿产品最为适合的营销媒体是女性频道或其他目标人群主要是已婚女性的网站。

2. 媒介计划必须与传播目标保持一致。如果快餐厅鼓励顾客到店消费，为顾客提供可以通过网络下载打印的打折券以强化探索一扩展阶段，就要比用横幅广告以促进顾客对快餐厅的认知更为有效，后者明显与传播目标之间有偏差。

3. 媒介计划的不同部分必须有效配合。通常营销活动很难通过单一的营销形式奏效，需要发挥多种营销活动的协同效应，通过媒介计划的整合以更好地达到营销传播的目标。媒体应有助于创建令消费者愉悦的在线体验，以便建立和培育积极的不断向前推进的客户关系。

制订媒介计划包括以下几个环节：

首先是网络媒体的选择及其组合。根据企业产品的目标受众及传播意图，选择适合的网络媒体，并根据不同网络媒体对影响目标受众的作用组合投放营销信息。对于大众消费品而言，人群覆盖广泛的门户网站和用户集中的垂直网站就成为营销信息组合投放所要考虑的媒体类型。在门户网站上，提供综合信息的网站首页和网站中的专业频道，也是媒介组合的选择方向。例如，一直在网络营销传播上表现出色的联想公司，在为笔记本电脑做广告时，往往会选择新浪、搜狐等大型门户网站作为主要媒介，同时在门户网站的 IT 频道、垂直类的 IT 网站上追加投放，这种组合往往能够覆盖笔记本电脑的主要消费群体。

其次是营销信息的进度安排，即如何在网络媒体上对广告等营销信息进行媒体排期，这也要跟目标受众及传播意图紧密结合起来才能更好地确定。进度安排的内容与营销传播的目标直接相关，这需要营销者作出决策：是通过一两个主要的媒介形式以一定规模开始向消费者传播营销信息然后再全面展开；还是在所有的媒介上同时投放营销信息以在最短的时间内形成规模效应。更为具体的进度安排还包括更细致的技巧。比如，在一个营销周期内，根据营销信息投放的连续性和密度变化情况，在具体媒体上营销信息的传播情况会有所不同，大致可以分为以下四种情况：（详见图 7—5）

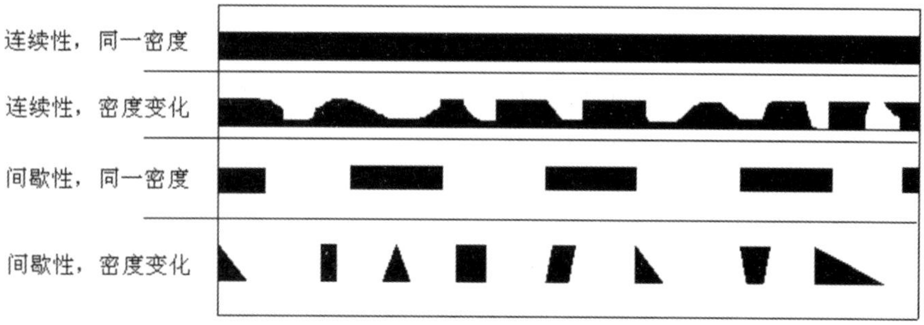

图 7－5　一个营销周期的媒体进度安排示意图①

第一种情况是在同一密度下连续进行投放，营销信息的投放量在营销周期内不作调整，而且是不间断进行投放。这种进度安排的优点就是能持续对消费者产生影响，营销效果明显，但这种方式却是以较高的成本为代价的。

第二种情况是密度有变化但投放是连续的，营销信息的投放量在投放期间

① 参见〔美〕拉菲·S. 默罕默德等：《网络营销——构建网络经济中的竞争优势》，中国时政经济出版社 2004 年版，第 301 页。

会相应地作出调整，每个时期的信息呈现数量虽不一样，但消费者在网站上一直能看到产品或品牌信息。有些产品的消费具有季节性和周期性，消费者在网上的行为也会呈现周期性的特点，根据情况适当作出调整，会节省一定的营销成本。

第三种情况是在同一密度下以间歇的方式进行投放，营销信息根据营销目标和消费者行为习惯在投放时间上是跳跃的、非连续性的，但每个投放区间的信息量基本是恒定的。

第四种情况是将容量不同的营销信息以间歇的方式进行投放，这种形式类似于脉冲，这种营销信息投放方式要想获得理想的效果，要求营销者借助一定的技术手段洞察目标受众的行为习惯，以精准营销弥补信息容量的变化和非连续性造成的识别弱化的不足。

四、创作在线广告

营销信息绝大多数都是以广告形式出现在受众面前，受众对于营销信息的兴趣及接受度很大程度上取决于广告的创意，因此在在线广告的创作上需要缜密的规划和认真的实施。

在线广告的制作首先要确定传播的主题，要确保主题乐于被受众所接受，并与既定目标保持一致。也就是说，在促进客户关系的不同阶段，传播主题也应进行相应的调整。另外，主题应该适合于营销活动所使用的营销手段。

通常情况下，在线广告的制作应委托给专业的广告制作和创意公司，这样才能确保广告设计的新颖性和吸引力，才更有可能激起受众的兴趣。尤其是在线广告需要强化其互动的特质，专业的广告公司更有把握抓住受众的兴趣并吸引他们与广告互动。

为确保广告展示的效果，在正式上线之前进行测试是必要的，如广告呈现的位置、广告响应的时间等。当所有的工作都完成后，营销活动就可以正式在互联网上执行了。

五、执行营销活动

执行阶段的核心工作就是找到合适的媒体并将营销信息呈现于目标受众面前，这项工作也是营销传播活动花费最大的环节。企业可以通过媒介购买与资源合作的方式换取媒介展示空间。资源合作的方式比较简单，如果公司建有自己的网站，可以与其他拥有网站的企业对等互换广告刊登的位置，双方都不用花费资金，从而以较低的成本实现双赢。但通常企业的网站规模较小，受众数量受到很大的限制，营销效果并不明显。

媒介购买是广受认可的获得营销信息展示空间的规范化操作方式，往往要通过专业的媒介购买公司来执行。那些拥有能为企业勾画目标受众特征的数据库、即时跟踪受众在线行为技术的专业服务公司，往往更受企业的欢迎。在进行媒介购买时，媒体的影响范围（广告曝光的受众个体数量）和频率（广告曝光的平均次数）是广告主最为看重的数据，大型门户网站因此而成为许多企业营销传播的首选媒体。另外，网站受众的身份与企业产品目标受众的重合度也是选择营销信息投放媒介的重要因素，有些网站的用户绝对数量虽然不高，但却对企业产品的目标消费者有更大的吸引力。比如，IT 行业的垂直类网站中关村在线（www. zol. com. cn）是各类 IT 产品信息重要的汇聚地，许多 IT 产品、电子消费产品愿意在这个网站上投放营销信息。重合度考量的是媒体受众和产品消费者之间的关联度，这构成媒介购买的另外一个决定性因素。

媒介购买有几种通行的标准。一个是 CPM，即广告每获得 1000 个曝光数所需花费的成本。不同媒体有不同的用户基数，因此在获得用户注意力上的能力是不同的，因此 CPM 也会因网站的不同而有差异，通常 CPM 越低对广告主的吸引力越大。通过网络技术，网站很容易获得 CPM。广告主在综合比较之下选择更合适的网络媒体来投放。另一个标准是 CPC，即每次点进的费用，是根据在线技术测量吸引用户点击广告并进入企业指定的 Web 站点所要花费的成本。还有一个标准是 CPT，即每次交易的费用，计算的是用户点击广告之后进行实际的购买所要花费的费用。根据不同的传播目标和营销预算，企业可以选择不同的媒体购买标准从而获得理想的营销空间。

六、评估营销效果

对营销活动的评估并不是在整个营销活动结束后才开始，实际上营销信息在网络媒体上投放后效果评估即宣告启动。对于活动的每个要素的评估要结合其目标来进行，借助专业公司提供的强有力的在线跟踪和监测软件，消费者针对营销信息所采取的相关行动都能被有效记录和分析。比如，国际知名的网络广告代理公司 Double Click，其技术能力和服务水平不但在美国广为认可，同时也有许多中国企业愿意接受其服务，委托其进行广告投放和管理的企业能够了解消费者针对其广告所实施的行为，如每次消费者点击其横幅广告或链接的情况。通过跟踪客户在线交互行为得到的评价性数据非常有价值，因为这能以接近实时的方式将企业关注的相关数据提交给企业，便于企业及时调整营销策略，从而提高营销的效果。因为相关的广告管理软件能够根据企业的要求很快作出调整，从而可以避免不必要的浪费，增加营销的有效性。这种超越传统媒介的营销能力让网络营销很快显示出优势，并因此获得了更多企业的追捧。随着营销效果评估手段的完善和更多企业对网络营销传播效力的认可，这种营销方式很可能超越传统媒体的营销方式，成为企业最为看重的营销手段。

第五节　网络品牌传播

一、网络品牌界定

应该明确的是，网络品牌并不是将组织、机构在现实世界中的品牌标识或将借助其他媒介渠道宣传品牌的方式简单平移到互联网上，那种认为将物理品牌转换成数字格式品牌的简单化想法是错误的，抱着这样的想法在互联网上打造品牌必然会失败。无论是品牌传播的渠道还是品牌构建所依托的环境，都发生了巨大的变化。这种变化的直接动因就是体验经济时代的到来以及与其相伴而生的顾客对于品牌体验方式的变化。

"体验经济"概念的提出者——美国的约瑟夫·派恩和詹姆斯·吉摩尔将人类的经济形态分为四个发展阶段：农业经济、工业经济、服务经济、体验经济，目前我们正处于"体验经济"时代。在这一时代背景下，消费者除了获得企业提供的产品或服务外，更重要的是在这个过程中得到的独属于个人的美好的体验，而这种体验源于在这一过程中发生的"互动"，消费者能够从互动中得到满足。互联网恰恰能够提供这样的工具。通过互联网，消费者可以充分发挥自己的创造性，享受企业提供的服务带来的美妙体验和感受，追求马斯洛所说的终极需求——自我实现。在这种经济背景下，企业之间在"品牌"这一更高层面的竞争，必然也要随之升级。体验将为消费者带来更大价值，这是企业参与未来竞争的方向。所以，在互联网环境下塑造品牌，最重要的是能给消费者带来独特的体验。

国外对于网络品牌的研究较早，也有一些比较有见地的观点，下面的观点有一定的代表性：

> 当我们谈论网络品牌时，我们所指的不仅仅是简单的电子版品牌，而是指在已经变化了的环境中的品牌。品牌还是品牌，但环境是新的，我们姑且称之为互联网。这个新环境当前具体充分地体现在"赛博空间"，我们在这个空间里通过各种工具互联在一起。它与现实世界完全不同，只从品牌的新作用、新途径很难加以概括，因而我们用了一个代表新时代的词语来表达品牌——网络品牌。①
>
> "网络品牌"定义为一个品牌的特性或价值延伸到互联网或者这种特性和价值是通过电子手段来展现的。这就涉及要以上述方式来协同加强品牌的实体和数字资产，使得品牌在线上和线下达到和谐统

① 〔美〕理查德·格斯曼、赫伯特·迈耶斯：《线上竞争力》，中国铁道出版社 2006 年版，第 66 页。

一，消费者不会感到困惑而是把其看作是一个整体品牌。①

这一观点强调了品牌生成环境与现实世界的差异在于这种环境是网络空间，在这种空间中打造的网络品牌是数字资产的重要组成部分。在新的媒介环境下，品牌的塑造必然要借助新的媒介形式，充分利用新媒介的特点，重新思考和定位品牌塑造空间和与消费者的沟通方式。但这种适应性变化绝不是在新媒介上的另起炉灶，而是既有品牌的特性或价值延伸到新的媒介形式上。基于上面的认识，我们为网络品牌做如下定义：

网络品牌是指在新媒介环境下借助互联网与消费者沟通的企业，通过互联网传播的所有区别于其他企业的信息和体验的综合并为消费者所感知的内容。这些内容是以数字化形式呈现的，可以在消费者需要的时候与其互动，通过与消费者建立关联来巩固关系。简而言之，网络品牌是以互动求认知、以关联促关系、以沟通达成品牌价值、以体验实现品牌增值的形象塑造过程及为消费者所感知的综合性的内容。

二、网络品牌传播方式

网络品牌传播方式是指与品牌相关的各种信息与用户发生关系、产生关联的方式。对于网络品牌而言，借助网络进行传播可用于这些目的：品牌信息的单纯展示、与品牌相关的信息在用户之间的扩散、企业借助网络媒介平台与消费者之间进行的各种层次的沟通、品牌利用网络媒介在数据采集与分析上的便利性而为有效实施传播所做的调查和研究。简而言之，网络品牌传播主要有以下四种方式：品牌信息展示、品牌信息扩散、品牌信息沟通和品牌传播调研。

1. 品牌信息展示

品牌信息展示是通过网络媒介对品牌形象进行直接展示和宣传的营销传播方式，品牌广告是最重要的形式，活动赞助也是主要形式之一。在广告形式

---

① 〔美〕理查德·格斯曼、赫伯特·迈耶斯：《线上竞争力》，中国铁道出版社 2006 年版，第 75 页。

上，既包括传统的文字链形式、图片形式，又包括动画形式和更适合信息展示的富媒体广告形式。在展示和宣传的深度上，既有品牌广告信息的单纯展示，即只有单一页面，无法点击进入；又有层次丰富的广告信息呈现，通过当前的广告位可以点击进入品牌的微型网站（Minisite），或直接进入品牌网站，了解有关品牌的更重要的信息。这种信息可以通过互联网和手机得以展示，是最普遍、最常见也是最为企业认可的品牌传播方式。

2. 品牌信息扩散

这种传播方式虽然以品牌信息展示为基础，但重点是通过用户之间的互动和相互影响，使品牌信息在更大范围内扩散。节点传播是网络信息传播的重要特征，这种传播方式是以网络媒介中的人作为主体和实施再传播的中介和节点，当品牌信息到达一小部分人群后，会以此为节点很快在更大范围内散布开来，从而达到让更多用户知晓并认可品牌的目的。由于品牌信息的广泛传播更多依赖于与品牌没有直接利益关系的用户自发传播，因而对品牌信息的创意性有相当高的要求。品牌信息扩散的最高境界就是病毒营销，这是一种成本极低的营销传播方式。创意巧妙的品牌信息形式对用户具有极大的吸引力，使用户在接触到品牌信息后潜移默化地受到影响，并愿意成为信息再次传播的节点，从而完成品牌信息的多层级传播。

3. 品牌信息沟通

品牌信息沟通是在品牌信息得以展示或扩散，用户对品牌信息有一定程度的认知后，品牌拥有者与作为消费者的用户通过网络媒介提供的载体所进行的深层次的沟通，目的是让这些消费者进一步了解有关品牌的信息，认同品牌所秉持的理念，增进消费者对品牌的好感度和忠诚度，维护消费者与品牌之间的良好关系，提升品牌资产的质量。这是网络媒介在功能上区别于传统媒介的重要表现，也是网络品牌区别于传统的媒介品牌的重要内容。正是网络媒介技术的双向互动功能拓展了品牌信息沟通的更大空间，多种网络媒介产品或服务都可以发挥这样的作用，未来在网络品牌传播上大有可为之处。

4. 品牌传播调研

网络品牌传播管理系统既包括针对各个接触点直接实施的各种传播行为，同时又包括利用各种网络媒介工具监测传播实施过程，实时调整营销传播策略，以获得更好的品牌传播效果。品牌传播调研就是利用网络媒介的在线传播工具，根据用户在各个接触点上的行为方式和特点，有目的地采集、整理与品牌传播相关的信息，以此为基础综合分析用户对品牌信息传播行为的认知和认可程度，作为调整品牌传播行为的依据。未来的品牌传播应该是以数据库信息为基础的精准传播，品牌传播调研恰恰能为品牌传播提供针对性强、有重要参照价值的数据。在线或离线问卷调查往往是调研的重要方式，网络媒介提供的技术可能性，可以在短时间内完成传统的调研方式需要更长时间才能完成的任务。由于网络媒介在技术上能够识别用户的媒介消费行为，因此，借助网络媒介实施的调研行为能够确保用户与调研内容的关联性，这在一定程度上弥补了抽样调查不够科学的不足。

三、网络品牌传播途径

网络品牌可以通过多种网络媒介产品实施传播，每一种网络产品适用于某一种或几种品牌传播方式。如果要全面实现各类传播方式，往往需要选择多种网络产品进行组合，以便在不同的品牌接触点上与用户进行品牌接触，这就是整合传播的核心理念。以下是对各类网络产品作为品牌传播途径的介绍，关键是把握每一种途径的操作要点，在实际的操作中，还要结合具体品牌、具体传播环境灵活处理。

1. 即时通讯工具的品牌传播

即时通讯工具(IM，Instant Messenger)廉价快捷、界面简洁的特点，使其成为用户忠诚度非常高的网络媒介产品。它作为品牌传播工具的价值主要在于：作为桌面工具，即时通讯用户通常在联机之后就能登录，并常常处于用户与电脑界面互动的最显眼的位置，是用户接触率最高的媒介产品，这为网络品牌与用户之间的接触提供了便利的条件，适合于实施多种品牌传播方式。

在品牌信息展示上，品牌可以借助即时通讯工具运营商在工具界面上提供的信息展示区域，主要以广告发布的形式展示品牌信息，不但可以达到品牌曝光的目的，还可以提供品牌与用户深度接触的机会，通过吸引用户进一步互动的方式实现品牌沟通。

在品牌信息扩散上，将附有品牌信息的动漫产品提供给用户免费发送给好友，会促进品牌的扩散。例如，医药品牌"芬必得"就充分利用了依托于 MSN Messenger 的"传情动漫"提供的支持 Flash 文件播放并可传递给好友的功能，以故事化的方式展示了药品的疗效：卡通化的"芬必得"药丸被动漫明星小旺狗暗算摔倒后倒出药末，小旺狗吃完后立刻康复。这则动漫很好地展示了芬必得品牌的功效，轻松幽默的 Flash 动画很容易在用户之间不断转发，"芬必得"的品牌信息也因此得以扩散。

还有一种扩散方式是让品牌与某一流行趋势产生关联，让用户在参与流行行为过程中持续接触品牌信息。如 2007 年年初席卷 MSN Messenger 用户的绿色"I'm"风潮，就很好地利用了即时通讯工具。

在品牌信息沟通环节上，品牌拥有者还可以使用即时通讯工具，让用户和品牌直接对话，真正做到实时的"一对一"的传播。一些品牌通过各种传播渠道公布客服部门或品牌管理部门的 MSN 账号或 QQ 号码，感兴趣的消费者将账号或号码添加到自己的联系人地址中，就可以将品牌拥有者变成自己的即时通讯好友，通过这一渠道可以进一步了解各种信息，这样就获得了便捷的沟通渠道。品牌可以充分利用这个渠道，很好地传播相关信息，从而赢得用户更大程度的认可。

此外，由于每一个即时通讯账号都对应了唯一的用户，通过即时通讯工具界面与品牌发生关联的行为理论上都可以通过即时通讯工具的后台技术得以记录和分析。有了这些数据后，再结合用户的 IP 地址、上网时间、频率、活跃程度、对品牌信息的反应等日常行为，就可以大致判断该用户会对哪类品牌感兴趣，以此为基础对拟发放问卷的目标人群进行有效筛选，然后有针对性地向用户发送问卷进行与品牌相关的调查，这样会大大提高品牌传播的有效性。

2. 博客的品牌传播

博客作为网络媒介运营商提供的服务，简单地说，就是媒介用户公开发表在固定网址上的网络日志，是典型的由用户生产并上传到网站上的内容。由于博客内容的真实特性，不但可以为品牌与其用户之间建立品牌关系提供很好的沟通传播工具，适合于品牌的外部营销传播，而且可以被企业用于与品牌的利益关系人如企业内部的员工、投资人、股东等进行内部沟通，达成内部的一致意见，从而更好地对外传递品牌形象，这种借助媒介工具实施的对内沟通称为对内传播。两种传播方式的协调有利于企业优化管理，更好地树立品牌形象，是一项虽有挑战性但有可能带来更好传播效果的传播方式。

博客文章受关注的程度，可以通过文章的点击量来评定，这也成为选择哪些博客进行品牌信息展示的重要依据。例如，影视演员徐静蕾在新浪网开设的博客曾是国内点击量最大的博客，在 2006 年底就已经达到了上亿次的点击量。而作为 2008 年奥运会官方网站赞助企业的搜狐网设立的“百万俱乐部”，已经有多位体育明星的博客点击量超过一百万。品牌形象展示就是把企业品牌的相关信息给更多的人浏览以达到广泛曝光的目的，点击量大可以简单理解为浏览人数多，能带来较为可观的曝光量，因此，在博客页面上投放广告是品牌信息展示的最主要的形式。由于点击浏览博主提供的内容对于网络用户来说是一种主动行为，因此，这些浏览博客文章的用户对博客内容是感兴趣的，根据内容可以大致判断用户的特征，针对用户投放与内容相关联的品牌信息广告，达到品牌信息与用户需求的匹配，是比较有效的广告投放方式。正是看到了这一点，一些博客数量已经达到一定规模的网站，开始探讨博客广告的盈利模式，基本采取广告收入分成的形式，如和讯网于 2006 年 3 月抛出“博客广告联盟”概念并在 8 月份为部分博客分红，一时间被看成博客盈利的标志性事件，产生了一定的轰动效应，带动了博客的热潮。而新浪网凭借门户网站用户基础牢固、博客已经形成较大规模的优势，已于 2007 年 10 月推出博客商业化分成计划，规定无论是高关注度博客还是一般博客，在其博客页面上投放的广告收入五五分成。由于博主的博客文章是用户自创的内容，原则上在所在页面上投放广告都要征得博主的同意。也许单个博主文章吸引的浏览用户数量有限，但大量博主的集合，就可以实现广告投放的规模效应，而且匹配度高能保证广告的有效性。由于博客提供了独特的品牌沟通渠道，因而是一种有较高价值的传播渠道。

品牌信息扩散的重点是通过用户之间的互动和相互影响，使品牌信息在更大范围内扩散。以个人网站形式存在的博客是节点传播的重要载体，在以每个博主为节点的传播网络中，每一个博主都可以通过链接或复制的方式，将其他博客的内容在更大的范围内传播。如果博主对被链接或复制的内容作出评价，这些评价信息与已有内容将形成新的文本，成为新的链接或复制的对象。也就是说，元文本和以元文本为基础形成的新文本，以每个参与传播的博主为节点可以无限制地传播下去，从而不断扩大元文本的传播范围。品牌拥有者如果主动对希望被传播的品牌信息做好策划，让品牌信息在预期的轨道上广为传播，从而达到利用博客扩散品牌信息的目的，就属于营销传播行为。

作为实施品牌信息扩散的传播主体的博客，既可以是企业内部人员建立的博客，他们主动向用户和潜在消费者传播品牌信息，这些博客由企业授权给相关内部人员来实施营销传播，属于企业内部博客；也可以在精心策划后让那些对品牌认可度高的博客自发地传播品牌信息，这些博客与品牌没有直接的利益关系，是一种主动的自发传播行为，相对于内部博客来说属于外部博客。企业内部博客如果只是被用户浏览而没有被链接或转发，这仍属于品牌信息展示范畴。一旦用户在看到内部博客后对博客内容感兴趣，愿意在更大范围内传播博客内容，就属于品牌信息扩散范畴。所以，保证内部博客对外传播的品牌信息的有用性甚至是趣味性是非常重要的，这直接决定了品牌营销传播影响的范围和效果，而这些信息在一定程度上也是外部博客信息的主要来源。如果企业能够建立顺畅的传播机制，以博客来发布与品牌相关的信息，认可企业品牌价值观的用户就可以定期通过内部博客得到相关的品牌信息，外部博客向更大范围传播的品牌信息就会更加有序，品牌形象对于一般的用户来说会更加清晰。目前，一些技术含量较高的企业尤其是与信息技术相关的企业更善于利用博客来进行营销传播。企业内部博客往往以企业内部人员将与产品或品牌相关的内容以个性化的方式传达给用户，变以前的单向传播为人性化沟通，从而拉近与用户之间的距离。如2007年上线的“英特尔全球首个中文富媒体博客网站”(http://blogs.intel.com/china)，由英特尔的专业技术人员以在线交流的形式，回答用户感兴趣的专业技术问题，形成很好的互动交流效果。而如何依托外部博客有效扩散品牌信息，关键是要使用户在对企业产生高度信任感的基础上成为企业品牌的“推广大使”，自愿成为品牌信息再次传播的节点，从而完成品牌信息的多层级传播。利用品牌用户形成的以“社区”为主要形式的互动空间，品牌信息可以在用户之间蔓延，实现更大范围的传播，让品牌获得更大的“心灵占有率”。

在品牌信息沟通上，企业博客通过吸引用户主动参与、互动沟通，维持良好健康的品牌关系，从而改变传统的沟通传播方式。这种新型品牌关系建立的前提是品牌与用户之间以博客为沟通界面的信任关系的建立。定期地、连续地、一以贯之地经营好企业的博客，从而使之与关注企业的用户之间建立契约关系，这要求企业从品牌发展的长期战略出发，将其视为经营企业最为重要资产的手段，将真实、热切、有威信的信息通过博客空间告知用户，达到深度沟通的目的，以引起用户的共鸣，对于品牌认知度和信任度的提高是大有好处的。

3. 网络社区的品牌传播

在互联网上，存在着一个个以共同兴趣、爱好或价值观为核心的虚拟社区，社区用户可以针对某一普遍感兴趣的话题自由发表意见，展开各种形式和规模的讨论。品牌借助社区传播的形式实施传播，可以使社区人群接触到品牌需要被社区用户了解的相关信息。

在品牌信息展示上，品牌将社区作为信息展示空间，让品牌信息在用户与社区的接触点上曝光，吸引更多用户关注品牌。由于每个社区都是以共同兴趣或爱好组织起来的虚拟空间，因此，品牌可以针对不同社区主体人群的消费倾向，有选择地投放尽可能与社区人群需求相吻合的品牌信息。例如，针对汽车社区的用户，汽车品牌就可以将新款汽车的广告信息投放到相关论坛的页面上，汽车保养与汽车维修的企业也可以在这里展示信息。相比于其他页面，汽车社区的用户有更大的需求，这些信息对他们更有用，也更有可能引起他们的关注。

在品牌信息扩散上，由于社区是其成员基于共同的兴趣或爱好建立起来的虚拟空间，有共同的话语基础，通过社区内成员之间的互动，可以逐渐建立起信任关系。社区成员很容易针对某一话题展开讨论，许多社区就是由某个话题聚合起来的，一旦话题讨论结束，社区的成员就会转到其他社区。如百度网站的"贴吧"，就是一个个话题的讨论专区。企业品牌利用这一特点，可以巧妙地引导社区针对企业品牌的某个话题进行讨论，使品牌成为话题中心，达到让社区内更多成员认知并认可品牌的目的。由于网络社区的组织松散，社区成员可能同时属于其他社区的成员。这样，该成员在进入其他社区时，就有可能将品牌信息进一步扩散。这归因于网络社区独特的运行机制。

社区成员对品牌信息的扩散，往往不仅限于在线的方式，他们会将相关品牌信息带入现实生活，在更大范围内产生影响。或者由于社区本身的影响，使社区话题成为其他媒体关注的热点，在更大范围内传播，例如，手机品牌摩托罗拉就很好地利用了社区在品牌信息扩散方面的作用。

2007 年 6 月，摩托罗拉公司利用社区传播的形式，很好地实现了为其刚刚面市的新款手机 MOTO ROKR 赢得消费者关注的目的。在搜狐的 Chinaren 社区里，一则关于周杰伦的新专辑企划案的帖子意外曝光，一时间就周杰伦合作艺人的话题引起社区网民的广泛关注，在其他网络社区广泛转载，并得到传统纸质媒体的响应，多家报纸相继以周杰伦和崔健合作为焦点刊发新闻，在进一步的追踪中事实逐渐得以澄清：原来是周杰伦成为 MOTO ROKR 的代言人并将举办音乐会。经过社区的不断炒作，有关 MOTO 公司正处于品牌宣传启动关键期产品的关键词——周杰伦（代言人）和 MOTO ROKR（手机新款）逐渐沉淀在网络社区里。

网络社区话题产生的影响力甚至为传统媒体提供议题，这是利用社区人群的广泛传播来扩大品牌影响的典型案例，正在越来越多地被企业使用。目前，看好社区营销传播的企业纷纷在网站上建立自己的品牌社区，将更多支持、关注企业品牌的用户吸纳到专属的社区里，并以此为辐射源，赢取更多的好口碑，利用社区用户的节点传播效应，树立企业品牌的良好形象。

同样，网络社区为品牌信息沟通提供了一个互动的空间，通常通过建立专有社区来实现，这样的社区可以由品牌厂商自己建立，也可以借助有号召力的用户来自发建立，还可以依托那些用户达到一定数量级的商业网站来建立。如阿迪达斯、可口可乐等品牌已经有很高的知名度，并且拥有很多的忠诚客户，人气较高，用户在这里主要是交流品牌产品使用的经验，为品牌完善提出自己的意见，表达对品牌的态度。这种社区俨然是品牌爱好者俱乐部，社区成员抱着共同发展品牌、促进品牌价值提升的态度加入社区，与品牌拥有者平等对话，通过沟通减少误解和隔阂，达成相互间的理解和谅解。

4. 搜索引擎的品牌传播

用户通过网络媒介提供的搜索引擎提交搜索申请，搜索引擎从数据库中调用与用户需求相匹配的文件目录或完整文件呈现给用户，满足用户的搜索请求，搜索引擎因而成为用户在日常工作和生活中很有价值的网络媒介工具。通过搜索引擎进行品牌传播的基本方法就是根据用户提交的请求，将与关键词相匹配的品牌信息展现给用户，用精准推送的手段来提高品牌信息的准确性和有效性，降低传播的成本，为品牌传播服务。

品牌信息展示是品牌传播最主要的形式。当用户将要搜索的关键词键入搜索框时，事实上就是在表达自己的意图。这一意图如果与某品牌具有相关性，后台技术就会将相应的信息展现在用户眼前，这一品牌信息对于用户来说就是关联信息，就有可能对用户有帮助。正是遵循这样的逻辑，在用户通过搜索框提交搜索申请后，网络媒介运营商根据搜索关键词提交到用户界面上的内容，为品牌信息展示创造了条件。这种信息通常都是以广告的形式出现，展现在搜索引擎提交给用户界面上的竞价排名或自然排名的页面区域内，起到品牌信息曝光的目的。这是目前搜索引擎广告的最主要的形式。

研究表明，普通用户浏览关键词列表通常只会翻看前三屏，三屏以后的信息通常很少受关注。同时，对显示屏上所列信息的浏览区域，存在一个“注意力

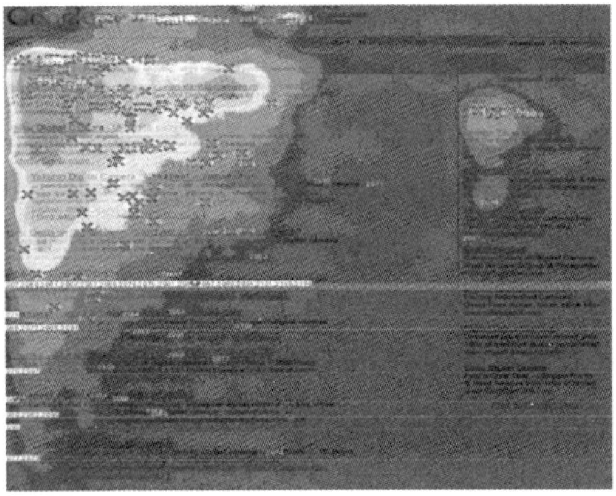

图7－6　搜索引擎页面用户注意力金三角

金三角”，即用户通常会浏览靠近显示屏左上部的三角形的区域，这是用户注意力的焦点区域，第一行所受到的关注尤为明显。(见图7－6)正因为如此，才有那么多的企业不惜花费较高的费用，使品牌信息尽量在竞价排名中获得较好的位置，不但要保证排在前几屏之内，而且要排在显示屏的前几栏，千方百计使品牌成为用户注意力的核心。

由于搜索引擎传播的基本模式是用户点击了品牌信息后才付费，是按效果付费的模式，因此，任何希望达到信息曝光目的的品牌都可以选择使用这种营销传播工具，它大大降低了传播的门槛，这也是搜索引擎对中小企业吸引力更大的原因所在。为满足企业品牌传播的需要，为一些品牌信息展示提供服务的搜索引擎运营商会提供企业后台管理的密码，让企业根据自己的需求对品牌信息的关键字投放进行管理，企业可以根据品牌的营销传播效果灵活地进行自我管理，而运营商只是提供了一个基础的平台，企业可以通过客户界面选择传播的时机，这都是在网络媒介出现之前无法做到的。谷歌公司就提供这样的服务。而对于有实力的大品牌来说，搜索引擎运营商和营销代理商会根据用户的搜索行为和品牌内涵，对品牌关键字进行详细的分解，只要是用户搜索信息时可能产生关联的词汇，都纳入关键字范畴。例如，对于一个旅游公司来说，要让用户在搜索信息时最大可能地与品牌产生接触点，应将可能发生关联的关键词尽量提炼出来，让品牌信息在多个维度上参与竞价排名。比如用户在输入“西藏”这个关键词时，公司品牌名称都应该出现在关键词搜索列表里，因为查询“西藏”这个关键词的用户，很可能是要去西藏旅游，查询这个词，就是先了解当地的风土人情、交通、天气等，旅游公司出现在相关信息列表里，就有被用户选择的可能。有效的关键词管理工作，就是在每一个可能的方向上列出所有的关键词,然后根据用户对关键词的反应逐渐淘汰没有效果或效果不明显的关键词,剩下的就是有可能产生效果的关键词,简单地说,就是“先做加法,后做减法”。更科学有效的关键词管理工作,则要依赖于搜索引擎积累用户行为数据达到一定规模后。搜索引擎作为人类意图的数据库,应该能够通过技术手段透视出基本的规律,以此为基础,品牌借助搜索引擎进行传播的效果会更精准。

5. 网络游戏的品牌传播

对于游戏用户来说,与游戏内容互动以获得娱乐是最重要的目标,因此用户会将精力都集中在视觉冲击力很强的游戏本身,很少会注意到游戏之外的内容。因此,品牌要想有效吸引这部分群体的注意,就要想方设法与游戏的内容相结合,于是,“植入式传播”就成为品牌信息展示所采取的最主要的方式。

植入式(或称为“置入式”)传播是指将品牌元素巧妙地嵌入游戏中,使其成为游戏内容的有机组成部分,让用户在消费游戏产品时接触到品牌信息,从而产生潜移默化的影响。将品牌元素嵌入游戏的场景中或使其成为游戏中的道具,让用户在玩游戏的过程中接触品牌信息,加深对品牌的印象,这是近年来出现的一种新的品牌传播形式。

这种方式在腾讯网站上提供的游戏中已经不断被开发出来。例如,在棋牌游戏中,巧克力品牌 M&M’s 被设计为棋牌的游戏桌面和纸牌的背面图案,这种嵌入方式不会对游戏产生干扰影响,同时又能起到装饰和活跃环境气氛的作用。由于腾讯网站已经在年轻群体中产生了很大的吸引力,以休闲为主的游戏成为许多用户寻找娱乐的重要选择。一些认可品牌元素植入游戏中以达到传播目的的企业纷纷与腾讯合作,腾讯结合游戏产品为品牌提供了有效的植入式营销的通道,越来越受到传统行业的青睐。例如,腾讯“QQ 幻想”游戏与娃哈哈的合作、“QQ 音速”游戏与肯德基(KFC)的合作、“QQ 宠物”游戏与可口可乐的合作以及森马公司与腾讯多个游戏产品的结合,这些植入式传播已经为品牌取得了很好的传播效果,提升了品牌的价值。为使产品具有更大的适用性,为品牌提供更广阔的选择空间,腾讯在游戏设计上逐渐向模块化的方向发展,这样客户在选择某个游戏开展植入式传播时,在很短的时间内就能实现,而不必一切从头开始设计，大大缩短了游戏开发的周期，能够提高效率并降低成本。

而在大型多人在线类游戏(MMOG)中，由于游戏的场景复杂，情节丰富，游戏的持续时间长，品牌信息能获得更多的展示和曝光机会，因而更适合品牌的植入式传播。快餐品牌麦当劳与游戏开发公司美商艺电(EA)的合作就是一个典型的案例。

《模拟人生网络版》属于典型的大规模网络角色扮演游戏，在游戏中，玩家可以完全理想化地选择生活方式，选择工作、修建住宅、结婚生子、结交朋友、交易挣钱、工作学习、娱乐休闲，一切在现实中无法实现的愿望，都能在这款游戏中实现。早在《模拟人生网络版》开发初期，麦当劳就与EA签订了广告合同，将精心设计的广告“植入”到娱乐中去。麦当劳的汉堡、薯条等主打产品，变成了游戏里的道具，游戏角色们每天都必须在虚拟的世界中食用汉堡、薯条等食物才能继续游戏。更有趣的是，游戏角色可以申请成为麦当劳的合伙人，经营一家虚拟麦当劳餐厅，通过虚拟经营获取虚拟利润。当然，即使是虚拟的，这些经营还是得按照麦当劳的经营规章来办事，譬如不让顾客等候超过3分钟，保持店面整洁、食品卫生，食物的外观与口感都必须达到麦当劳的标准。如果玩家按照麦当劳的规章严格管理，虚拟餐厅就能带来源源不断的利润。在与《模拟人生网络版》合作一年后，麦当劳非常满意当初的决定——越来越多的年轻人开始上麦当劳就餐，“ad in the game”(游戏中的广告)成功地将游戏改造成一个高效的传播媒介与沟通渠道。事实上，“ad in the game”也带来双赢的结果：麦当劳推广了自己的理念、提升了销量，EA获得了授权许可费，并因此提高了这款游戏的知名度。在某些情况下，游戏厂商还会向著名品牌付费，利用著名品牌的知名度吸引玩家，譬如麦当劳、百事可乐、英特尔、摩托罗拉、万宝路等著名品牌都在游戏中出售自己的品牌使用权。①

这种植入式体验传播的优势在于，品牌信息传播的寿命与游戏本身的生命周期相等，游戏的寿命越长，品牌信息传播的周期就越长、频次就越高；通过场景与剧情的设计，将品牌的文化、理念与价值贯穿其中；在产品生命周期内反复

---

① 案例引自李一峰：《传媒即体验》，浙江大学人文学院硕士论文(2005年)，第82～83页。

传播，消费者却并不会感觉厌烦，而是乐在其中。

网络游戏中有各种各样的道具，包括食品、保健品、饮料、烟酒、场所、设备、家具、家居、服装等，这就为相关品牌实施植入式传播提供了机会，其中最为常见的用具，游戏者会无数次使用，自然会强化对品牌产品的记忆，对品牌产品的特性也会有更为充分的了解，这对于营销传播来说效果明显。对于成熟的品牌来说，除了视觉形象元素可以植入到游戏中外，品牌口号（Slogan）也可以植入其中，而且由于口号能简单明了地表达品牌诉求，在成功植入游戏后，往往会获得更好的效果。例如在某款游戏中有这样的设计：一个高大的牛头人战士，将一个矮小的侏儒弄死，系统设定他完成后说了一句：Just do it！一个月以后，游戏玩家会把这句话当做口头禅，这正是 Nike 所希望的，因为这就是 Nike 的品牌口号。阿迪达斯迅速做出了反应，在游戏中做了这样的安排：矮小的侏儒盗贼在杀死牛头人德鲁伊后说：Impossible Nothing！这也成了随后网络世界的流行语。这就是巧妙地利用了游戏本身情节合理植入品牌口号，实现了品牌的口碑传播。由于耐克（Nike）和阿迪达斯（Adidas）是全球知名的运动品牌，其品牌口号已广为人知，将它们植入到游戏的合适场景中，会不断强化品牌诉求，对游戏玩家产生潜移默化的影响。可见，植入式传播方式的成功之处在于，品牌利用网络媒介提供的产品为与用户之间的互动体验创造了条件，以此来加深用户对品牌内涵和价值的认可，从而与用户建立良好的客户关系。这是网络媒介为品牌提供的典型的、独特的传播方式，促成了网络媒介产品与企业品牌的完美结合。

6. 利用呼叫广告的品牌传播

网络媒介为品牌传播提供了一个可以与用户互动的界面，品牌可以通过这个界面更好地展示自身形象，并在一定程度上与用户进行沟通，以此来增强与用户之间的互动，增进和用户之间的互相了解，维护并优化客户关系。在品牌与用户之间存在的界面，因借以沟通和互动的便利性、速度和成本的不同，而显示出不同的厚度。界面太厚，用户要花费很大的精力才能实现与品牌的沟通，这就会影响到用户的体验感受，并影响品牌关系。未来学家尼葛洛庞帝认为

"最好的界面设计是其界面能最近似地复制出两个人之间沟通的情形"。尽管这是用户界面所追求的最高境界，实践过程中难以真正实现，但尽量缩短品牌与用户之间的距离，最好通过直接沟通来促进品牌传播效果却是企业孜孜以求的目标。呼叫广告的出现，将这一进程向前推进了一步。业界认为呼叫广告是继门户广告、搜索引擎广告之后的第三代网络广告，是按效果付费的网络广告，它将为网络品牌传播开启新的发展空间。

呼叫广告的基本原理是：广告商为厂商在网站免费投放包含呼叫中心提供的联系电话的广告，用户免费联系厂家，厂家根据来电的数量和质量，支付广告费给广告商和网站。这种广告也被称为按通话付费广告(Pay-Per-Call)或来电广告。以呼叫广告服务商蚂蚁互动公司提供的服务为例，在网页上投放广告的企业都会有一个400免费电话，对企业产品有兴趣的用户可以直接拨打号码与企业联系；或者用户将自己的被叫电话号码输入广告页面提供的对话框，按"发送"按钮后，稍后就会接到企业打过来的电话，从而实现用户与品牌的直接沟通。

其实，提供免费电话号码这种来电付费广告并不是新鲜事物，很早以前戴尔公司已经与某些媒体合作，通过800免费电话号码以来电或成交情况向媒体支付费用。而现在呼叫广告服务商通过媒体联盟的形式，将门户网站、垂直网站、个人网站、专业网站、行业网站、地方性网站、中小型大众社区、个人社区、人气论坛、博客/播客网站等作为统一发布广告的媒体，覆盖了互联网的各个角落。不但像戴尔这样的大品牌能够使用这种方式，占中国企业总数99%的小企业也能够利用这一庞大的广告发布网络。不仅如此，利用网络媒介优势将用户号码发送给企业从而免费接听的模式，极大地方便了用户与品牌厂商的沟通，用户可以通过与厂商对话，快速、直接地了解品牌的相关内容，从而大大缩短了用户的决策过程。同时，发布在网站上的品牌广告也会提供品牌链接地址，用户通过点击会得到展示在网页上的品牌信息。多渠道的沟通，让用户可以全方位了解品牌的相关情况，有利于用户对品牌的认知和认可，这可以作为一种有效的客户关系管理的方式。有了呼叫广告，品牌传播向更加精准的"一对一"的方向迈进了一步，生产者和消费者之间的距离因此而大大缩短了。

作为一项新出现的广告服务业务，呼叫广告还处于市场导入阶段，如何更好地服务于品牌营销传播还在摸索当中，但向相关领域拓展已经开始。呼叫广告在技术上的突破实现了电信网和互联网的两网合一，这种渠道的融合为品牌传播提供了越来越广阔的空间。沿着这样的路径推进，未来在为品牌传播提供的通路上，电视网也将加入其中，完成数字化改造的有线电视网与现有的两个网络的融合不存在技术障碍。电信网、电视网和互联网三网融合步伐的加快，无疑为网络品牌更为有效的传播描绘了可以预期的美妙前景。

7. 利用二维条码的品牌传播

二维条码是在特定的编码规则下，利用技术手段将数字、文字和图像等数据源压缩成几何图形，译码设备在读取此图形后，根据译码算法将此图形还原成对应的原始数据。这是一种简洁而廉价的信息存储方式，它优于传统的一维条码之处在于在水平和垂直两维方向上均表示信息，具有信息容量大、可表示汉字和图像等多媒体信息、可进行信息加密、识读可靠性高等特点。近年来，随着手机摄像功能及智能化程度的日益提高，以“摄像”识别为基础的二维条码，开始进入大众应用领域，通过手机的摄像头，普通人可以轻松地获取二维条码信息，自动获得上网服务。

从原理上说，二维条码通过识读器可以解码还原，当越来越多配置有摄像头并安装了解码程序的手机能够作为方便的解码识读器时，呈现在各种载体上并嵌入了品牌信息的二维条码，可以让品牌突破介质的限制，获得更大的营销传播空间。

这种呈现在包括纸质媒体在内的多种载体形式上的二维条码相当于索引目录，经手机拍摄并解码后可将品牌更为丰富、详尽的信息在数字媒体终端展示出来。不但如此，品牌信息中如果含有网址，还可以通过手机登录品牌网站，通过进一步的链接让用户获得更多信息。如果用户觉得手机屏幕在信息展示上受到限制，通过蓝牙技术(Bluetooth)还可以实现手机与PC之间收发二维条码，这为品牌信息提供了更广阔的展示空间。对于品牌来说，用户与品牌的接触点从平面的报刊到手机再到联网的电脑，在这一过程中实现了从传统媒介品牌到网络品牌的转换,数字技术为用户接触品牌提供了更好的体验。而从用户接触媒体行为的角度分析,用户在浏览了平面媒体上有关品牌的相关信息(广告、新闻报道、公关活动)后,用手机拍摄印刷在相关信息旁边的二维条码,以电子阅读的方式接收了与印刷媒体不同的品牌展示信息,并可以通过网络媒介登录互联网查看有关当下品牌的相关信息,还可以进一步与其他同类品牌进行对比以进一步甄别优劣,这样用户就能全面均衡地了解到有关品牌的各种信息,"一站式"地满足用户对品牌信息的需求。在整个过程当中,二维条码起到的是"触发"的作用,因为二维条码的出现,延展了用户的媒介使用行为,由传统媒介进入网络媒介空间,为品牌与潜在消费者提供了多个触点,将整合的信息提供给用户,这就是品牌孜孜以求的整合营销传播的效果。

二维条码及其解析技术,不但为网络品牌营销传播提供了很好的工具,而且对网络品牌发展具有更大的意义。从品牌的发展趋势上看,随着网络媒介终端在数量上的不断增加以及传统媒体数字化进程的加快,越来越多的传统媒介品牌都将数字化为网络品牌。但这样的进程不会一蹴而就,大多数企业还习惯于借助传统媒体实施营销传播,不愿意主动接近和接受网络媒介。目前借助手机和互联网实施营销传播的企业还是少数,即使使用网络媒介,也还处于尝试和观望阶段。这一方面是因为网络媒介还处于发展初期,其效果和评估手段需要一段时间的观察;另一方面,由于缺乏让传统媒介品牌的企业接触尝试新型媒体的"触发点",缺少尝试的契机,以至于数量众多的品牌都没有转向网络媒介。二维条码的出现,可以让品牌在更小的空间(邮票大小的尺寸之地)里拥有更大的展示舞台(文字、图片、视频以至于通过链接可以通达的无限空间),而要想让用户对品牌了解得更多、与品牌沟通得更充分,就需要为品牌建立数字化的空间,如建立网页、网站等。促使品牌企业采取行动的一个重要理由,就是拥有网络媒介终端群体的数量和质量。目前近 4 亿人的互联网用户和 6 亿人的手机用户,加在一起的总数量超过中国人口的绝大多数,他们逐渐养成的对网络媒介的使用习惯,越来越让品牌无法忽视。习惯于在传统媒体上实施传播的品牌,也不得不顺应用户从传统媒体到数字媒体的轨迹转换,二维条码起到了转换枢纽的作用。在这种转换过程中,网络媒介无疑是作为核心元素而起到关键性的作用。

本节重点介绍了有代表性的网络媒介产品和服务以及这些产品和服务为网络品牌传播所起到的工具作用，以此来透视网络媒介在品牌传播上所起到的作用和可能产生的效果。这些产品和服务有的直接服务于品牌信息展示，有的为品牌提供了独特的沟通渠道，有的为品牌信息以节点传播的方式向更大范围扩散起到了明显的作用。由于网络媒介的发展是以技术为驱动、以需求为导向的，每一项产品和服务都随着技术的发展和需求的变化而处在不断的变化和变革当中，无法做静态的描摹，只能将这些产品或服务的基本原理和目前呈现的状态做简单的介绍。而以此为基础的传播更不可能有定法，文中所列只是目前品牌在传播中已经尝试并初步显现出效果的方式。所有这些都在强化这样一个理念：与借助传统媒介进行品牌传播相比，网络媒介为品牌关系的建立和品牌价值的提升，确实提供了许多前所未有的新思路和新方法。这些传播方式单独使用起来有自己的适用范围和空间，而从整合营销传播的角度来考察，它们又分别作用于用户不同的接触点，网络品牌在实施传播时，应该充分考虑各种营销传播方式所扮演的角色和可能产生的效果，将建立在每一种网络媒介产品或服务基础上的营销传播通盘考虑、统一实施，这样才能发挥出最大潜能，实现整合营销传播所追求的效果最大化的目标。

第六节　网络品牌营销传播创新方向①

互联网在助力企业品牌营销上逐渐获得广告主的认可，这在很大程度上得益于网络运营商与专业的广告代理公司根据互联网媒体技术的发展和网络用户需求的变化，在网络营销服务上不断创新以发掘广告主与用户需求之间的结

① 本节内容根据网络专访文章《张佰明：互联网成为营销创新的主导力量》编辑而成，详见：http://business.sohu.com/s2009/9548/s267814754/。文中提到的相关案例参见喻国明、陈永主编：《营销革命：新媒介时代营销案例精粹》，中国人民大学出版社2009年版。

合点。每年由中国广告协会主办的中国媒介创新营销奖都会汇集当年在网络品牌营销创新上表现最好的案例,通过对2009年获奖案例的梳理,可以发现网络品牌营销创新的主导方向,并能折射出互联网媒体在创新方面所具有的潜能。

一、作为自媒体的博客的应用范围日趋广泛

经过几年的推广,博客这一自媒体形式开始得到广告主的认可,在营销上的表现也逐渐成熟,最主要的应用就是利用博客的插件和模块功能,在网民的主动选择下,将品牌元素或品牌信息植入博客页面,让企业或产品品牌借助网络平台实现人际传播,达到有效传播品牌信息的目的。

在搜狐网上实施的“美的新思,跃动新姿”——美的2009大型才艺互动选秀活动,以搜狐博客为主平台,选手通过博客上传才艺图片、文字以及视频,参与活动的网民可以在自己的博客页面加载模块,并通过模块为自己喜欢的选手投票,成为该选手的粉丝,起到了病毒传播的作用。整个活动博客模块传递数高达70万,曝光量超过3亿。

新浪和中国移动合作推广G3笔记本,将产品品牌的相关信息植入简单易操作、贴近白领人群现实生活的晋级游戏,这款游戏能够植入博客Widget,在博客人群的主动转载中实现病毒传播。新浪为科比打造官网的推广活动中,超过1.4万网友在博客中添加了“科比精神”接力棒,模块成为产品推广的重要载体。

二、网络视频营销手段的运用逐渐成熟

随着宽带的增加和网络视频在更大范围内得到认可,视频作为营销手段也逐渐形成规模。本年度获奖的案例中,有多个案例都以网络视频为手段,取得了不错的效果,除了像索爱F305c利用“地铁甩手男”视频进行病毒营销外,多个案例很好地发挥了视频的记录属性,充分调动网民的积极性,鼓励他们用各种摄影器材进行拍摄,参与由企业发起的相关活动。由网民主动上传的若干风

格各异的视频片段串联起完整的品牌活动，拉近了品牌与普通消费者之间的距离，如2008动感地带街舞大赛、通用别克新君威—S弯挑战赛等。新浪网更是将这种记录属性发挥到极致，不间断进行蒙牛安全生产24小时直播，开创了企业与社会沟通的新模式，为企业走出信任危机探索了一条新路。

联想Ideapad S10笔记本凭借“I'm Always Online 爱·在线”、IdeaCentre A600一体机主打“简单生活新想乐”联合搜狐等网站进行新品推广，都采用了目标消费群体——办公白领喜欢的情感电影的形式，将产品品牌巧妙植入电影视频中，唯美的画面和纯美的情感，更容易打动都市白领的心。

2009年获奖案例在视频营销上的另一个值得注意的现象就是品牌营销的规模化倾向。联想扬天电脑为推广新品V450笔记本电脑，联合搜狐共同打造职场轻喜剧《司马TA呀》，在创意上不同凡响，不但将职场规则“SMART”巧妙地进行拟人化转换（“司马TA”），而且选择了规模化运作路线，在2009年共连续推出了8集，每一集探讨一个办公室人群普遍感兴趣的职场话题，出色的创意和专业化的制作水准，充分体现了网络媒体的主流化地位。优酷网站打造出“互动网剧”这一视频新品，也推出了《私家厨房》、《色女郎》等系列剧目，分别与美的小家电和三星电子两个品牌进行合作，定制化的制作方式和对网民意愿的充分尊重，让网络视频有了更大的发挥空间。

三、对网络文化脉搏的准确把握

单一的营销活动往往只能产生短期的影响，要想更长久地占有消费者的心，就需要在洞察消费者价值取向的基础上，将营销活动提升到文化层面，从而对网民产生更大的吸附力。在这方面一直走在网络营销最前沿的联想公司做了较为深入的尝试，通过对网络文化的准确把握，让品牌营销取得了非同一般的效果。

联想和搜狐联合制作的互联网首部职场轻喜剧《司马TA呀》，目的是推广联想扬天V450笔记本电脑。市场上笔记本款式众多，消费者怎样才能对这款笔记本感兴趣？双方在商讨策划方案时一致认为办公职场话题容易唤起白领人群的普遍兴趣，同时在 Work Smart 和 Work Hard 之间一直存在争论，但普遍倾向于前者。搜狐专业的创作团队敏锐地把握住了目标人群的思想脉搏，于是推出了源于网络话题但同时又有一定社会文化内涵的系列轻喜剧《司马 TA 呀》。在节目推出后，又在搜狐自办的网络脱口秀节目《大鹏嘚吧嘚》和论坛上不断强化，继而引来传统媒体如中央电视台、北京电视台及众多平面媒体的关注，一时间对 work smart 的讨论成为流行话题。互联网文化带动了时尚文化的发展，扬天 V450 笔记本电脑因此而获得了很好的品牌曝光，成为受益者。联想 Idea 系列产品的推广则以“新想乐主义”为文化标签，通过“寻找 Fun 教主”活动打造 FUN 文化，张扬一种生活态度和消费主张，让联想 Idea 产品成为此类文化的典型标签，为产品的推广打通了一条新渠道。

四、整合营销手段花样翻新

整合营销一直是企业追求营销效果最大化的有效手段，在丰富的营销媒介面前，选择合适的媒体并以合适的方式加以整合，越来越考验企业的营销能力。在明确企业的营销目标后，最重要的就是把握不同媒体的特点并合理分配资源。

联想作为中国唯一的奥运会 TOP 赞助商，希望通过奥运扩大联想在全球范围内的知名度及用户好感度，从而促进销售。为达到影响大众网民及年轻消费者群体的目的，联想选择了目前中国影响力最大的三个网站——新浪、搜狐、腾讯，分别运用各个媒体独有的媒体特性进行推广，重点是发挥 Web2.0 的特性，与用户产生互动，优化用户体验并提升好感度。这一规模庞大的奥运整合推广方案除了在这三大网站的重点页面充分展示外，更多运用了增强互动性的产品，如图片包框、文章关键字、博客皮肤和邮件皮肤置入等，还有 QQ 聊天工具、QQ 宠物社区和 QQ 游戏等，大范围呈现联想公司品牌的元素。根据专业调查公司提供的数据显示，联想品牌的知晓率和好感度都得到了显著提升。

跨媒介营销已成为企业在短时间内获得巨大曝光的重要手段，随着企业对不同媒介形式认识的深化，跨媒介营销无论是在广度还是深度上都得到了很大的拓展。搜狐网为提升自身品牌的知名度而实施的"上搜狐 知天下"跨媒体品牌营销案例,其跨度之大、影响之广在互联网领域前所未有。以强化搜狐作为中国主流网络媒体身份及其媒体特性为目标,搜狐公司针对网站的目标用户群体,在全媒体领域全面展开宣传攻势,以"纵横交织,深层布局"的媒介组合策略,全方位、立体化传达"上搜狐知天下"的品牌诉求。在横向的全媒体覆盖上,从电视、报纸、杂志、互联网到户外公交、机场广告牌等目标用户可能与品牌发生接触的接触点上,都以统一的形象和声音进行大范围覆盖宣传。在横向的媒体选择上,同一媒体形式上以实现多层次立体覆盖为目标,选择多个媒介产品有效组合,构建立体宣传网络。在立体化区域覆盖上,一线和二、三线城市有选择、有层次地进行布点,可谓"全面覆盖,突出重点,注重深度"。这是中国互联网领域最大范围、最大规模的品牌营销活动,不但直接促进了搜狐品牌认知度的大幅提高,而且促进了社会公众对互联网行业的认知。

五、在线品牌营销带动产品终端销售

随着网络营销认可度的提高和互联网媒体公信力的提升,互联网已经不仅限于作为企业的营销渠道,在一定条件下还可以扮演销售渠道的作用,互联网离销售终端的距离变得越来越短。

李宁"创意混搭进行时"淘宝试衣间活动,围绕李宁女子系列产品的特性,把握淘宝用户喜欢"秀晒"的心理,结合淘宝网"试衣间"产品,推出了李宁女子系列产品的有奖搭配秀活动,巧妙地将李宁女子运动产品 INNER SHINE 的品牌概念传递给广大目标用户。由于活动形式新颖,奖品也有吸引力,活动共有233972 人参与试衣,活动参与率高达 42.3%。这不但让李宁女子系列产品的认知度有了大幅的提升,同时由于淘宝网平台本身支持在线交易的特点,直接带动了产品的销售。同一种类型的营销案例是美的联合淘宝实施的"美的心灵暖青川"慈善义卖活动,提升的不仅是美的在淘宝旗舰店的知名度,而且是相关产品的销售数量。同样,兰蔻借助百度品牌专区进行的搜索引擎营销,也在提升兰蔻品牌形象的同时为兰蔻网上商城导入流量。而在和路雪旗下的梦龙产品以“专享你的非常礼遇”为主题在开心网上的推广中，用户参与开心网为梦龙定制的游戏以获得相应的“礼遇”，基本前提就是要拥有梦龙冰淇淋木棒上的密码，线上的规则直接带动了线下产品的销售，促销作用明显。

这一做法同样适用于金融产品，中信银行联合腾讯网站推出QQ秀DIY信用卡，就是抓住了年轻网民追求个性、敢于尝试的心理，在为用户提供了包含设计、图片来源、申请通路和数据传输等多个技术环节的申请平台后，愿意尝试新鲜事物的用户接踵而至。活动发起3个月左右，就吸引了3万人完成线上填表，平均每天有350人在线申请，成功发卡超过5000张，大规模定制的营销效果超乎广告主的意料。

六、媒体影响力的合理放大

互联网成熟的重要标志不仅仅是数量巨大的用户规模，还包括影响力的进一步扩大以及媒体属性的凸显。主流网站逐渐有意识发挥互联网作为媒体的属性，以自身的影响力帮助客户拓展营销途径。

寻找优质音“享”达人活动是搜狐网为索尼爱立信以“好音质”为产品卖点的W715手机而策划的营销案例，充分发挥了搜狐数码公社和娱乐频道在年轻人群中的影响力。活动举办的前期，网站以常规的媒介专题的形式，邀请专业乐评人精心制作一期《时尚娱乐攻略》专题，展现音乐发烧友对音质知识的专业诠释，同时提供线上盲测小游戏让网友对于什么是好音质有直观的感受，然后引导网友去体验主流音“享”装备，号召网友参加线下的“寻找金耳朵”中国互联网首次高品质音乐盲测活动，找出真正音“享”达人，并适时推出“可以让你更加了解音乐”的好装备——索尼爱立信W715音乐手机。

“诺基亚N系列自造影响力”活动，由新浪网对过去十年网络上最具影响力的人物做盘点和评选，以此推出活动宣言——“2008，用你的主张，自造影响力”，网友通过上传文字、图片和视频来表达自己的观点和主张，吸引支持者为自己投票，打造属于自己的影响力，支持率高的选手会得到资金，进一步用自己的主张来影响更多的人，制造更大的影响力，诺基亚N系列手机在活动的每一个环节都得到体现。这一活动就是将媒体与网民自身的影响力进行对接,二者相互促进,高涨的人气保证了诺基亚品牌的曝光度。同样,配合长虹"欧宝丽"等离子电视上市而发起的"爱眼护眼中国行"活动,也是发挥主流门户的影响力和公信力,面向青少年家庭以公益的旗号发起的媒体活动,很好地向长虹等离子电视的目标消费群体有效传达了信息。

七、公益及话题营销受到重视

利用公益事件在受众心目中的独特地位,会让介入其中的企事业单位的品牌形象获得很好的提升,这就是公益营销的基本内涵。"美的心灵暖青川"美的淘宝慈善义卖活动和成都5·12一周年"一起创造 共同分享"活动,巧借公众对于5·12这一具有特殊意义的纪念日的关注,分别通过义卖捐助灾区重建和客观展示灾区重建的代表性视频的形式,为汶川抗震救灾纪念提供了全新的思路,公益营销结合了互联网独有的特点,效果自然不同。

有吸引力的话题往往能够成为在线营销的引爆点,一个好话题几乎可以保证营销成功的一大半。搜狐网推出的"IBM 史上最贵广告邮票"案例,就是以这样极富冲击力的话题引发网友的大范围讨论和关注,在经过充分的预热后,网络媒体面向网友征集"IT 圈的雷人雷事"征文,全面阐释 IBM 的产品理念。经过网友在线投票后,由 IBM 向人气最高的征文作者提供 IBM 精美礼品。这类通过制造话题并以一定的物质奖励吸引网友参与活动的营销方式,越来越受到广告主的认可。

八、社交媒体的营销价值得到开发

由于社交媒体对特定人群具有强大吸附力并呈现出日益扩大的规模,对那些目标消费群体非常明确的广告主有很强的吸引力。伊利金典奶、舒化奶推出的"开心牧场"活动,就是看中了开心网对于办公白领的黏性。伊利与开心网联手开发的"黄金牧场"游戏将营养舒化奶和金典牛奶巧妙地植入其中,使目标受众在游戏中感受产品的独特价值和“好吸收”的特点，在品牌提升和销售促进上都产生了不错的效果。麦当劳以“见面吧!”为主题推广的夏日宣传活动，就是借助校内网对于在校大学生群体的号召力，实现麦当劳产品促销信息的大范围传播。

创新是驱动品牌营销传播取得更好效果的根本动力，未来的网络营销创新应着眼于以下几个方面：

一是营销传播的主阵地向大媒体、黏性媒体集中。经过十余年的淘洗，位居前列的大型网站逐渐立稳脚跟，媒体的影响力已经形成，吸附的用户趋于稳定，庞大的用户规模对于那些追求品牌曝光数量的广告主有很强的吸引力。而社交类网站的黏性也体现出应有的价值，这类网站对于品牌传播的深度和有效性同样作用明显。在品牌传播的广度和深度上，两类媒体都有各自的作用空间和适用领域，未来在营销服务上的地位会更加凸显。

二是网络视频的应用更加普遍。媒介融合的步伐正在加速，通过互联网观看视频已成趋势，互联网在视频传播上的灵活性和可定制化的特点，为广告主的视频营销提供了非常大的空间。视频逐渐突破了带宽的限制，网络视频质量直逼传统电视的视频，在这种情况下，以往选择电视媒体作为营销主渠道的广告主，迟早会将选择的砝码逐渐移向网络视频。

三是营销产品化趋势明显。互联网的产品形式丰富，广告主有丰富的选择空间，结合品牌和产品的特点，企业会找到更适合自身特点的媒介产品，以使品牌营销更加对味。同时，网络媒体丰富灵活的技术手段可以为广告主打造定制化的内容和产品，保证广告主的品牌和产品有更高的契合度，从而帮助广告主找到有效的目标消费群体。

【思考题】

1. 什么是网络营销？网络营销与传统媒介渠道的营销有什么区别？
2. 什么是网络营销平台？主要有哪几种类型？
3. 网络营销的主要职能是什么？
4. 网络营销传播的基本原则有哪些？

5. 实施网络营销传播包含哪些基本步骤？
6. 什么是网络品牌？网络品牌的特点是什么？
7. 网络品牌传播的方式有哪些？
8. 如何利用即时通讯工具进行品牌传播？
9. 利用博客进行品牌传播有什么独特的优势？
10. 为什么说搜索引擎更适用于品牌信息展示？
11. 为什么网络游戏适合于品牌的植入式传播？
12. 呼叫广告的基本原理是什么？
13. 网络品牌营销传播的创新方向是什么？

参考文献

1. 董建明:《人机交互:以用户为中心的设计和评估》(第2版),清华大学出版社2007年版。
2. 杜骏飞:《网络传播概论》,福建人民出版社2008年版。
3. 冯英健:《网络营销基础与实践》,清华大学出版社2004年版。
4. 郭庆光:《传播学教程》,中国人民大学出版社1999年版。
5. 郭亚军、金先级:《人机交互》,华中科技大学出版社2005年版。
6. 洪杰文:《网络传播技术基础》,福建人民出版社2004年版。
7. 胡泳:《像贝克汉姆一样营销》,中国社会科学出版社2004年版。
8. 姜奇平:《长尾战略》,中信出版社2007年版。
9. 姜奇平:《体验经济》,社会科学文献出版社2002年版。
10. 匡文波:《网络传播学概论》,高等教育出版社2004年版。
11. 林竞君:《网络、嵌入性与集群生命周期研究——一个新经济社会学的视角》,复旦大学2005年博士论文。
12. 林升梁:《网络广告原理与实务》,厦门大学出版社2007年版。
13. 刘向晖:《互联网草根革命:Web2.0时代的成功方略》,清华大学出版社2007年版。
14. 南宏师、张浩:《网络传播学》,国防工业出版社2008年版。
15. 彭兰:《网络传播概论》,中国人民大学出版社2009年版。
16. 彭兰:《网络传播学》,中国人民大学出版社2009年版。
17. 徐晋:《平台经济学——平台竞争的理论与实践》,上海交通大学出版社2007年版。

18. 喻国明、陈永:《营销革命:新媒介时代营销案例精粹》,中国人民大学出版社 2009 年版。
19. 喻国明:《传媒影响力》,南方日报出版社 2003 年版。
20. 喻国明:《拐点中的传媒抉择》,经济日报出版社 2007 年版。
21.〔美〕阿尔·里斯、劳拉·里斯:《互联网商规 11 条》,科学出版社 2006 年版。
22.〔加〕埃里克·麦克卢汉、弗兰克·秦格龙:《麦克卢汉精粹》,南京大学出版社 2000 年版。
23.〔美〕艾露斯·库佩:《数字时代的商务活动》(第 2 版),上海人民出版社 2006 年版。
24.〔美〕保罗·莱文森:《数字麦克卢汉——信息化新纪元指南》,社会科学文献出版社 2001 年版。
25.〔美〕贝恩特·施密特:《顾客体验管理——实施体验经济的工具》,机械工业出版社 2004 年版。
26.〔美〕比尔·盖茨:《未来时速:数字神经系统与商务新思维》,北京大学出版社 1999 年版。
27.〔美〕伯尔尼·H. 施密特:《体验营销——如何增强公司及品牌的亲和力》,清华大学出版社 2004 年版。
28.〔日〕大前研一:《数字化商业模式》,中信出版社 2006 年版。
29.〔日〕大前研一:《无形的大陆——新经济的四种战略法则》,新华出版社 2003 年版。
30.〔美〕戴洛·崔维斯:《体验品牌》,台湾经济新潮社 2001 年版。
31.〔美〕丹·吉摩尔:《草根媒体》,美商欧莱礼股份有限公司台湾分公司 2005 年版。
32.〔美〕杰弗里·F. 瑞波特、伯纳德·J. 贾沃斯基:《客户界面——未来竞争优势》,商务印书馆 2006 年版。
33.〔美〕杰里米·莱特:《博客营销》,中国财政经济出版社 2007 年版。
34.〔美〕克里斯·安德森:《长尾理论》,中信出版社 2006 年版。

35.〔美〕拉菲·默罕默德等:《网络营销——构建网络经济中的竞争优势》,中国时政经济出版社 2004 年版。
36.〔美〕理查德·格斯曼、赫伯特·迈耶斯:《线上竞争力》,中国铁道出版社 2006 年版。
37.〔美〕罗莎白·默丝·坎特:《e 变》,机械工业出版社 2002 年版。
38.〔美〕马克·格兰诺维特:《镶嵌——社会网与经济行动》,社会科学文献出版社 2007 年版。
39.〔加〕马歇尔·麦克卢汉:《理解媒介——论人的延伸》,商务印书馆 2000 年版。
40.〔美〕迈克尔·穆恩、道格·米利森:《火炬品牌——网络经济时代的品牌铸造》,机械工业出版社 2002 年版。
41.〔美〕尼古拉·尼葛洛庞帝:《数字化生存》(第 3 版),海南出版社 1997 年版。
42.〔美〕汤姆·邓肯:《广告与整合营销传播原理》,机械工业出版社 2006 年版。
43.〔美〕汤姆·邓肯:《整合营销传播——利用广告和促销建树品牌》,中国财政经济出版社 2004 年版。
44.〔美〕唐·E. 舒尔茨:《全球整合营销传播》,中国财政经济出版社 2004 年版。
45.〔美〕唐·舒尔茨、海蒂·舒尔茨:《整合营销传播:创造企业价值的五大关键步骤》,中国财政经济出版社 2005 年版。
46.〔美〕唐·舒尔茨、海蒂·舒尔兹:《整合营销传播——创造企业价值的五大关键步骤》,中国财政经济出版社 2005 年版。
47.〔美〕唐·舒尔茨:《唐·舒尔茨论品牌》,人民邮电出版社 2005 年版。
48.〔美〕特伦斯·A. 辛普:《整合营销沟通》,中信出版社 2003 年版。
49.〔美〕威尔伯·施拉姆、威廉·波特:《传播学概论》,新华出版社 1984 年版。
50.〔美〕约翰·巴特利:《搜》,中信出版社 2006 年版。
51.〔美〕约翰·里德尔、约瑟夫·康斯坦:《鼠标宣言——群体筛选的营销力》,上海人民出版社 2005 年版。
52.〔美〕约瑞姆·温德等:《聚合营销——与“半人马”并驾齐驱》,中信出版社 2003 年版。

53.〔美〕约瑟夫·派恩、詹姆斯·吉摩尔:《体验经济时代》,台湾经济新潮社2003年版。

54.〔美〕朱迪·斯特劳斯等:《网络营销(第4版)》,中国人民大学出版社2007年版。

55. Jim Banister. *Word of Mouse, The New Age of Networked Media*. Chicago: Agate, c2004

后 记

经过近半年时间的拼搏,《网络传播实务》的编写工作终于画上了句号。

这是一次集体协作的演练,在参与教材编写人员的共同努力下,这项本以为难以完成的任务还是如期交稿了。

这是一本有理论指导并有大量案例支撑的实用性教材,如果说它能够与已出版的其他同类教材有明确区分的话,那就是立足于网络传播实践并紧贴实践同时又能在一定程度上引导实践。以实用性为导向,这是在教材编写之初就确立的指导思想,在参与教材编写人员的选择上同样坚持了这一原则。

尽管教材从动笔到完成的写作过程只有几个月时间,但相关的准备工作却是漫长的。作为本教材的主要撰稿人,我从2006年进入《现代广告》杂志社负责《互动网络营销专刊》的编辑工作开始,就一直深入观察并研究网络营销的发展,先后发表了近50篇专业文章,总字数超过20万字。在随后撰写博士论文的过程中,我查阅了大量专业书籍,博士论文《论数字品牌的营销传播策略》就是我深入研究品牌通过互联网媒体进行营销传播的阶段性成果。从2007年至今,以某大型门户网站市场营销顾问的身份深入网络营销实践的经历,让我有机会了解更多与网络营销相关的理论和实践知识,并使自己的网络营销理念能够跟得上网络传播的实践,从而对这一领域的发展做到整体性的把握。我一直固执地认为,如果一个研究者只是通过二手甚至是三手的资料作为研究基础的话,是很难做到对行业发展进程的真实了解和深刻把握的,在这个基础上总结的经验和发表的言论,注定在变成文字的时候就已经过时了。如果要想让一本给学生编写的教材有实际应用价值,与业界的对接是最起码的要求。基于这样的观念,我在接手这本教材编写任务之初,就将合作者锁定为业界有理论兴趣同时又有丰富经验的从业人员，于是，搜狐公司的蔡越越和李志宏就成为合作的首要人选。两个人在中国互联网行业占据领先地位的搜狐公司拥有超过十年的从业经验，均为搜狐市场部的高级经理，她们在市场营销和网络广告创意、设计领域有足够的发言权，资深的专业背景和丰富的一线经历能够保证教材的高起点和广视野，她们亲身参与策划、实施的案例无疑是新鲜的、有质感的。如果能充分发挥业界直接触摸市场脉搏的优势，结合成功的营销案例，这本教材一定会让学生大受其益的。这也决定了本教材在人员分工上的基本思路，即发挥每一个人的优势做自己最擅长的事。也许呈现给大家的还有许多不足，但业界与学界各取所长、有效对接的尝试方向却是不容置疑的。

本教材的分工情况是：张佰明负责确定教材整体框架的构建、统稿、编辑和校对工作，并负责第一章、第二章第一节、第三章、第四章、第五章、第六章第一、二节、第七章第五、六节的撰稿工作；李志宏负责第二章第二、三节、第六章第三至第六节的编写工作；蔡越越负责第七章第一至四节和各章配套案例的编写工作。

在教材编写过程中，搜狐网新闻中心总监张帆接受了我们的采访，使我们对于网络新闻的编辑理念有了更为深入的把握；中国劳动关系学院 2006 级学生林笛收集、整理了大量最新的、有代表性的网络新闻案例充实到教材中；2007 级学生李敏捷对网络传播技术部分的内容提出了许多有价值的建议；2009 届毕业生、《现代广告》记者刘晛校对了全书并提出了有益的修改意见。2010 届毕业生程新闺、陈凯君、王凡凡、茅腾飞承担了一稿的校对工作，他们作为该教材的首批读者找出了许多文字上的错误，并促使我以更为严谨的态度对待教材出版过程中的各个细节。这些外围力量的支持不但保证了教材的编写进度和稿件质量，而且对于增强教材的实用性和可读性也大有裨益。

中国劳动关系学院文化传播学院院长李双教授对教材的立足点和整体风格也提出了宝贵意见，而他力排众议坚决支持自编教材项目上马并最终让梦想变成现实的实干精神，也成为我们完成这部教材的重要精神支柱。没有他的远见和坚持，就没有这部教材的面世。

我的博士生导师喻国明教授一直关心教材的编写进度并提供了有价值的

指导意见，在撰写教材期间积极为我推荐发表论文，让我能腾出更多精力投入到教材的写作中。在参与由他主持的相关课题研究过程中取得的研究成果，有些内容已经体现在教材中，他对传媒发展的敏锐观察尤其是对网络传播实践发展的深刻洞见，无疑提升了教材的结构视点和学术视野。

在整部教材的编写过程中，我的爱人除了分担了大量的家务从而保证我有足够的写作时间外，还参与了整部教材的文字校对工作。我的岳父母一直帮我们照顾年幼的女儿，没有他们的辛勤付出，在如此短的时间内编写这样一部教材也是不可能的事。

本教材的编写借鉴了相关教材的内容，主要有《网络传播概论》（彭兰著）、《网络传播学》（南宏师、张浩主编）、《网络传播技术基础》（洪杰文主编），没有这些编著者的开创性工作，这部教材的编写会变得更加困难。

感谢你们为教材编写工作提供的无私帮助和大力支持！正是有了你们的坚强后盾和强大支持，我们才有机会做一点创造性的工作。请接受我们的诚挚谢意！

张佰明

2010年6月于北京

图书在版编目（CIP）数据

网络传播实务/张佰明、李志宏、蔡越越编著 .--北京：中国传媒大学出版社，2010.9（2022.1 重印）

（文化传播实验教学系列教材）

ISBN 978-7-5657-0010-1

Ⅰ.①网… Ⅱ.①张… Ⅲ.①计算机网络－传播学－教材 Ⅳ.①G206.2 ②TP393

中国版本图书馆 CIP 数据核字（2010）第 155747 号

网络传播实务

WANGLUO CHUANBO SHIWU

编　　著	张佰明　李志宏　蔡越越		
策划编辑	程　平		
责任编辑	董瑗婷　欧丽娜		
封面设计	大鹏设计		
责任印制	李志鹏		
出版发行	中国传媒大学出版社		
社　　址	北京市朝阳区定福庄东街 1 号	**邮　　编**	100024
电　　话	86-10-65450528　65450532	**传　　真**	65779405
网　　址	http://cucp.cuc.edu.cn		
经　　销	全国新华书店		
印　　刷	艺堂印刷（天津）有限公司		
开　　本	730mm×988mm　1/16		
印　　张	20.25		
字　　数	296 千字		
版　　次	2010 年 12 月第 1 版		
印　　次	2022 年 1 月第 7 次印刷		
书　　号	ISBN 978-7-5657-0010-1/G·0010	**定　　价**	38.00 元